O FILÓSOFO
PEREGRINO

MARCOS BULCÃO

O FILÓSOFO PEREGRINO

1ª edição

EDITORA RECORD
RIO DE JANEIRO • SÃO PAULO
2014

CIP-BRASIL. CATALOGAÇÃO NA PUBLICAÇÃO
SINDICATO NACIONAL DOS EDITORES DE LIVROS, RJ

Nascimento, Marcos Bulcão, 1971-
N193f   O filósofo peregrino / Marcos Bulcão. – 1. ed. – Rio de Janeiro:
Record, 2014.
376 p. : il.

ISBN 978-85-01-40379-7

1. Não ficção. 2. Filosofia. 3. Cultura. 4. Autoconhecimento
I. Título.

CDD: 150.195
14-10436   CDU: 159.964.2

Copyright © Marcos Bulcão, 2014

Capa: Estúdio Insólito
Imagem de capa: Atlantide Phototravel/Corbis

Todos os direitos reservados. Proibida a reprodução, armazenamento ou transmissão de partes deste livro através de quaisquer meios, sem prévia autorização por escrito. Proibida a venda desta edição em Portugal e resto da Europa.

Texto revisado segundo o novo Acordo Ortográfico da Língua Portuguesa.

Direitos exclusivos desta edição reservados pela
EDITORA RECORD LTDA.
Rua Argentina 171 – 20921-380 Rio de Janeiro, RJ – Tel.: 2585-2000

Impresso no Brasil

ISBN 978-85-01-40379-7

Seja um leitor preferencial Record.
Cadastre-se e receba informações sobre nossos
lançamentos e nossas promoções.

EDITORA AFILIADA

Atendimento direto ao leitor:
mdireto@record.com.br ou (21) 2585-2002.

A meu pai, Mario Nascimento, que, mais do que um nome,
me transmitiu ideias. E caráter. Melhor legado,
um filho não pode desejar.

Às mulheres de minha vida: minha esposa Nina,
que sempre me ajuda a enxergar a metade do copo cheia,
mesmo quando é óbvio que ela está vazia, e minhas
filhas Chloe e Beatriz... Porque entre
mulheres a vida é mais feliz...

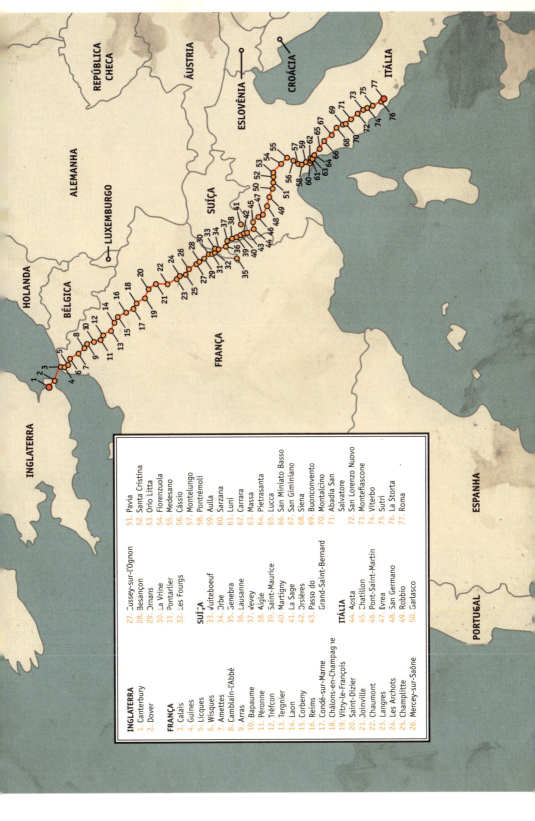

INGLATERRA
1. Canterbury
2. Dover

FRANÇA
3. Calais
4. Guînes
5. Licques
6. Wisques
7. Amettes
8. Camblain-l'Abbé
9. Arras
10. Bapaume
11. Péronne
12. Tréfcon
13. Tergnier
14. Laon
15. Corbeny
16. Reims
17. Condé-sur-Marne
18. Châlons-en-Champagne
19. Vitry-le-François
20. Saint-Dizier
21. Joinville
22. Chaumont
23. Langres
24. Les Archots
25. Champlitte
26. Mercey-sur-Saône
27. Cussey-sur-l'Ognon
28. Besançon
29. Jmans
30. La Vrine
31. Pontarlier
32. Les Fourgs

SUÍÇA
33. Vuiteboeuf
34. Orbe
35. Jenebra
36. Lausanne
37. Vevey
38. Aigle
39. Saint-Maurice
40. Martigny
41. La Sage
42. Orsières
43. Passo do Grand-Saint-Bernard

ITÁLIA
44. Aosta
45. Chatillon
46. Pont-Saint-Martin
47. Ivrea
48. San Germano
49. Robbio
50. Garlasco
51. Pavia
52. Santa Cristina
53. Orio Litta
54. Fiorenzuola
55. Medesano
56. Cássio
57. Montelungo
58. Pontrémoli
59. Aulla
60. Sarzana
61. Luni
62. Carrara
63. Massa
64. Pietrasanta
65. Lucca
66. San Miniato Basso
67. San Giminiano
68. Siena
69. Buonconvento
70. Montalcino
71. Abadia San Salvatore
72. San Lorenzo Nuovo
73. Montefiascone
74. Viterbo
75. Sutri
76. La Storta
77. Roma

Sumário

Agradecimentos	13
De filósofo e louco, todo mundo tem um pouco	15
A preparação	19
Preparação física	19
Preparação logística	20
O equipamento	23
Antes do começo: no avião para Londres	29

INGLATERRA
Canterbury → Dover, 34 km — 1 dia

1ª etapa: Canterbury → Calais (38 km)	37

FRANÇA
Calais → Les Fourgs, 840 km — 37 dias

2ª etapa: Calais → Guines (14 km)	47
3ª etapa: Guines → Licques (19+1 km)	51
4ª etapa: Licques → Wisques (20 km)	55
5ª etapa: Wisques → Amettes (Auchy-au-Bois) (31 km)	59
6ª etapa: Amettes → Camblain-l'Abbé (27 km)	65
7ª etapa: Camblain-l'Abbé → Arras (16+3 km)	69
8ª etapa: Arras → Bapaume (25 km)	77
9ª etapa: Bapaume → Péronne (21+2 km)	79
10ª etapa: Péronne → Tréfcon (17 km)	84

11ª etapa: Tréfcon → Tergnier (34 km) [→ Laon] 88
12ª etapa: [Laon →] Tergnier → Laon (31+4 km) 92
13ª e 14ª etapas: Laon → Corbeny (25 km) → Reims
 (30+3 km) 96
15ª etapa: Reims → Condé-sur-Marne (34 km) 99
16ª etapa: Condé-sur-Marne → Châlons-en-Champagne
 (21+1 km) 106
17ª etapa: Châlons-en-Champagne → Vitry-le-François
 (34+1 km) 109
18ª etapa: Vitry-le-François → Saint-Dizier (33 km) 112
19ª e 20ª etapas: Saint-Dizier → Joinville (32+1 km)
 → Chaumont (41 km) 115
21ª etapa: Chaumont → Langres (35+1 km) 118
22ª etapa: Langres → Les Archots (17 km) 124
23ª etapa: Les Archots → Champlitte (23+1 km) 130
24ª etapa: Champlitte → Mercey-sur-Saône (25 km) 134
25ª etapa: Mercey-sur-Saône → Cussey-sur-L'Ognon
 (35 km) 138
26ª etapa: Cussey-sur-L'Ognon → Besançon (19+1 km) 141
27ª etapa: Besançon → Ornans (26 km) 146
28ª etapa: Ornans → La Vrine (28 km) 148
29ª etapa: La Vrine → Pontarlier [+ nascente do Loue]
 (9+22 km) 153
30ª etapa: Pontarlier → Les Fourgs (15+3 km) 161

SUÍÇA
Ste. Croix → Grande São Bernardo, 233 km — 14 dias

31ª etapa: Les Fourgs (França) → Vuitebœuf (Suíça)
 (22 km) [→ Genebra] 175
32ª etapa: [Genebra →] Vuitebœuf → Orbe (13+3 km) 179
33ª etapa: Orbe → Lausanne (35 km) 183
34ª etapa: Lausanne → Vevey (21+10 km) 188
35ª etapa: Vevey → Aigle (27+1 km) 192
36ª etapa: Aigle → Saint-Maurice (17+2 km) 196
37ª etapa: Saint-Maurice → Martigny (16+8 km)
 [→ La Sage] 199

Cruzando os Alpes: Martigny → Grand-Saint-Bernard

38ª etapa: Martigny → Orsières (21 km)	209
39ª etapa: Orsières → passo do Grand-Saint-Bernard (25 km)	214

"RETA FINAL" ITÁLIA
Aosta → Roma, 958 km — 34 dias

40ª etapa: passo do Grand-Saint-Bernard → Aosta (28+1 km)	223
41ª etapa: Aosta → Chatillon (25+3 km)	227
42ª etapa: Chatillon → Pont-Saint-Martin (29 km)	232
43ª etapa: Pont-Saint-Martin → Ivrea (20 km)	236
44ª etapa: Ivrea → San Germano (35 km)	239
45ª etapa: San Germano → Robbio (31 km)	243
46ª etapa: Robbio → Garlasco (33 km)	247
47ª etapa: Garlasco → Pavia (27+3 km)	250
48ª etapa: Pavia → Santa Cristina (27 km)	254
49ª etapa: Santa Cristina → Orio Litta (14+3 km)	258
50ª etapa: a "Maratona": Orio Litta → Fiorenzuola (48 km)	264
51ª etapa: Fiorenzuola → Medesano (32 km)	271
52ª etapa: Medesano → Cássio (29 km)	275
53ª etapa: Cássio → Montelungo (26 km)	277
54ª etapa: Montelungo → Aulla (36 km)	281
55ª etapa: Aulla → Sarzana (16+3 km)	284
56ª etapa: Sarzana → Luni → Carrara → Massa (30 km) [→ Pontrémoli]	289
57ª etapa: [Pontrémoli →] Massa → Pietrasanta (22+2 km)	298
58ª etapa: Pietrasanta → Lucca (31+5 km)	304
59ª etapa: Lucca → San Miniato Basso (41 km)	310
60ª etapa: San Miniato Basso → San Gimignano (41 km)	312
61ª etapa: San Gimignano → Siena (36 km)	316
62ª etapa: Siena → Buonconvento (28 km)	321
63ª etapa: Buonconvento → Montalcino (12+4 km)	325
64ª etapa: Montalcino → Abadia San Salvatore (38+1 km)	335

65ª etapa: Abadia San Salvatore → San Lorenzo Nuovo
(Camping Mario) (44 km)   339

66ª etapa: Camping Mario → Montefiascone (23 km)
[→ Viterbo]   343

67ª etapa: [Viterbo →] Montefiascone → Sutri (44 km)   348

68ª etapa: Sutri → La Storta [Km 20 Via Cássia] (31 km)   352

69ª etapa: La Storta → Roma, *Città* Eterna (23 km)   356

ANEXO I: Quadro de quilometragem, por etapa   369

ANEXO II: Outras curiosidades   373

Agradecimentos

À minha mãe Angelina (in memoriam), a meu irmão Octavio e cunhada Janaína, meus sobrinhos Luís Octavio e Luís Felipe.

A Moysés Floriano Machado-Filho (in memoriam), por sua inestimável amizade e incondicional apoio em todas as etapas de minha vida pós-uspiana.

A Nina, Oswaldo Souza e Matias Spektor pelo imenso estímulo e valiosas contribuições a este livro.

A Eduardo de Abreu Júnior e sua inesgotável paciência em ler, reler, reler e ler este livro em todas as suas fases. Parcerias como essa não têm preço.

A Stuart Rubenstein e Thomas Lane, por todo apoio e amizade em território londrino. A David Jordan, amigo de sempre, minha infinita gratidão por sua generosidade, acolhimento e, principalmente, sabedoria.

A Joe Patterson, Herbert Moulin (in memoriam) e Adelaide Trezzini, pelas valiosas informações e apoio logístico prestados. E a todas aquelas pessoas do caminho que me ajudaram, sem me conhecer, e assim me mostraram um dos mais puros sentidos de generosidade... não tenho palavras.

A Lorraine e Carlos da Cruz, Sylvain Odier e Paula Brum, pela mais do que simpática hospitalidade na Suíça. A Alex Calheiros, Lighea e Juli Guanais, pela calorosa acolhida em Roma.

Pelo apoio/contribuição em diferentes etapas de produção deste livro, meus agradecimentos a: Nelson Salles Neto e Gustavo Queiroz; Luisinha,

Chico e Alexandre Brandão; Osvaldo Magalhães, Glícia Abreu, Jorge Canedo, Juli Guanais, Otávio Bueno e Oswaldo Porchat; Rogério Carvalho, Monyca Motta e Samuel Antenor; Maura Sardinha e Ana Paula Laport.

A Carlos Andreazza, Elisa Rosa, Duda Costa e Juliana Pitanga, bem como a toda equipe de produção da Editora Record, meus sinceros agradecimentos pelo trabalho impecável.

Sem família e amigos, é difícil ter a estrutura afetiva adequada a grandes projetos. Perto ou longe, é neles e com eles que encontramos suporte e apoio.

A toda minha querida família Nascimento, sergipana e baiana: todo meu carinho.

À minha família canadense: Marcele e Mariana Araújo, Francinaldo Bastos e Christine Morasse.

À minha família carioca: Mônica e Paulinha Figueiredo.

Às minhas não menos queridas famílias "emprestadas": os Sampaio, Harfush, Coni-Campos, Guanais e Magalhães.

E, claro, aos meus amigos: baianos, sergipanos, paulistas e mineiros, assim como estrangeiros em qualquer parte... Obrigado!

De filósofo e louco,
todo mundo tem um pouco

Há um tempo em que é preciso abandonar as roupas usadas, que já têm a forma do nosso corpo, e esquecer os nossos caminhos, que nos levam sempre aos mesmos lugares. É o tempo da travessia: e, se não ousarmos fazê-la, teremos ficado, para sempre, à margem de nós mesmos.

FERNANDO TEIXEIRA DE ANDRADE

Desde que me lembro, sempre tive uma vocação "aventureira". Quando criança — e como quase toda criança —, minhas aventuras eram subir em muros e telhados, pegar minha bicicleta e explorar os bairros vizinhos, entrar e sair sorrateiramente de lugares "proibidos" apenas para sentir aquela "adrenalina" (que minha mãe não leia estas linhas!).

Mas essa curiosidade, essa vontade de explorar novos lugares e sensações, nunca realmente me abandonou; ao contrário, ficou mais viva à medida que os anos passaram. Assim, dos telhados e árvores, passei ao *bungee jumping*, rapel e paraquedas — e, saindo do bairro, quis conhecer o mundo.

Muito por conta dessa "inquietude", tive (tenho!) sérias dificuldades em me fixar por muito tempo no mesmo lugar. Se até meus 20 anos vivi em apenas dois lugares e na mesma cidade (Salvador), hoje "coleciono" mais de trinta endereços diferentes em oito países: Brasil, Inglaterra, França, Estados Unidos, Itália, Espanha, Alemanha e Canadá. Essa necessidade de me mover, de me mudar, é parte de quem eu sou e não sei viver de outro modo. Com esse traço marcante de personalidade, nada mais natural para mim do que alternar projetos e mudar de ares de tempos em tempos.

Assim, depois da graduação em Filosofia (em São Paulo) e mestrado em Psicanálise (em Paris), decidi experimentar a aventura de atravessar um país a pé e andar da fronteira da França até Santiago de Compostela, e de lá até o oceano Atlântico, numa aventura que me consumiu 36 dias e um par de botas.

Voltei ainda uma vez aos estudos, desta vez para fazer o doutorado, e desde o princípio comecei a flertar com a ideia de empreender outra grande caminhada.

Não querendo, porém, repetir o trajeto espanhol até Santiago, decidi caminhar de Londres a Atenas, numa espécie de homenagem aos berços da filosofia analítica (minha área de especialização) e da filosofia em geral.

Ao pesquisar, contudo, o melhor meio de fazê-lo, descobri a existência de outra via de peregrinação, não menos antiga, porém bem menos famosa, chamada Via Francígena (via dos francos ou estrada através da França, então também conhecida como Via Romea, por ter Roma como seu principal ponto de destino).

Como via de peregrinação, a Via Francígena remonta pelo menos ao século X — Sigeric, então arcebispo de Canterbury (Cantuária), registrou as etapas de seu percurso na volta de Roma, aonde fora prestar tributo ao papa João XV e pegar seu pálio, uma estola branca bordada, símbolo de sua ordenação como arcebispo. Sigeric manteve um registro de sua viagem de regresso, feita em 990 d.C., e as etapas de seu diário se tornaram os pontos de referência dessa rota.

Como parte da ampla e complexa malha viária romana, porém, devemos buscar as origens da Via Francígena em tempos bem mais remotos, cerca de mil anos antes. De fato, depois que Cláudio César liderou a segunda invasão romana da Grã-Bretanha, em 43 d.C., uma rede de estradas foi construída para conectar Roma à província de Britânia.

A Via Francígena era então a espinha dorsal do sistema viário romano, tendo grande relevância tanto comercial quanto militar, uma vez que representava o caminho mais curto entre o mar do Norte e Roma. Com efeito, diferentemente de outras civilizações mediterrâneas que baseavam seu desenvolvimento quase que unicamente a partir de seus portos, os romanos investiram fortemente no intercâmbio terrestre, o que permitiu uma expansão mercantil sem precedentes entre as diferentes regiões do império. No auge de sua expansão, e aí também incluídas todas as vias secundárias de menor qualidade, calcula-se que a malha viária romana tenha atingido cerca de 150 mil quilômetros, culminando no ditado popular: "Todas as estradas levam a Roma."

Com o declínio do Império, a Reforma Protestante e outras importantes mudanças no cenário geopolítico europeu durante a Idade Média, partes da Via caíram em desuso, enquanto outras partes foram absorvidas pelas respectivas estradas locais.

A Via Francígena foi "redescoberta" em 1985, quando pela primeira vez — em quase um milênio — o itinerário de Sigeric foi refeito e remapeado pelo arqueólogo italiano Giovanni Caselli, o que lhe permitiu adquirir, nove anos mais tarde, em 1994, o status de "Itinerário Cultural Europeu". O trajeto completo foi dividido em 80 etapas, cortando quatro países — Inglaterra, França, Suíça e Itália — e se estendendo por aproximadamente 2 mil quilômetros. Achei perfeito. Pretexto por pretexto, agora tinha um roteiro bem mais organizado. Inverti então o trajeto de Sigeric e parti de Canterbury em direção a Roma. De qualquer modo, se isso não me satisfizesse, sempre poderia continuar até o Partenon...

A preparação

Preparação física

Considerando minha experiência prévia no Caminho de Santiago, entendi que não seria necessário fazer uma preparação física específica para essa nova empreitada e acrescentar algo à minha já razoável rotina de exercícios semanais.

Deste modo, mantive minhas corridas habituais (5 a 8 quilômetros, três vezes por semana) e uma musculação leve (cerca de duas vezes por semana), deixando para Londres o treinamento mais específico de longas caminhadas diárias.

Aproveito o ensejo para fazer uma pequena observação.

O leitor pode se sentir "enganado" por ter lido o título "De Londres a Roma", quando, de fato, parti de Canterbury (que é, afinal, o ponto de partida "original" dessa rota). Mas, na verdade, na minha cabeça, Londres é o real ponto de partida. Não apenas porque foi lá que aterrissou o avião que me trouxe do Brasil, mas principalmente porque foi lá que fiz minha preparação física final antes de começar a jornada propriamente dita.

Com efeito, cheguei a Londres duas semanas antes de iniciar a travessia e em praticamente cada um desses dias calcei minhas botas e fui explorar Londres em longas caminhadas. Na última delas, dois dias antes de pegar o ônibus que me levaria a Canterbury, andei cinco horas seguidas, num total de quase 25 quilômetros. Sem mochila, é verdade, mas com isso me considerei "pronto". Com quase 150 quilômetros*

---

*Não computados nos 2.065 quilômetros do percurso total.

caminhados nas ruas londrinas (medidos com meu GPS), tinha a sensação mais do que clara de que minha jornada começara ali.

Preparação logística

Uma vez que decidi percorrer a Via Francígena, comecei a fazer uma pesquisa mais detida sobre o trajeto, para conhecer as cidades por onde passaria, bem como, e principalmente, os lugares onde poderia dormir e me hospedar.

Outra decisão importante a tomar era, naturalmente, a época do ano em que a realizaria. Numa caminhada tão longa como essa e que passa por tantas regiões e geografias diferentes — incluindo aí as montanhas suíças —, o inverno foi imediatamente excluído. Eu já havia corrido alguns riscos por ter completado o Caminho de Santiago no final de novembro — nevou no Cebreiro dois dias depois de minha passagem por lá, o que teria deixado o trajeto bem perigoso —, então queria evitar esse tipo de situação. De outro lado, o verão me trazia prognósticos não muito interessantes de ter de caminhar sob um sol muito intenso, particularmente nas planícies francesas e italianas.

Mas com a defesa de meu doutorado marcada para meados de abril, a janela que se abriu para começar o percurso foi justamente nesse período de maio/junho, o que, se de um lado me faria enfrentar o verão europeu, de outro me daria a tranquilidade necessária para fazer o percurso no meu ritmo, me permitindo tantas pausas ou desvios de rota quanto eu desejasse. Além disso, com cerca de 2 mil quilômetros pela frente, era realmente prudente prever pelo menos três meses para completar o trajeto.

Depois de ler alguns depoimentos na internet, encontrei apoio para minha decisão e fui em seguida remetido à Association Internationale Via Francigena* (AIVF ou simplesmente AVF), representada pelo sempre simpático e solícito Joe Patterson.

Trocamos alguns e-mails e ele me explicou como proceder.

---

*Ver o site da AVF, onde o peregrino pode encontrar todas as informações necessárias à empreitada: <www.francigena-international.org>.

Primeiramente, eu deveria me tornar membro da associação. Após o pagamento de uma taxa — à época cerca de 50 libras —, eu receberia minha credencial de peregrino, bem como o guia (Vademecum) e os mapas (Topofrancígena) do percurso.

Como eu estava no Brasil por ocasião dessa troca de e-mails, ele me instruiu a esperar chegar a Londres para darmos curso a esse processo. Conforme sugerido, enviei-lhe as 50 libras por correio — que inveja poder confiar assim no correio! — e dois dias depois recebi na casa onde estava hospedado as peças necessárias a meu projeto.

A credencial de peregrino cumpre pelo menos duas funções: a de identidade e a de fornecer testemunho das etapas.

De fato, você deve apresentá-la nos lugares onde pode contar com apoio logístico — normalmente ordens religiosas, como conventos, monastérios e igrejas. Ela serve, portanto, como uma identificação que o credencia a esse tipo especial de acolhimento.

Por outro lado, em cada cidade onde dorme, você deve solicitar um carimbo na credencial — que convenientemente contém espaços predeterminados para isso —, e assim ela serve como prova ou testemunho de que você passou por ali em seu trajeto. Além de servir como um belo souvenir, a credencial carimbada também será examinada — ao final de sua jornada, isto é, após a chegada ao Vaticano — pelo padre responsável, que emitirá uma espécie de "certificado de peregrino" (o equivalente da "Compostela"), atestando seus esforços e os pontos de partida e chegada.

O guia ou Vademecum, como o nome diz, tem a função de fornecer pistas e instruções ao peregrino de como percorrer o caminho.

Seu conteúdo pode ser dividido em basicamente três tipos de informação.

- Históricas: panorama da história da Via Francígena, bem como algumas informações sobre as cidades-etapas.
- Direções: indicação de trilhas e estradas, com dicas de que pontos pegar, onde dobrar ou virar.
- Endereços: lugares de apoio durante o trajeto, em especial informação sobre locais onde se hospedar, sejam eles ordens religiosas — onde se ganha tratamento preferencial de peregrino —, albergues, campings ou hotéis, essenciais nas localidades onde a Via Francígena ainda não conta com suporte especial.

Finalmente, a Topofrancígena, que nada mais é do que um conjunto de mapas estilizados, com a representação gráfica de cada uma das etapas da travessia.

Os mapas oferecem ao peregrino uma visão geral de seu percurso do dia e, com as legendas cabíveis e a complementação escrita trazida pelo guia, todas as informações necessárias para se locomover de uma etapa a outra.

Uma última observação: amigos insistiram para que eu fornecesse ao longo do livro informações mais precisas sobre os lugares onde me hospedei (endereços, telefones, preços), argumentando que isso seria de grande ajuda para o peregrino que quisesse seguir meus passos e também percorrer a Via Francígena. Embora eu obviamente concorde que informação nunca é demais para um peregrino em vias de embarcar numa aventura como essa, há alguns "contratempos" em satisfazer essa demanda.

Mapa da primeira etapa

O fato é que, assim como ocorre no Caminho de Santiago, a Via Francígena tem evoluído ao longo dos anos, com alterações em relação a vários aspectos importantes da caminhada, desde os pontos logísticos de apoio e hospedagem até as trilhas e rotas aconselhadas. Como a percorri em maio-agosto de 2005, qualquer informação fornecida correria o risco de estar defasada, em um ponto ou outro. Além disso, e não menos importante, não podemos esquecer que cada caminho (em termos de divisão de etapas, quilometragem diária etc.) é bem pessoal, o que dá às minhas dicas um caráter necessariamente "complementar", já que seria inviável alguém repetir exatamente o meu percurso.

Ou seja, mesmo que eu conseguisse colocar, com detalhes, todas as informações e dicas do meu percurso, ainda assim elas não seriam completas o bastante para que o peregrino pudesse prescindir da AVF (ou outra instituição semelhante) para obter sua credencial e informações mais amplas, que realmente abrem o leque de alternativas para se fazer a Via Francígena.

Numa palavra: nenhum depoimento de trajeto pessoal, por mais completo que seja, substitui a procura por um "guia" completo e atualizado. Que meu livro possa servir de inspiração para você, leitor, se aventurar na Via Francígena é o meu desejo. E, quando você finalmente se decidir a percorrê-la, recomendo fortemente que vá até a "fonte primária" de informações: a excelente AVF. Por intermédio deles, você terá acesso não apenas à credencial de peregrino, que é fundamental, mas também aos mapas e guias para todo o trajeto, com todas as informações atualizadas.

O equipamento

Tentei, naturalmente, reduzir meu equipamento ao essencial.* Afinal, tudo que se leva, se carrega!

Do equipamento principal, à parte o saco de dormir (que já tinha) e as botas (que comprei com grande antecedência para amaciá-las), todo o resto do equipamento para a viagem foi adquirido faltando menos de dois meses para a partida.

---

*Uma importante lição tirada do caminho nesse sentido (e em outros também): o realmente "essencial" é sempre menos do que aquilo que imaginávamos a princípio...

Eis a lista:

- Botas: marca Salomon, que já havia provado seu valor quando fiz o Caminho de Santiago. Certifique-se de que elas estão bem amaciadas antes de começar a caminhada. De preferência, compre as botas e as meias que vai usar ao mesmo tempo, para um melhor ajuste aos pés.
- Um par de sandálias, estilo "papete", bastante recomendáveis, sobretudo para os dias de pausa.
- Meias: juntamente com as botas, estão entre os itens mais importantes da viagem. Compre meias ruins e sua jornada pode ser seriamente comprometida! Prefira as meias Coolmax, ou equivalentes, isto é, meias "respiráveis", para manter os pés secos e livres de bolhas. Recomendo dois pares de meias mais finas e dois pares de meias mais grossas.
- Calças-bermudas: comprei duas calças de suplex (material mais leve e de fácil secagem), daquele tipo que, via zíper, viram também bermudas.
- Cuecas: quatro.
- Camisas: parti com cinco, estilo *dry-fit*, também respeitando o critério "leve/fácil de secar". Duas de manga comprida, três de manga curta.
- Malha térmica: parte de cima e de baixo. Como atravessaria a Suíça — e, mais importante, o Grand-Saint-Bernard, a quase 2.500 metros de altitude —, achei melhor me garantir. Não enfrentei esse frio todo, mas valeu a pena tê-las levado.
- Suéter de *fleece* (um material quente e leve).
- Jaqueta impermeável, "quebra-vento".
- Poncho: de preferência com "corcunda", para vestir bem a mochila. Vale a pena adquirir um de material mais resistente, embora um pouco mais pesado. São muitos dias de chuva e vento forte, e um poncho muito leve/frágil pode não resistir. No Caminho de Santiago, por exemplo, vi meu poncho reduzido a farrapos após um dia de chuva e ventos fortes.
- Óculos escuros.

- Um boné, estilo "legião estrangeira", muito importante para os (muitos) dias de extenuante calor.
- Duas microtoalhas de grande absorção. No Caminho de Santiago, viajei com uma toalha normal (cortada pela metade para levar menos peso) e não recomendo. Ela é certamente mais confortável, mas, além de mais pesada, demora muito mais tempo para secar, o que pode ser bem inconveniente.
- Saco de dormir: usei o mesmo que já possuía quando fiz o Caminho de Santiago, que era (desnecessariamente) apropriado para temperaturas de até -10 graus. Aqui a dica é escolher um mais leve (o meu pesava cerca de 1,5 quilo).
- Um travesseiro inflável.
- Mochila: escolhi uma com 50 litros de capacidade. Aquelas com vários bolsos/compartimentos devem ter preferência em relação às outras. Leve muitos sacos plásticos (fundamental), onde suas roupas deverão ser acondicionadas para evitar umidade.
- Kit de primeiros socorros/farmácia, contendo o material básico: band-aids de vários tamanhos; gaze; esparadrapo; antisséptico; antidiarreico; antialérgico; uma agulha; paracetamol; anti-inflamatório; pastilhas para a garganta. Protetor solar. Um apito e um cobertor de segurança (não usei nenhum destes últimos, mas como estão em todas as listas de equipamento...)
- Canivete suíço: com as funções básicas + tesoura.
- No lugar do cantil, optei por um odre. Mas acabou não sendo uma boa ideia, já que ele furou logo no primeiro dia. Mais vale o tradicional cantil mesmo.
- Lanterna: daquelas de "minerador", que se usa na cabeça, dispensando o uso das mãos. Mais usada para leitura do que propriamente no caminho. Ainda assim, mostrou-se essencial nas poucas vezes em que precisei usá-la durante a rota.
- Bastão de caminhada: levei apenas um. Alguns preferem usar dois, mas eu prefiro ter sempre uma das mãos livre. Alguns amigos me perguntam se é realmente útil, e minha resposta é: não somente útil como necessário. Não apenas ajuda a manter o passo durante a caminhada normal, mas também é fundamental nos trechos de trilha e montanha. Incidentalmente, ainda pode servir para sua proteção

pessoal, por exemplo, contra cachorros. Os mais "tradicionalistas" preferem levar um cajado. Eu preferi um bastão "high-tech": retrátil, mais leve e confortável no manuseio.

- Escova/pasta de dentes (do tipo "mini"); barbeador; minirrecipiente para xampu.
- Uma pochete grande, para ter acesso rápido aos equipamentos mais usados durante a caminhada. São eles:
  — Caderno e caneta: companheiros indispensáveis de todo peregrino.
  — Câmera de filmagem + cartão de memória.

Por 'ignorância tecnológica' à época, levei uma câmera de filmar, acreditando que ela tiraria fotos tão boas quanto uma câmera fotográfica. Para piorar, não tendo levado cartão de memória suficiente, me vi 'forçado' a tirar a maioria das fotos em baixa resolução... Por conta disso, foi necessário nesse livro substituir algumas das fotos que tirei — aquelas que não tinham a qualidade mínima necessária para impressão — por imagens que, embora semelhantes e bem apropriadas a cada contexto, não são de minha autoria (o que indicarei em cada caso).

Que ninguém cometa, portanto, esse erro!

— GPS: não é absolutamente necessário, mas recomendo fortemente. É muito útil e até mesmo divertido. Com efeito, ele serviu não apenas para ajudar no quesito "localização" — resolver, por exemplo, certas ambiguidades nas sinalizações —, mas também para a marcação da quilometragem percorrida, média de velocidade etc., algo que pode acabar sendo de muita ajuda psicológica durante o caminho. Optei por um de "mão", que consumiu muitas pilhas durante o caminho. Cogitei levar um de pulso, que faria também as vezes de relógio. Mas, nesse caso, há o acréscimo de um carregador e o risco de eventualmente não conseguir tomada para a necessária recarga diária.

— Celular: pré-habilitado para ligações internacionais.

— MP3: não levei (era mais um equipamento e, sobretudo, mais um carregador), mas várias vezes lamentei minha decisão.

Obviamente, com o avanço da tecnologia, devemos considerar o 'upgrade' de pelo menos alguns desses equipamentos. Hoje em dia, GPS, câmera e MP3, além do próprio acesso à internet, são funções integradas em praticamente qualquer smartphone, algo que teria facilitado muitíssimo a minha vida: acesso a mapas, troca de informações com outros peregrinos ou membros da AVF, prospecção de pousadas ou hospedagem, tudo isso à mão, on-line, bastando para isso um bom plano de dados... Tivesse feito essa caminhada hoje em dia, acho que até mesmo um blog com atualização diária eu teria feito!

— *Last but not least*: dinheiro e cartão de crédito. Observação importante: não carregue o cartão de crédito numa "doleira" junto à cintura, porque há fortes chances de que ele se quebre com o movimento repetido. Digo isso por experiência própria, pois aconteceu comigo no Caminho de Santiago. Ali, após apenas dez dias de caminhada, o cartão perdeu suas funções magnéticas, o que me impediu de usá-lo para saque (o que me fez, aliás, ter de concluir a caminhada com um terço do orçamento previsto!).

Antes do começo: no avião para Londres

> *What is life worth if it doesn't give you trees to lift the soul, a road to lead the imagination on, and a few agonising blisters along the way?*
>
> De que vale a vida se não te dá árvores para levantar a alma, uma estrada para estimular a imaginação e algumas bolhas agonizantes ao longo do caminho?
>
> DAVID JORDAN

Eu me lembro agora de Virginia Woolf, após um esforço atroz, semanas de trabalho em vão, dúzias de páginas arrancadas do caderno, dizendo a seu marido que ela finalmente tinha a primeira sentença de seu livro. Eis a grande proeza! Como se todo o livro estivesse contido naquela primeira sentença, como se a parede entre as palavras e o escritor tivesse ruído e a ele não restasse senão exibi-las, uma após as outras.

Duas coisas vieram à minha mente após essa cena. Uma é a notória dificuldade de começar um livro (pelo menos um livro que não resulte numa tese de filosofia). Uma dificuldade que pode ter a ver com o fato de muitas outras linhas — o que significa muitas outras histórias — poderem realizar a mesma função. Daí a responsabilidade. Se estas primeiras linhas, *uma* história. Se aquelas, *outra* história. Como decidir? O que torna uma história melhor do que outra ou, pelo menos, o que a faz merecer ser contada antes da outra?

Esta poderia parecer uma pergunta trivial para a maioria das pessoas, ou até mesmo sem sentido, mas para mim ela é crucial em mais de um aspecto. Porque na verdade ela é como um espelho de outro conjunto de questões. Como escolher entre diferentes estilos de vida, profissões, carreiras, objetivos? Deveríamos ser mais aventureiros, nômades, solteiros, viver um dia de cada vez? Ou, talvez, "ratos de biblioteca", cientistas de carreira, com esposa e crianças, casa e propriedades? Ou ainda qualquer uma das múltiplas combinações entre essas duas ou ainda outras séries de possibilidades?

Estas questões também poderiam ser vistas como triviais ou tolas, ou quem sabe apropriadas no contexto de um adolescente inexperiente. Entretanto, estou longe de ser um adolescente e estas questões são ainda absolutamente cruciais para mim. Elas são mesmo *as questões* que precisam ser respondidas. Apesar disso, eu mesmo sinto que tais respostas são mais como o Santo Graal: desesperadamente desejadas, mas em essência inatingíveis porque irreais, puro mito.

Respondível ou não, porém, esse conjunto de questões, ou suas tentativas de respostas, tem muito a ver com a escolha da primeira sentença de um livro. Sua escolha determina ou pelo menos influencia profundamente a sequência das próximas, e assim por diante, algumas vezes de tal modo que somos apenas arrastados pelos acontecimentos seguintes, desafiando inteiramente nossa própria capacidade de prever ou antecipar o futuro. Me vem à mente o já clássico *Thelma & Louise*, filme em que algumas decisões e acontecimentos pontuais acabam selando o (fatal) destino das duas protagonistas...

Em outras palavras, muitas vezes tomamos certas decisões, fazemos certas escolhas — as "sentenças" de nossas histórias —, mas não temos noção de como elas podem afetar todo o curso de nossas vidas.

Muitas vezes as possibilidades que se apresentam diante de nós parecem igualmente boas naquele momento, então decidimos, despreocupados, por aquele caminho em vez daquele outro. Mas o que frequentemente esquecemos é que esses caminhos alternativos não seguem necessariamente "rotas paralelas" ou próximas, e dificilmente haverá um "outro dia" para voltar e percorrer aquele caminho — "contar aquela história" — que se deixou para trás...

[...] And both that morning equally lay, in leaves no feet had trodden black.
Oh, I kept the first for another day!
Yet knowing how way leads on to way, I doubted if I should ever come back...

[...] E naquela manhã ambas (as estradas) igualmente se estendiam [...]
Oh, eu guardei a primeira para um outro dia!
Contudo, sabendo como uma estrada leva à outra, eu duvidei se (à primeira) eu jamais voltaria...*

O ponto é que, se o escritor tem sempre a possibilidade de escrever outro livro — o que pode lhe trazer algum alívio —, nós não contamos com outra vida: tudo o que temos está à nossa frente, aqui e agora.

Como então agir, decidir? Porque a verdade é que eu não quero abrir mão de nenhuma das possibilidades!

Quero a vida do aventureiro, daquele que viaja para todos os lugares possíveis e encontra e conhece todos os tipos de pessoas, mas não menos a vida de um filósofo "borgeano",** em que minha biblioteca é o meu mundo e nenhuma experiência existe ou deixa de existir fora de um livro, lido ou escrito.

Quero a vida estável, com mulher e filhos, um trabalho, uma carreira, um papel marcante e reconhecido na sociedade, mas não menos uma vida nômade, com liberdade para ir aonde quiser e no momento em que a sede de novidade sobrevier, sem necessidade de justificar meus atos ou mudanças, de humor ou cidade, país ou profissão, porque eu estaria tão próximo do anonimato quanto possível.

Dessas linhas já se depreende o tamanho do meu problema. Quer dizer, alguns dirão que não há problema algum. "Cresça", eis a respos-

---

*"The Road Not Taken", poema de Robert Frost, imortal especialmente por suas últimas linhas: "Two roads diverged in a wood and I — / I took the one less travelled by, / And that has made all the difference". ("Duas estradas divergiam num bosque e eu — / Eu tomei a menos viajada, / E isso fez toda a diferença.")
**Referência ao escritor argentino Jorge Luis Borges e seu conto "A biblioteca de Babel". Nessa biblioteca, imagina Borges, estão contidos todos os livros possíveis, relatando e retratando qualquer combinação possível de letras, palavras ou histórias.

ta para seu "enigma insolúvel"! Mas para alguém que entende que os "adultos" não estão em melhor posição, isso não resolve nada... Prefiro as minhas questões. Elas podem ser insolúveis, admito, mas o que se atinge ao tentar respondê-las...

Como se pode adivinhar disso tudo, fiz a única coisa que uma mente curiosa poderia ter feito: tentar. Tentar viver e conhecer tudo, não fechar as portas a nada, a nenhuma oportunidade, a nenhuma nova experiência.

Assim, viajei tanto quanto pude, fiz turismo "de luxo" e "mochilei", mas também tive minha parte de assentamento, principalmente na graduação e doutorado. Sou "rato de biblioteca" e adepto de musculação. Posso passar dias apenas na companhia de livros, mas também sou fã e praticante amador de vários esportes. Atravessei a Espanha a pé e planejo agora andar de Londres a Roma. Sim, sou filósofo. E também andarilho.

Minha experiência no que chamam de "trabalho regular" não é grande, porém. Ensinei alguns anos, é verdade, mas assumi poucas turmas devido ao trabalho de pesquisa. Quanto a dinheiro, sempre dependi — como resumiu um amigo — das "bolsas" para sobreviver: dos pais, nos primórdios; de estudo, até o doutorado; e da de valores, de uns tempos para cá.

Mas, tão interessante quanto minha vida possa parecer — e até acho que é —, não se pode esquecer dos preços que se paga por isso. Sim, porque, se é verdade que ganhei algum reconhecimento como pesquisador, não é menos verdade que eu poderia ter feito muito melhor, publicado bem mais se tivesse dedicado mais tempo e energia a isso.

De outro lado, tivesse me dedicado inteiramente a uma vida de aventura, eu poderia ter ganho alguma notoriedade pelas minhas viagens, escrito livros e quem sabe transformado isso no meu ganha-pão.

Claro, eu sei: ninguém pode ter tudo. Sobretudo ninguém pode ser amador em tudo que faz e querer ter o reconhecimento de um profissional dedicado à carreira. Esse é, no fim das contas, o meu problema, o meu dilema. Eu quero amar o que faço, todo o tempo, e, para isso, quero poder interromper e trocar de atividade quando bem quiser. E, se é verdade que gostaria de ganhar dinheiro com cada uma dessas atividades, não quero ganhar nada por obrigação, por "encomenda". Quero desejar, decidir, planejar e fazer. E depois, se puder, ser pago por isso. Será pedir demais, ou só estou reclamando o que cada um deveria ter por direito?

A segunda coisa que me veio à cabeça... Não me lembro...

Mas de repente me ocorre que essas reflexões bem podem servir como as primeiras sentenças do livro que planejo escrever sobre essa aventura que está prestes a começar... (sem a pretensão da qualidade woolfiana, claro). Por que não é esse, afinal, um dos objetivos deste diário de viagem, deste livro: escrever os pensamentos, as reflexões do momento, no momento em que me afetam, em que me forçam à própria ação de escrever? Sim, de certa forma, a própria Via Francígena não deixa de ser isso, uma espécie de pretexto para eu escrever sobre uma experiência cuja intensidade possivelmente me levará a conhecer meus limites de um modo sem precedentes.

Essa é a perfeição de um desafio como esse, um desafio ao mesmo tempo físico e mental. A própria mente, exigida e exaurida pelo esforço físico, se vê diante da necessidade de se renovar e reinventar. E esse é o propósito dessa jornada através da Europa, o grande objetivo dessa aventura: criar as condições a partir das quais eu possa — ou melhor, *tenha de* — reinventar a mim mesmo.

Neste momento, eu paro e penso. Quanta pretensão em todas estas linhas! Estarei já delirando, sonhando acordado, escrevendo quando deveria estar dormindo? De todo modo, serviu pra "quebrar o gelo". O "fardo" das primeiras linhas, da primeira página, passou. A Via Francígena já pode começar.

> Criar uma vida que reflete seus valores e satisfaz sua alma é um feito raro. Numa cultura que promove avareza e excesso como a vida ideal, uma pessoa feliz desenvolvendo seu próprio trabalho é usualmente considerada excêntrica, se não subversiva. Ambição é apenas entendida como ascensão ao topo de alguma escada imaginária de sucesso (...), como se profissão e salário fossem a única medida do valor humano. (...) Inventar o sentido de sua própria vida não é fácil, mas ainda é permitido, e eu acho que você será mais feliz se se der o trabalho de tentar.*

---

*Watterson, Bill (1995). *Calvin and Hobbes Tenth Anniversary Book*. Andrews and McMeel (trecho de "Some Thoughts On The Real World By One Who Glimpsed It And Fled", Kenyon College Commencement, 20 de maio de 1990).

Inglaterra

Canterbury → Dover*
34 km — 1 dia

1. Canterbury 2. Dover

Não importa qual sua motivação para esta viagem.
Reserve tempo para se deixar aberto para a "mágica" da experiência,
a inspiração, sua companheira silenciosa ao longo do caminho...
Você retornará para sua vida cotidiana com outra memória
da Via Francígena, meu amigo peregrino.
Você mudará, sua vida nunca mais será a mesma.
E talvez você ache as respostas que você verdadeiramente procurava.
Buon viaggio! Sempre dritto!

Brandon Wilson

---

*Os mapas/gráficos ao início de cada etapa têm principalmente o intuito de dar ao leitor uma noção global da *variação altimétrica* do percurso, especialmente útil nas "etapas de montanha".

Marco zero

Hoje pode ser definido como o "marco zero", dia da saída de Londres (de ônibus) a caminho de Canterbury, quando cerca de 2 mil quilômetros me separarão de Roma.

Aconselhado por Joe Patterson, desisti de fazer o trecho Londres-Canterbury a pé. Além de não pertencer à rota original da Via Francígena, ele me disse que esse trecho não me agregaria muita coisa e que, ao contrário, me drenaria energias.

Cheguei a Canterbury por volta das 19h30, ainda sob a luz do sol, e aproveitei para andar até a belíssima catedral, ponto de partida de toda a caminhada.

De lá rumei para o albergue da juventude, mas como ele estava lotado por um grupo escolar acabei me vendo "obrigado" a passar a noite em um hotel, até bem agradável (Ersham), não muito longe dali. Uma indulgência antes do árduo caminho cai bem, pensei.

Curioso em relação a minha mochila e cajado, o dono do hotel quebrou a tradicional discrição inglesa e me perguntou aonde iria. Respondi, com indisfarçável orgulho: a Roma!

Uma pequena conversa se seguiu, os tradicionais desejos de boa sorte e um belo desconto na diária. Simpático, para dizer o mínimo.

Deixei a mochila no quarto e saí para comprar algo para comer. Voltei com croissants, queijo e presunto, que valeriam para o jantar e o dia seguinte de caminhada. Depois, banho, barba e cama.

1ª etapa: Canterbury → Calais (38 km)*

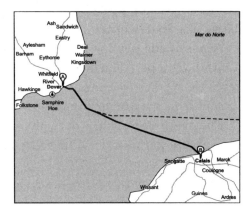
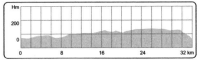

Acordei às 8h, zerado e cheio de expectativas. Tomei uma ducha rápida, café da manhã e voltei à catedral, desta vez para conseguir o primeiro carimbo na minha credencial de peregrino.

---

*Sobre as distâncias percorridas, como padrão, estarão sempre no seguinte formato: "percurso propriamente dito" + "quilometragem extra", totalizando a quilometragem percorrida no dia. O primeiro número inclui todos os quilômetros andados entre os pontos de partida e chegada de cada etapa, incluindo naturalmente os eventuais quilômetros percorridos devido a erros de percurso ou procura de alojamento. Já o segundo número inclui os quilômetros adicionais, necessários para turismo interno nas cidades, trilhas extras ou mesmo idas a supermercado e restaurantes após o "check-in". Note que nem sempre a quilometragem efetivamente percorrida corresponde àquela prevista pelos mapas e guias consultados. Essa diferença se justifica por uma série de razões: opção por um trajeto diferente do sugerido (mais ou menos curto), trecho percorrido dentro da cidade antes de achar um pouso, erros de percurso ou mesmo erro do guia. Nos dias de "pausa", naturalmente, as distâncias aferidas são consideradas do segundo tipo. Para uma visão global dos quilômetros percorridos, ver o Anexo I: Quadro de quilometragem por etapa, ao final do livro.

O começo

Foi fácil. Logo na guarita (onde cobravam os ingressos), me identifiquei como peregrino e consegui o carimbo ali mesmo. Ganhei também livre acesso à catedral, onde pude constatar que sua imponência não se restringe a seu exterior.

Uma vez dentro, vendo minha mochila às costas, um guarda veio em minha direção e perguntou se eu era peregrino. Respondi que sim, e ele então me perguntou se eu queria falar com o reverendo e ter minha viagem abençoada. Sim, por que não?

Minutos depois o reverendo Patrick Goodsell veio ter comigo. Perguntou-me até onde planejava ir, eu disse que a Roma. Longo caminho, disse ele, é preciso coragem para fazer algo assim. Fiquei em silêncio. Ele me convidou então a visitar a cripta e a capela de St. Mary, localizadas no subsolo, a parte mais antiga da catedral e normalmente fechada ao público. Aceitei, é claro, contente com o privilégio.

À saída da cripta — e bem próximo ao lugar onde Thomas Becket foi assassinado —, ele me concedeu a bênção especial aos peregrinos e me desejou boa sorte na minha jornada. Agradeci e finalmente parti. Eram já dez da manhã. Para esse primeiro dia, eu tinha duas grandes opções.

> **Um pouco de história**
>
> Thomas Becket — ou São Tomás da Cantuária — foi arcebispo de Canterbury de 1162 até seu assassinato, em 1170, por ordens do rei Henry, the Young.
>
> Sentindo-se ultrajado pelo fato de o rei ter sido coroado na Catedral de York — e não na de Canterbury, um privilégio que lhe cabia —, Becket excomungou, primeiro, os arcebispos de York e Salisbury e o bispo de Londres, que executaram a coroação, e em seguida outros de seus oponentes dentro da Igreja.
>
> Tomando tais gestos como atos de traição, Henry enviou quatro cavaleiros no encalço de Becket, para que ele prestasse contas. Foi então que, tendo-se recusado a cumprir as ordens do rei, os cavaleiros desferiram, com suas espadas, os golpes fatais.
>
> Logo após sua morte, fiéis começaram a venerá-lo como um mártir, e apenas três anos após sua morte ele foi canonizado pelo papa Alexandre III.

A primeira era dormir em solo inglês, antes mesmo de chegar a Dover, para não sobrecarregar muito o primeiro dia de caminhada. A outra era cumprir os 33 quilômetros previstos para a primeira etapa, até Dover, pegar o ferry e dormir já em Calais. Saí decidido pela primeira opção. No caminho de Santiago, já tinha tido uma experiência de sobrecarga no primeiro dia e, embora tenha sido um dia absolutamente inesquecível, não é algo que se deva fazer de caso pensado.

Consultei o mapa e segui viagem, pensando em dormir num pequeno vilarejo, Sheperdswell, a mais ou menos 17-18 quilômetros de Canterbury.

* * *

A saída de Canterbury se dava por um trecho do que fora parte de uma antiga estrada romana, coincidindo em seu início com a North Downs Way — uma das 15 trilhas nacionais inglesas, notórias por cruzarem suas melhores paisagens —, que eu deveria seguir por alguns quilômetros. Nessa parte da Inglaterra, ela segue basicamente por estradas secundárias, tornando o trajeto bem mais interessante do que seguir a movimentada via expressa A2.

Saí animado e quase ansioso por iniciar a jornada e ver os primeiros quilômetros ficarem atrás de mim. Confesso que essa animação quase me fez passar pela Abadia de Santo Agostinho sem uma vistoria apropriada. Resisti, claro, ao impulso "atlético" e me deixei surpreender por suas ruínas em ótimo estado de conservação.

Fundada em 597 d.C. pelo próprio Santo Agostinho, essa abadia teve grande participação simbólica no renascimento do cristianismo no sul da Inglaterra, servindo de jazigo para os reis anglo-saxões do condado de Kent. Trata-se de um ponto turístico-histórico bem importante da região, mas que frequentemente passa despercebido ao visitante. Eu mesmo já havia estado em Canterbury duas vezes antes e não a conhecia, nem dela tinha ouvido falar.

Foi bom que eu tenha dado o devido valor a essa visita, pois ela foi o ponto alto dessa primeira parte do dia. À parte a excitação de "estar em ação", os primeiros quilômetros não oferecem muita coisa. Escapei, é certo, da autoestrada, mas mesmo nas estradas secundárias as paisagens à minha disposição não traziam nenhum interesse especial.

Resolvi, então, trazer alguma "emoção extra" à caminhada e, confiante em meu GPS, decidi sair da estrada e cortar caminho através de trilhas que passavam por dentro de fazendas particulares. O humor e adrenalina mudaram completamente, e aí, sim, tive a impressão de que a viagem, a aventura, havia começado. Tudo correu bem por vários quilômetros, eu nem sentia o tempo passar, até que a trilha que eu seguia me conduziu a uma enorme plantação, densa o bastante para que não se pudesse caminhar através dela.

Diante desse obstáculo, eu podia pegar uma trilha à direita ou à esquerda, mas, diferentemente das outras bifurcações, nenhuma dessas opções possibilitava continuar o caminho na direção correta. Fiquei preocupado, claro, que uma decisão equivocada me fizesse andar quilômetros à toa, algo que eu realmente não queria ter de fazer, sobretudo no primeiro dia. Eu tinha também a alternativa de voltar cerca de 1 quilômetro até o último acesso sinalizado para a estrada e garantir que voltaria ao caminho indicado por meu mapa.

Mas não quis voltar. Fiz minhas apostas e botei minhas fichas na trilha à esquerda, por onde andei uns 2 quilômetros até encontrar uma estrada secundária. Não fiquei muito contente quando vi logo depois uma placa "Barham 3 miles", significando que minha "aventura" através das fazendas e plantações me custara alguns quilômetros extras. Não digo que não tenha valido a pena, já que esses quilômetros e essa indefinição me deram a adrenalina que eu buscava para o primeiro dia, mas a lição foi aprendida. O GPS pode até dar a direção correta, mas não garante que haja um meio de segui-la... Daqui em diante, melhor usá-lo em conjunto com os mapas da Topofrancígena.

* * *

Às 15h30 cheguei a Sheperdswell, meu suposto destino do dia, onde parei para descansar e comer. O GPS marcava cerca de 21 quilômetros andados. O dia estava bonito e eu ainda cheio de disposição. Eu simplesmente não queria parar. Chequei minha Topofrancígena e vi que havia lugar para dormir em Whitfield, a 5 quilômetros dali. Decidi continuar, uma hora a mais de caminhada não me faria mal.

Entretanto, em algum ponto do caminho não vi a sinalização para Whitfield e acabei desembocando na A2, uma estrada pra lá de movimentada, o oposto do que se entende por uma caminhada agradável. Voltar tampouco era uma boa opção, já que eu não sabia exatamente onde tinha errado. Dover se tornara, inesperadamente, o único destino, e eu já me arrependia de não ter parado em Sheperdswell como planejado.

Os quilômetros nesse precário acostamento pareciam alongar-se indefinidamente, e ao tédio se juntava a sensação de abrasão nos pés, dando perigosas indicações de que bolhas poderiam se formar ao final do dia. Era o caso de parar no primeiro hotel ou pousada disponível.

Depois de um tempo, fiquei na dúvida se realmente havia errado, pois encontrei uma indicação para Whitfield e o hotel que o meu guia dava como opção de dormida. Mas foi como se não o tivesse achado. A inviáveis 105 *pounds* a diária, de volta à estrada...

O cansaço se acumulava e a cerca de 2 quilômetros de Dover finalmente encontrei uma série de pequenos motéis, inicialmente saudados como um oásis no meio do deserto, dos quais depois me despedi como inúteis miragens, pois tampouco esses se ajustavam ao meu orçamento.

Cheguei a hesitar por alguns instantes, mas a visão, ao longe, do porto de Dover me deu a coragem de continuar. Que mal podia fazer meia hora a mais? — pensei. Não só economizo como cumpro a etapa oficial do guia. Melhor, já durmo em solo francês!

As famosas falésias de Dover (GETTY IMAGES)

41

Foi com esse pensamento que cheguei ao barco, onde agora estou, de pernas para cima, com os pés destruídos, apenas torcendo para que o estrago não tenha sido grande demais. Foram 34 quilômetros andados até aqui, um absoluto exagero para o primeiro dia. A história se repete. Agora, só consigo pensar em encontrar alguma pequena pousada em Calais, tomar um banho, comer e dormir.

Curtas

- Galhos furaram meu odre na metade deste dia, logo substituído por duas garrafas de água mineral de 500 ml.
- Foram 34 quilômetros aferidos até o porto, aí incluído o trajeto dentro de Canterbury, hotel-catedral: seis horas e meia de atividades para duas horas e meia de descanso.
- A travessia Dover-Calais durou cerca de uma hora e meia.

* * *

Chegando a Calais, fiquei surpreso ao não ver praticamente ninguém no porto, nenhum policial, funcionário da alfândega, ninguém para me dar informação. Não havia tampouco qualquer sinalização para pontos de ônibus ou táxi, nenhuma indicação sequer de como ir ao centro da cidade!

Apelei para outros passageiros, mas os que encontrei ou tinham carona ou estavam com o carro no estacionamento. Só fui achar uma guarita do outro lado do estacionamento, mas a informação recebida acabou não servindo muito. Me disseram para cruzar uma passarela até uma parada de ônibus, mas não precisei de muito tempo para ver que aquilo não tinha futuro. Simplesmente não havia ninguém por ali além de mim, nem por ali passava qualquer carro, ônibus, moto, nada. Parecia uma cidade-fantasma. Definitivamente, não foi bem a chegada triunfal que eu planejava!

Como já era bem tarde e tudo à minha volta estava completamente deserto, não quis esperar. Vi ao longe uma placa *"Centre-ville"* e comecei a andar. O que mais podia fazer?

A questão é que, a cada passo que eu dava, a situação não melhorava em nada. A placa apontava para uma estrada sinuosa, margeada apenas por terrenos baldios e fábricas aparentemente desativadas, com uma iluminação tão precária que precisei recorrer à lanterna. A essa altura, eu estava mais assustado do que cansado e torcia (muito) para não encontrar ninguém pelas ruas.

Demorou até que eu encontrasse as primeiras casas, os primeiros verdadeiros sinais de "civilização". Já havia uma iluminação adequada e alguns poucos carros circulando. Eu me sentia mais seguro. Mas nada de hotéis... Para resumir: tive de andar mais de 4 quilômetros antes de achar um hotel e, naturalmente, entrei no primeiro que encontrei.

Felizmente tinha vaga, mas, com o avançado das horas, a cozinha já estava fechada e não havia nenhum outro lugar onde comprar o que comer. Tive então de me virar com meio tablete de chocolate, tudo o que havia sobrado do dia. Mas, para falar a verdade, nem me importei. Eu estava tão cansado que só queria saber de tomar um banho e me enfiar debaixo das cobertas. Não sem antes lavar as roupas, claro, tarefa que pertence ao ofício diário do peregrino.

Total do dia: 38 quilômetros andados e algumas bolhas. Definitivamente, não foi um modo prudente de começar essa jornada...

E já eram quase 2h quando desliguei a tevê e caí no sono.

França

Calais → Les Fourgs
840 km — 37 dias

3.Calais 4.Guines 5.Licques 6.Wisques 7.Amettes 8.Camblain-l'Abbé 9.Arras 10.Bapaume 11.Péronne 12.Tréfcon 13.Tergnier 14.Laon 15.Corbeny 16.Reims 17.Condé-sur-Marne 18.Châlons-en-Champagne 19.Vitry-le-François 20.Saint-Dizier 21.Joinville 22.Chaumont 23.Langres 24. Les Archots 25.Champlitte 26.Mercey-sur-Saône 27.Cussey-sur-l'Ognon 28. Besançon 29.Ornans 30.La Vrine 31.Pontarlier 32.Les Fourgs

2ª etapa: Calais → Guines (14 km)

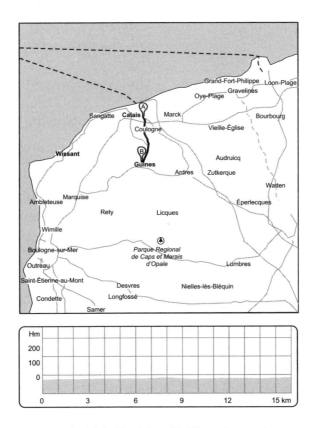

Trecho Calais (A)—Guines (B). Wissant à esquerda

Acordei às 10h, me sentindo renovado, e, embora faminto, escrevi um pouco, cuidei das bolhas e só fui mesmo sair do hotel às 11h30. Minha ideia era achar um *Office de Tourisme* (Posto de Informações Turísticas), carimbar minha credencial, arranjar algo para comer, fazer uma breve visita ao centro da cidade e meter o pé na estrada. O Posto eu achei sem dificuldade e perto do hotel. Tive de andar um pouco mais para achar um supermercado, onde comprei meu *brunch* e mantimentos para a viagem. Na terra de queijos tão bons quanto variados, escolhi um camembert, além de pão, tomates e chocolate.

Comi sem muita pressa, e só então fui dar um passeio pela cidade, com destaque para o conjunto composto pelo Hôtel de Ville (prefeitura) e a imponente Torre do Campanário, praça onde ainda se encontra a emblemática escultura de Rodin, *Os burgueses de Calais*.

Já passava das 13h quando decidi seguir estrada, visando inicialmente a chegar a Wissant, a 20 quilômetros dali.

Checando o GPS, porém (eu já tinha inserido previamente as coordenadas de todas as etapas), eu me dei conta de um estranho fato: Guines — a terceira etapa — ficava supostamente a apenas 12 quilômetros dali!

Consultei o guia e constatei que, de fato, Wissant não pertencia propriamente à rota canônica que levava de Canterbury a Roma, e que sua inclusão se devia exclusivamente ao fato de que fora dali que Sigeric havia partido em direção à Inglaterra. Não tendo, porém, um "compromisso" tão fechado assim com a rota de Sigeric, optei por seguir a via mais direta e economizar, desta forma, um dia (e alguns quilômetros) no calendário.

Não posso saber exatamente o que perdi — à parte margear o litoral norte francês — ao excluir Wissant do itinerário, mas, dadas as circunstâncias, acho que valeu a pena. No total do dia, andei apenas 14 quilômetros e ainda assim cheguei bastante cansado, um pouco abatido até. O exagero do dia anterior mostrou todo seu impacto no corpo, especialmente nos pés machucados. Retrato disso foi a alteração abrupta em meu humor ao demorar para achar um hotel e assim ter de andar "desnecessariamente" alguns minutos a mais.

No entanto, nada como uma gentileza, uma palavra carinhosa para levantar o astral. O único hotel que achei (Auberge du Colombier) era caro, o que trazia até aqui um prognóstico nada bom para o orçamento da viagem. A dona percebeu meu ar algo espantado ao ouvir o preço (52 euros) e me perguntou se eu tinha achado caro demais.

"Por tudo o que estou vendo", disse, "acho que não, me parece bem justo. Tudo aqui é muito lindo. O problema apenas é que para a viagem que estou fazendo..." E lhe expliquei que estava indo a Roma, a pé etc. Ela ouviu com interesse, disse que era maravilhoso e que gostaria de ter coragem de fazer algo assim. Ela então pensou um pouco e perguntou:

"O que você acha de 30, com café?" "Maravilhoso, muito, muitíssimo obrigado", respondi, até um pouco emocionado.

Ela me deu a chave do quarto e me explicou que ali havia dois restaurantes, um "estrelado", segundo o guia Michelin, e outro um pouco mais simples, ambos abrindo depois das 18h. Fiquei de pensar, disse que no momento tudo de que precisava era um banho e colocar os pés para cima, que mais tarde decidiria. Agradeci mais uma vez e subi.

* * *

Ontem — apenas agora me dou conta — não houve pensamentos ou especulação sobre o futuro, pensamentos ou reflexões sobre o passado (o que, em se tratando de mim, é algo bem raro). Apenas o presente: as sensações físicas de dor ou cansaço, a decisão quanto à próxima esquina a dobrar, a apreciação das diferentes paisagens. Isso, por si só, já justifica e faz valer esse projeto.

* * *

Apesar de ter andado apenas sobre asfalto, a caminhada hoje foi no geral bem agradável, seguindo um pequeno canal durante todo o percurso, vendo uma vila se transformando em outra sem que nada exatamente as diferenciasse, além das placas rodoviárias indicando seu início e fim. Assim se sucederam Calais, Coulogne, Hanes, Boucres e finalmente Guines.

* * *

Há dois dias não como nada além de pão, queijo, presunto e chocolate. Mas não sinto falta ainda de uma refeição quente propriamente dita. Hoje, por exemplo, não achei que valia a pena sair do quarto para ir até o restaurante. Como eu ainda tinha alguma comida na mochila, preferi ficar na cama, me mover o mínimo possível e aproveitar para ver um pouco de tevê, escrever minhas impressões do dia e estudar um pouco de italiano.

Quero aproveitar que tenho um mês antes de chegar à Itália para aprender um pouco da língua. Para isso, trouxe comigo um daqueles pequenos livros do tipo "Aprenda sem professor", e quero ver se consigo estudar um pouco a cada dia. Com o português e o francês como base, tenho confiança de que posso chegar à Itália sabendo o básico para a comunicação diária. Trouxe comigo também outro livro, *The Razor's Edge*, de Somerset Maugham. Sempre quis lê-lo, mas nunca tive tempo ou pretexto para fazê-lo. Agora tenho ambos.

3ª etapa: Guines → Licques (19+1 km)

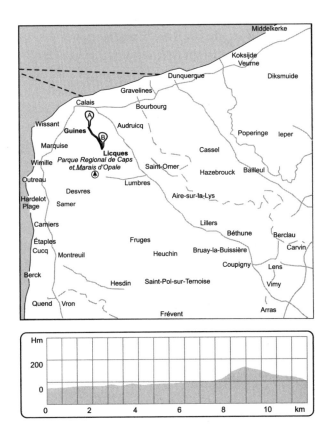

Café da manhã às 8h30, tipicamente francês: croissant e baguete, geleia e queijo, iogurte, suco e chocolate quente.

Depois do café, voltei ao quarto e enrolei até as 10h. Desci e, quando fui pagar a conta, outra gentil surpresa. A dona havia deixado instruções para me cobrar apenas 20 euros. E nem pude me despedir, nem agradecer pessoalmente... (De Roma, enviei um cartão-postal em agradecimento.)

* * *

A quarta etapa do guia (transformada em minha terceira) prevê uma distância que ainda não tenho coragem de enfrentar, pelo menos não deliberadamente. Segundo o guia, são 39 quilômetros até Wisques, de modo que pretendo dividir essa etapa em duas.

Olhando o guia, não são muitas minhas opções de "corte". Há na verdade apenas a pequena vila de Licques, a cerca de 17 quilômetros daqui, deixando assim outros 22 quilômetros para a etapa de amanhã.

* * *

Consegui meu carimbo no *Office de Turisme*, fiz uma breve visita à igreja e à praça Marechal Foch e parti rumo a Licques.

* * *

Diferentemente de ontem, quando andei sobretudo por estradas secundárias, hoje tive oportunidade de pegar uma trilha logo na saída da cidade, que é parte do que os franceses chamam de *Grande Randonnée* (grande caminhada).

As *Grandes Randonnées* são uma espécie de instituição nacional da qual os franceses sentem, e com razão, muito orgulho.

Elas se espalham pelo país inteiro, oferecendo um mapeamento invejável das trilhas disponíveis ao público, algumas delas com centenas de quilômetros. Na França, calcula-se que a distância total coberta por essas trilhas chegue a incríveis 60 mil quilômetros.

The Razor's Edge, ou O fio da navalha

Do romancista britânico W. Somerset Maugham. Foi publicado em 1944, quando Maugham já contava 70 anos, e é por muitos considerado seu maior romance.

O livro gira em torno de Larry Darrell, um enigmático personagem que volta atormentado da Primeira Grande Guerra após testemunhar a morte de um amigo ao tentar salvá-lo. Procurando encontrar sentido para as grandes questões humanas, Larry empreende uma busca que o leva a peregrinar por diferentes partes do planeta e a embarcar num modo de vida inteiramente não convencional, desprendido de valores como carreira, status, poder e riqueza.

Numa época em que os valores materialistas da sociedade americana prevalecem, é impossível ficar indiferente ao estilo de vida despojado e simples de Larry, adquirido após uma longa estada na Índia e extensa convivência com a cultura oriental.

Hoje, aproveitei para pegar a GR128, que deveria me levar a Licques. Tudo parecia correr bem e, embora eu soubesse que estava andando muito mais do que indo pela estrada, era bem mais agradável do que andar no asfalto (além de bem melhor para os pés e tornozelos). Alguns quilômetros depois, porém, percebi ter cometido um erro ao seguir numa bifurcação uma placa dizendo "Sentier [trilha] Mongardin", talvez induzido pelo fato de que o outro caminho não trazia placa alguma.

Sempre consultando o GPS, pude ver que a trilha que no começo seguia na direção certa fazia depois um semicírculo, me levando de volta a um ponto da estrada apenas pouco mais à frente do ponto onde eu a havia deixado. Breve cálculo feito, um erro de 2 quilômetros. Mas tudo bem. No final, esse erro deu alguma emoção extra ao caminho.

* * *

Quando parti rumo a Licques, já sabia que não haveria hotéis ou pensões onde me hospedar. Sabia apenas que havia um camping e que teria forçosamente de dormir ali, pois estava descartado dobrar o percurso do dia pra chegar a Wisques. Eu já estava bem cansado, com os pés e o tornozelo esquerdo doloridos — ainda resultado do excesso do primeiro dia —, e, de qualquer modo, 19 quilômetros no terceiro dia estava de muito bom tamanho.

Minha expectativa era apenas em relação a como seria a noite no camping, se eles teriam barracas para alugar, pois eu não trazia nenhuma. O tempo estava bom, então dormir ao relento nem seria tão problemático assim. Mas esses pensamentos duraram pouco. Antes de chegar ao camping sugerido no guia, avistei outro — Le Canchy —, bem simpático, e com a placa "chalés para alugar". Não pensei duas vezes e segui até lá.

Fui recebido por uma mulher de meia idade, que pacientemente me apresentou o lugar e explicou como tudo funcionava. Me disse que não havia problema não ter barraca, que o lugar estava preparado para receber campistas de todos os tipos e que eu tinha sorte, porque havia vários chalés disponíveis e assim ela podia me fazer um preço especial pelo chalé (que, afinal, abrigava até seis pessoas).

E mais uma vez conheci uma especial deferência para com o peregrino: depois que ela soube que eu estava indo a Roma a pé, da tarifa inicialmente sugerida de 43 euros, ela deixou ficar por 30... *Merci, merci beaucoup.*

Curtas

- Saída de Guines às 11h, chegada ao chalé às 16h.
- Da previsão inicial, foram 3 quilômetros a mais: 19 quilômetros de estrada e mais 1 incluindo a ida/volta ao mercado.
- Até aqui, a dificuldade ainda é adaptar o corpo ao esforço da caminhada, ao peso da mochila. Bolhas pela imprudência/imprevidência do primeiro dia; dores nas costas, pés e tornozelos, algo totalmente normal e inevitável nessa fase inicial.
- Primeira refeição quente da viagem. Aproveitei que no chalé havia fogão e utensílios de cozinha e resolvi, após breve ida ao mercado, cozinhar. Ravióli ao sugo, queijo ralado e pão. Como era de se esperar, comi demais.
- Um pouco de italiano, tevê e cama.
- Meu tornozelo esquerdo dói. Muito.

4ª etapa: Licques → Wisques (20 km)

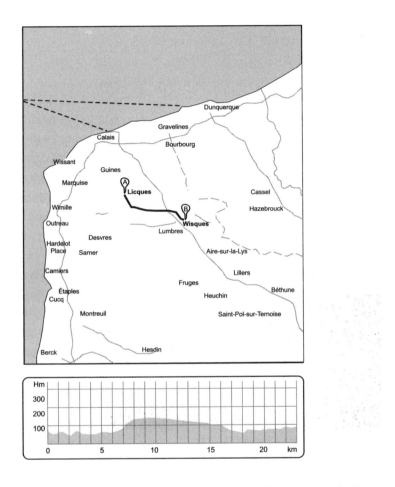

Fiquei na cama por 12 horas seguidas. Mas a noite de sono não foi boa. Acordei várias vezes com o incômodo no tornozelo, além de uma dor aguda nas costas. Tomei agora duas aspirinas e vamos ver o que acontece. O café da manhã foi rápido — ainda me sentia cheio do jantar —, mas enrolei para sair, esperando as aspirinas fazerem um pouco de efeito. Quando comecei a caminhar, já passava das 11h.

* * *

Em algum momento, devo ter me atrapalhado e perdido mais uma vez as indicações para seguir a trilha sugerida pelo guia. Assim, acabei seguindo curso pela estrada mesmo e fazendo um caminho mais reto, andando um pouco menos do que o previsto.

Mas, na verdade, não acho que tenha perdido muito com esse erro. Afinal, a diferença era trocar uma estrada secundária, que acabei seguindo, por uma "terciária", com um fluxo um pouco menor de veículos.

O dia transcorreu, assim, sem altos nem baixos. A dor matutina logo cedeu, deixando a caminhada tranquila, o que me permitiu curtir a paisagem predominantemente rural, tendo mais vacas e bois como companheiros de estrada do que carros. Falando nisso, uma coisa engraçada. Tenho a nítida impressão de que bois e vacas não apenas olham para mim quando passo por eles ao longo da estrada, mas também me seguem e acompanham meus passos por um bom tempo. Curiosidade ou tédio?

Deste modo, o ápice do dia ficou mesmo reservado para a recepção na Abadia de Wisques. Sim, ali fui tratado como um verdadeiro peregrino, no seu mais profundo sentido, desde o primeiro momento em que lá pisei.

Abadia de Wisques (DEA/W. BUSS/DE AGOSTINI/GETTY IMAGES)

De fato, logo que entrei, encontrei um monge, a quem me identifiquei como peregrino. Em total deferência, ele me tomou a mochila das mãos e, antes mesmo que pudesse "protestar", me pediu que o acompanhasse aos "meus" aposentos. A caminhada se fez em silêncio. Chegando ao quarto, agradeci-lhe ainda uma vez, ao que ele me disse que passaria mais tarde para me chamar para o jantar.

* * *

O quarto é pequeno, mas muitíssimo agradável. À entrada, logo à direita, uma pia e uma divisória para o resto do quarto. À esquerda, um pequeno armário e em seguida uma mesa para estudo e uma poltrona.

À direita, próxima à janela, a cama de solteiro. Tudo isso em madeira, com acabamento bem-feito, esteticamente bem aprazível.

Mas o melhor mesmo era a vista. A janela dava para o pátio interno da abadia, com privilegiada visão de sua imponente torre e, mais ao fundo, dos jardins.

Em muitos hotéis de luxo eu não estaria tão bem acomodado. Exceto, claro, pelo fato de que lençóis não foram fornecidos, então o saco de dormir cumpriu sua missão pela primeira vez.

Pátio interno e torre (DEA/W. BUSS/DE AGOSTINI/GETTY IMAGES)

Cerca de uma hora mais tarde, o mesmo monge veio me chamar para o jantar. Passamos pelo claustro e chegamos a um grande salão, com pé-direito altíssimo, onde ficava o refeitório. Havia duas fileiras de mesas e bancos e, perpendicularmente, num pequeno platô, uma grande mesa, à qual se sentava o abade "principal" e outros monges mais "graduados".

Ao me verem chegar, todos se levantaram, e o abade principal veio me receber pessoalmente. Vieram em seguida dois outros monges, um com uma jarra de prata e outro com uma tigela e uma toalha. Antecipei o que estava por vir e não pude deixar de me emocionar.

Eu estava ali e tomava parte num ritual milenar. O abade tomou minhas mãos e simbolicamente as lavou e enxugou, como outros tantos antes dele fizeram com peregrinos de tempos pregressos, num gesto de humildade e hospitalidade.

Palavra nenhuma foi dita durante esses poucos segundos, mas mesmo assim era um silêncio que se podia escutar. Se é que isso faz algum sentido. Sei, porém, que serão segundos que ficarão marcados para sempre na minha memória.

Fui então encaminhado a uma mesa, onde havia cinco estudantes que ali passavam um tempo preparando-se para o *bac* (ou *baccalauréat*, o vestibular francês). Disseram-me que ali era o lugar perfeito para se concentrarem para os estudos, um lugar a que recorriam de vez em quando, em outros momentos do ano, desfazendo assim a minha impressão inicial de que seriam seminaristas.

Prece feita, e então uma refeição *comme il faut*, como se deve, com todas as etapas. Foi uma refeição vegetariana. Sopa de entrada, lentilhas e cenoura, salada verde, queijo, pão e frutas. No lugar do vinho, uma cerveja (caiu bem!) de fabricação local.

Tudo isso, toda essa atmosfera, tratava-se realmente de uma experiência única, e o fato de me dar conta disso enquanto a vivia como que duplicava essa sensação.

Eu vivia tudo isso e apenas repetia para mim mesmo: perfeito.

5ª etapa: Wisques → Amettes (Auchy-au-Bois) (31 km)

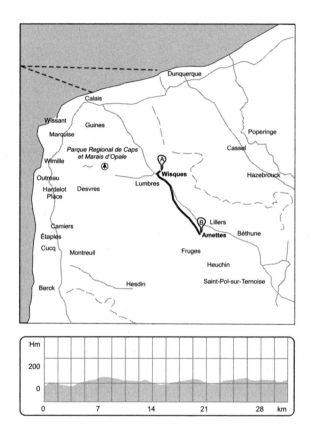

Acordei cedo e às 7h fui à copa tomar café, conforme sugerido. Desta vez, minhas únicas companhias eram os tais estudantes. Conversamos um pouco, e eles me contaram mais sobre sua estada. Disseram-me que passariam o mês inteiro ali, comendo, dormindo, estudando, como hóspedes em tempo integral, sem nenhuma contrapartida ou "obrigação religiosa" sendo exigida. Algo interessante, sem dúvida, esse modo de integração entre a abadia e a comunidade. Eles terminaram pouco antes de mim, mas gentilmente me esperaram terminar. Trocamos votos de boa sorte e nos despedimos.

De volta ao quarto, arrumei a mochila e me preparei para sair. Ainda era bem cedo e eu poderia aproveitar para fazer o dia render. Quando fui à "recepção" pegar o carimbo, no entanto, tive de mudar de planos. Era hora da missa e a recepção estava fechada. Decidi aproveitar o pretexto e também assisti à missa.

Dentro da igreja, porém, experimentei uma sensação estranha, porque, apesar de estar percorrendo essa rota milenar de peregrinação — e ter também feito o Caminho de Santiago —, não posso dizer que sou um "peregrino clássico", pelo menos não no sentido religioso. Na verdade, a Via Francígena funciona para mim mais como uma espécie de rota-pretexto, uma rota conveniente — em termos de roteiro, estrutura etc. — para realizar a aventura de cruzar quatro países a pé, de percorrer os cerca de 2 mil quilômetros entre Canterbury e Roma. E não há nada de estranho nisso, creio. No tradicional Caminho de Santiago, por exemplo, podemos claramente perceber que um contingente cada vez mais numeroso de peregrinos não tem qualquer associação direta com a religião.

Uma vez lá, porém, segui o ritual à risca e confesso que fiquei bastante emocionado com a liturgia, seus cantos e palavras solenes. Imediatamente, remontei a meus tempos de Primeira Comunhão, tempos de fé — ou de ingenuidade. Época em que a religiosidade era tida por mim um pouco como uma forma de seguir os ensinamentos solidários de Jesus de amor ao próximo, compreensão e compaixão.

Com o tempo e os livros, porém, outra visão da realidade foi se formando, sendo difícil fechar os olhos ao óbvio antropomorfismo e paroquialismo de todas as religiões.

"Acredito em Deus porque meu pai e o pai do meu pai e o pai do pai do meu pai acreditavam." Como acreditam em Alá os que nascem no Egito ou no Marrocos; como acreditam em Buda ou Confúcio os que nascem na China ou Japão; como acreditavam em Zeus, Hera e Afrodite os gregos do passado; como acreditavam em todo tipo de deuses e entidades sobrenaturais os povos anteriores a eles.

As comunidades "evoluem", e com isso mudam suas crenças e histórias. Deuses desaparecem, outros surgem. Mas toda crença é invariavelmente determinada por lugar, região, laços culturais e familiares, de modo que a cada povo (ou mesmo indivíduo) é dada uma "revelação" diferente.

De fato, voltando os olhos ao passado, vemos os homens primitivos idolatrarem os deuses da chuva e do sol, do fogo e do trovão. Ignorantes de tudo, rezavam para que a natureza lhes fosse mãe, e não madrasta. Com o progressivo domínio da natureza, veio também a "arrogância" e o surgimento dos deuses "à nossa imagem e semelhança". Poderíamos datar daí o nascimento propriamente dito das religiões, com homens desempenhando o papel de sacerdotes e colocando-se como intermediários privilegiados entre a massa e a(s) divindade(s).

Podemos dizer que a sequência da história humana apenas sofisticou um pouco as características de Deus. Com o advento da ciência moderna, para os mais cultos ficou a Deus a criação do início dos tempos, talvez o estabelecimento primordial das leis da matéria e da energia, bem como certa gerência dos eventos ligados aos homens.

Para mim, ao contrário, tudo desmoronava devido a essa contaminação excessiva pelo homem. A ideia de crer num ente supremo apenas porque precisamos dele para apaziguar nossa angústia em relação à morte (em específico) e ao desconhecido (em geral) me era indigesta. Entretanto, educado em colégio católico, não foi fácil dar conta dessa nova realidade, de uma realidade sem Deus, sem um Deus que protege e guia, que salva ou condena.

Com o tempo e aos poucos, porém, percebi que uma posição "religiosa", no bom sentido da palavra, poderia ser igualmente atingida defendendo o "humanismo", sem necessidade de remissões a Deus ou "causas superiores". Sim, pois de que outros argumentos realmente precisamos para defender o amor à humanidade, o amor ao próximo, além de promover o bem-estar das pessoas e comunidades que nos cercam?

E, se esses argumentos não forem suficientes, será que o "medo da ira divina" será suficiente? Tanto a história quanto nosso dia a dia apontam infelizmente para a direção contrária...

No entanto, naquele momento, nenhuma dessas associações se manifestou em minha mente. Ali, naquele instante, naquele contexto, talvez até de maneira egoísta, eu estava simplesmente feliz e grato por estar participando daquela celebração. O fato é que eu havia sido tragado por aquele ambiente e estava, assim, tão ou talvez até mais emocionado do que os outros ali presentes, presumivelmente todos católicos. Recebi a hóstia com humildade e introspecção, como um verdadeiro crente. Após a comunhão, recebi ainda uma bênção dedicada aos peregrinos, e o culto se encerrou.

Fui então até a recepção, tive minha credencial carimbada e parti. Não sem antes receber do monge uma última lembrança da minha estada: um pequeno ímã de geladeira "Notre-Dame de la Route". Mais uma vez, perfeito.

* * *

Um longo dia me espera hoje, são mais de 30 quilômetros até Amettes, próxima etapa do guia. Talvez um pouco demais para meus pés e joelhos, mas acho que já é hora de enfrentar novamente uma etapa mais longa. As bolhas, se não estão exatamente curadas, já não incomodam, e percebo que as dores que sinto ao final do dia não se acumulam para o próximo.

A trilha até Amettes não me permite escapar do asfalto. A alternativa no caso é escolher entre uma estrada mais ou menos movimentada. Como regra geral, o guia sempre propõe que se tomem as vias mais "locais", onde trafegam menos carros e se pode ter acesso a paisagens mais "despojadas".

* * *

O primeiro local de interesse do dia foi a cidade de Thérouanne, hoje um pequeno povoado com pouco mais de mil habitantes, mas que abriga ruínas de estabelecimentos termais que remontam aos tempos da conquista da Gália e servem de testemunho da época em que os romanos aí se fixaram.

Depois daí, sem grandes pontos de interesse na trilha que seguia as chamadas estradas "terciárias", optei por economizar alguns quilômetros e segui a via mais "movimentada", retomando em Auchy-au-Bois a trilha antes recomendada.

Chegando a Amettes, porém, não encontrei nenhum quarto disponível nas (duas) pousadas existentes. Bem que eu havia sido avisado para telefonar e reservar com antecedência... Mas tudo se arranjou. A dona da segunda pousada, Colette, me disse que muito provavelmente eu encontraria vaga numa pousada em Auchy-au-Bois — um povoado por onde tinha passado, cerca de 4 quilômetros antes — e gentilmente me ofereceu carona até lá. Ela ligou para confirmar e felizmente tinha razão. E a dona da pousada, Gina, foi gentil o bastante ainda para me prometer uma carona de volta a Amettes na manhã seguinte!

* * *

Muito, muito cansado. Mal consigo pensar direito. Preciso imediatamente de um banho, um longo banho...

* * *

A pousada (*chambre d'hôte*) Les Cohettes é muito charmosa, embora, novamente, um pouco cara para meu orçamento diário. O quarto é bem bonito, estilo "água-furtada", amplo e com um bom banheiro. E, mais importante: com uma ótima ducha.

Revigorado, desço para providenciar algo para comer. Pergunto a Gina se há um mercado aberto nas redondezas, ela diz que infelizmente não, é sábado, já está meio tarde e está tudo fechado. E me propõe que me junte aos demais hóspedes e jante ali mesmo.

Sorte a minha.

Foi uma *table d'hôtes* pra ninguém botar defeito, realmente um verdadeiro banquete. Uma cerveja como aperitivo, sopa e pão, frango ao molho de champignon, como só um francês sabe fazer, batatas assadas e cenouras, salada e queijo — tudo acompanhado por um bom Bordeaux. Uma ceia memorável, e não apenas pela deliciosa comida, mas também pela companhia. Éramos seis no total. Além de Gina — que só se ausentava para providenciar as diferentes etapas do jantar —, havia um casal de Paris (com forte sotaque do *banlieu*, isto é, da periferia) e outro casal inglês, todos simpáticos e receptivos.

Conversei com todos, um pouco mais com o casal inglês. Eles, que tinham por volta de 50 anos, vieram da Inglaterra e estavam explorando um pouco o norte da França. De bicicleta! É sem dúvida inspirador ver um casal assim, com esse espírito de aventura, com disposição física e mental para empreender uma viagem desse tipo. Disseram-me que carregam cerca de 30 quilos cada um e pedalam até 80 km/dia. Definitivamente, uma inspiração para o futuro.

6ª etapa: Amettes → Camblain-l'Abbé (27 km)

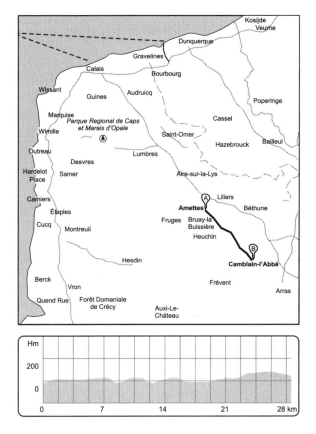

Depois do café da manhã, ganhei a carona prometida de volta a Amettes, onde pedi para ser deixado bem no local onde peguei a carona original. Assim, simbolicamente, não deixei nenhum trecho sem ser percorrido inteiramente a pé.

* * *

O dia hoje foi bastante interessante, tenho de dizer.
Comecei pegando uma trilha que coincidia em parte com a GR127 e daí segui, sempre por estradas pequenas, em meio a fazendas e moinhos,

até chegar a Houdain, um pequeno povoado vizinho de Bruay-en-Artois, um dos pontos marcados por Sigeric em seu trajeto.

Ali chegando, reduzi o passo, pensando em encontrar um lugar onde pudesse descansar um pouco e comer algo, quando fui abordado por uma mulher, que me perguntou aonde eu ia.

— Roma.

— A pé?

— Sim.

— Você não quer entrar por um momento? Deixe-me lhe oferecer um copo d'água, uma taça de vinho.

Entrei — sua casa ficava a apenas duas portas de onde ela me abordou —, coloquei a mochila num canto e logo fui apresentado a Franck, uma figura que parecia ter sido transportada diretamente dos anos 1960 ou 70, com barba já grisalha e cabelos longos, jeans e camisa de malha preta.

Franck estava sentado à mesa, comendo fatias de presunto cru e tomando vinho, e assim permaneceu quando da minha entrada. Sua mulher, Isabelle, lhe disse que eu estava andando de Londres a Roma (quase sempre digo "Londres" para evitar ter de repetir ou explicar onde fica Canterbury) e que me havia convidado para tomar algo com eles. Perguntou-me então o porquê da caminhada, se era uma peregrinação. Eu disse que sim, mas certamente não religiosa. "Resposta correta!", disse o filho deles, que passava pela sala naquele instante, com um tom levemente irônico.

E, antes que eu pudesse respirar novamente, lá estava Franck discorrendo sobre suas concepções de vida e sua militância na Attac, uma conhecida ONG com atuação em vários países.

A primeira meia hora mais pareceu uma palestra, ou melhor, um comício. Era como uma doutrinação à moda antiga, tamanho o entusiasmo e a unilateralidade da conversa. Depois de algum tempo, porém, Franck desacelerou um pouco. Isabelle voltou à cena, sentou-se conosco, ofereceu-me vinho e presunto, e então teve lugar uma conversa propriamente dita, bem interessante e agradável, aliás.

Isabelle contou-me mais sobre a participação deles na Attac, mas de um modo mais leve e até divertido. Debatemos ainda sobre a dificuldade de mobilizar a sociedade e alcançar mudanças significativas nesse mundo globalizado, e, nesse ponto, quando mostrei certo pessimismo em relação às melhoras buscadas, Isabelle pegou um guardanapo e escreveu para mim o seu "lema": *"Pessimisme de l'intelligence; optimisme de la volonté: un autre monde est possible, ici et maintenant!"* ("Pessimismo da inteligência; otimismo da vontade: um outro mundo é possível, aqui e agora!"). Sem dúvida um bom ponto para reflexão.

Diferenças à parte, num ponto todos concordamos: toda contribuição, pequena ou grande, passa por praticar e incentivar a tolerância, a aceitação das diferenças, e nesse processo a educação desempenha um papel fundamental.

Essa conversa toda deve ter durado umas duas horas, após o que tiramos fotos para a posteridade e trocamos coordenadas. Quando parti, havia ainda cerca de 15 quilômetros a percorrer, mas depois desse evento eu me sentia revigorado. Sim, é de encontros como esse que a mente se alimenta, é isso o que busco, afinal, nesta jornada: a possibilidade de experiências novas e marcantes. Nesse sentido, não posso me queixar. São apenas seis dias de viagem até aqui, mas já conto com pelo menos duas boas histórias, únicas, cada uma em seu estilo. A hospitalidade na Abadia de Wisques e esse encontro com o "casal Attac". E logo haveria a terceira: a mais do que generosa acolhida em Camblain-l'Abbé.

De fato, chegando a Camblain-l'Abbé, procurei a École St. Jean Baptiste de la Salle, lugar onde, de acordo com o guia, eu deveria encontrar hospedagem. Fui recebido pelo padre Joseph, que me deu as boas-vindas e em seguida me mostrou o quarto onde eu dormiria. Bastante simples, o aposento contava apenas com uma cama, colchão de mola, cobertores e uma pia. Era limpo, mas possuía um aspecto malcuidado, sugerindo que o dinheiro para a manutenção do complexo provavelmente atende a outras prioridades. Bem diferente da Abadia de Wisques, nesse sentido, mas inteiramente apropriado para os propósitos. Mais do que isso.

A verdade é que é um prazer ser acolhido como peregrino, com toda a simpatia e hospitalidade da gente local, que se desdobra para que você se sinta o mais bem-recebido possível. Além disso, a simplicidade do lugar trouxe consigo outro desejável elemento, a informalidade, e, com isso, a possibilidade de uma integração maior.

Assim, o jantar — que teve lugar numa sala ampla, com decoração bem "caseira" — permitiu uma conversa fluida e interessante entre mim e padre Joseph, bem como com outros quatro internos (dois deles canadenses, do Québec).

Conversamos sobre vários assuntos, mas aproveitamos boa parte do tempo para matar nossas respectivas curiosidades. Eu lhes contava sobre meu percurso, dificuldades e motivações, enquanto eles me falavam dos costumes locais, eventuais passantes e a vida de internato.

Com padre Joseph, a empatia foi forte e imediata. Conversamos a sós ainda um pouco, e ele me disse palavras que me incentivaram e me fizeram sentir orgulhoso da minha empreitada.

* * *

Aqui, como em tantas outras vezes, a "óbvia" constatação: que diferença faz falar a língua local! E isso é certamente um estímulo a mais para que eu me esforce e dedique mais tempo a estudar italiano. Isso pode fazer uma grande diferença no trecho da Itália, que representa, afinal, cerca da metade de todo o percurso.

* * *

Após o jantar — sopa, salada, batata recheada, bolo de café, tudo isso acompanhado do tradicional "vinho de padre" —, fui para o quarto e cama. Passava um pouco das 22h30.

7ª etapa: Camblain-l'Abbé → Arras (16+3 km)

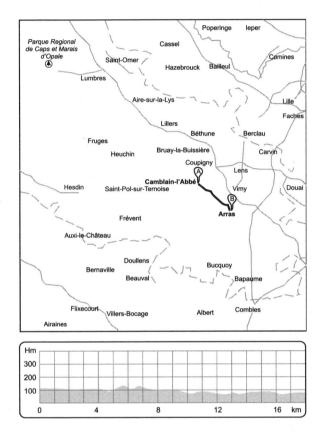

Acordei às 8h e, não estando mais em tempo de pegar o café da manhã (marcado para esse mesmo horário), me arrumei lentamente e deixei o tempo passar até as 9h, horário da missa. Tendo sido explicitamente convidado por padre Joseph na noite anterior, não cabia faltar nem chegar atrasado. Seria, no mínimo, indelicado.

A missa foi outra experiência à parte, porque celebrada "à moda antiga". Isto é, *em latim*, com o padre de frente para o altar — portanto de costas para os fiéis —, todos nós ajoelhados. Apenas na hora do sermão o padre voltou-se para nós e retornou ao francês.

O sermão basicamente versou sobre o "caminho reto", sobre a necessidade de se cultivar o dom da graça divina via preces e confissões regulares. Tratou então do caso de um aluno que passou um ano sem se confessar como um *pecado gravíssimo*, como um desvio de conduta verdadeiramente inadmissível, a "morte da semente divina em si".

Isso não seria, por si, algo tão digno de nota, era afinal um sermão católico. Acontece que, à exceção de mim, algumas poucas mães e mais duas ou três senhoras de idade, o resto do público era composto inteiramente de *crianças* de não mais do que *cinco anos de idade*, cerca de trinta no total.

Eu, ao mesmo tempo que lamentava a dor desnecessária nos meus joelhos já sofridos, observava aquelas crianças e tentava imaginar o que se podia passar na cabeça delas ao ouvir tais palavras, tal discurso.

Fico imaginando crianças que sequer foram alfabetizadas sendo ensinadas a respeitar e temer a "potência divina", aprendendo a temer cometer "pecados mortais" (que pecado grave pode cometer uma criança de cinco anos?!) e os tipos de "consequências terríveis" que disso poderiam advir... Bem, infelizmente é assim mesmo que uma doutrinação é mais eficaz, por repetição e ênfase, desde a mais tenra idade... E, diante disso, me sinto tão triste quanto impotente.

* * *

Ao final da missa, estive mais uma vez com padre Joseph, que me perguntou se, considerando o adiantado das horas — já passava das 11h —, eu não queria ficar mais um pouco e almoçar com eles. Aceitei.

O almoço teve lugar num grande refeitório, com cerca de cem alunos de várias idades, além dos professores e padres. Sentei-me à mesa reservada a estes últimos, e todos foram muito simpáticos, bastante interessados em saber do meu projeto de caminhar até Roma.

Contei-lhes um pouco sobre como descobri a Via Francígena, os contatos feitos previamente com a AVF e a expectativa de chegar a Roma em cerca de três meses. Mostrei-lhes ainda os mapas que havia recebido e o roteiro aproximado que deveria seguir. Todos eles me parabenizaram pela minha coragem e me desejaram boa sorte.

Ao final do almoço, não contente com tudo que já havia me oferecido, padre Joseph deu-me ainda pão, patê e frutas para comer durante o percurso. Foi realmente um prazer conhecê-lo e sou grato a ele por tudo.

* * *

E aqui me ocorreu um difícil questionamento. Sendo ateu, não estarei sendo um tanto hipócrita ao tirar proveito de toda essa rede de assistência eminentemente religiosa?

Assim, e à primeira reflexão, tendo espontaneamente a dizer que não. Em primeiro lugar, eu me pergunto: estamos, afinal, em "lados" tão diferentes assim? Ou esses monges, esses padres, não buscam — em sua assistência e ajuda à comunidade em geral e peregrinos em específico — o mesmo que eu, isto é, ampliar e promover o bem-estar das pessoas que nos cercam, independente de seus credos e raças? Posso não acreditar em Deus, mas acaso meu "humanismo" não transforma nossas diferenças em mero "detalhe"?

Esse "humor reflexivo" me fez companhia ainda durante um bom tempo e aproveitei para indagar outras questões, não menos importantes. Acostumado a dar respostas rápidas quando me perguntavam sobre as razões dessa aventura — eu em geral respondia que era "para colocar meus pensamentos em ordem" —, eu sabia que precisava dar "mais forma" a essa resposta preliminar, ainda que ela se revelasse correta.

De fato, o que está em jogo, verdadeiramente, nesta caminhada? Será que já tenho condições de responder a essa pergunta? Uma primeira tentativa é dizer que ela satisfaz pelo menos dois dos três elementos da minha "sagrada trindade": amor, conhecimento, esporte/aventura.

Se, realmente, o amor não pertence à equação do andarilho, não é pouco o que ele obtém dos dois últimos. No aspecto cultural, são países, paisagens, línguas, costumes e pessoas de incrível diversidade que se oferecem à nossa experiência.

E o que dizer de percorrer, a pé, cerca de 2 mil quilômetros, cortando quatro países? Realmente, não posso negar o quanto esse aspecto de desafio físico (e mental) me estimula. Essa "travessia continental" representa para mim a oportunidade de prestar um grande tributo ao esporte, ao meu desejo de aventura. Sim, definitivamente isso é o mais próximo de um grande feito atlético a que um não profissional pode chegar...

De todo modo, isso não esgota a pergunta, cabe ir além: Por que e para que mesmo estou aqui? Para me distanciar de mim mesmo? Eventualmente sair de dentro do meu habitual esconderijo que proporcionam a rotina, a família e os amigos, e tentar ganhar outras perspectivas sobre o que me move, sobre os meus desejos? Sim, essa pode ser uma boa pista, afinal viajar assim implica um certo desnudar-se, perder a máscara, ver-se, depois de um tempo, com todos os defeitos, fraquezas, fragilidades. Ver o que sobra. País, cidade, amigos e família são como peças de roupa no inverno. Sem eles, sente-se frio. E eu quero sentir frio.

* * *

Caminhava ainda com os pensamentos nos eventos da manhã quando avistei ao longe uma impressionante ruína. À medida que me aproximava, mais imponente ela se mostrava e maior era minha curiosidade.

Chegando perto, vi que era preciso fazer um pequeno desvio na rota e subir uma pequena colina para ver com mais cuidado. Não hesitei e, ao chegar ao topo do monte, a visão que tive não decepcionou. Tratava-se dos vestígios da Abadia de Saint Éloi (Santo Elígio).

Em termos históricos, ela remonta aos séculos X-XI, quando a capela que aí existia foi ampliada e transformada numa abadia. Mas seu estado de ruínas não se deve ao passar dos anos. Ampliada e reconstruída

> **Um pouco de história**
>
> No século VII, Saint Éloi (Santo Elígio) estabeleceu sobre o "monte branco" uma ermida para suas orações. Logo ele foi seguido por discípulos e, com o tempo, o lugar tornou-se um ponto de referência da região.
>
> No século X, uma capela foi então construída, sendo, no século seguinte, ampliada e transformada numa abadia.
>
> Abadia de Saint Éloi

algumas vezes no decorrer dos séculos, variando do estilo gótico ao clássico, ela encontrou seus dias finais de glória por ocasião da Revolução Francesa, quando todas as abadias da França foram fechadas e várias delas destruídas e/ou saqueadas.

Destino melhor não tiveram alguns abades: a guilhotina.

* * *

Com todos os eventos do dia, a etapa curta veio bem a calhar.

Com a motivação em alta e sem nenhuma dor tentando roubar a cena, cheguei a Arras com disposição para continuar por mais alguns quilômetros. Mas não era o caso. Arras é uma das cidades mais importantes da região; fazer uma parada ali era mais do que justificado.

* * *

Dia ainda claro, e fazendo já um bom tempo que não me conecto, resolvi procurar um ponto de acesso à internet antes de sair em busca de abrigo. Não achei nas proximidades de onde estava e não quis ampliar a busca. Me dirigi então à Maison Diocesaine Saint Vaast, ordem religiosa onde queria me hospedar.

Não foi difícil encontrá-la — ocupava um quarteirão inteiro —, mas me custou algum tempo e paciência para descobrir por onde se dava o acesso. "Enigma" resolvido, fui surpreendido logo ao entrar. O edifício antigo, de fachada imponente, escondia em seu interior feições bem modernas. Na entrada, uma recepção, à semelhança de alguns caixas de banco ou de correio, onde uma senhora me deu as informações e o preço da acomodação (12 euros). Chave à mão, entro e vejo um saguão com pé-direito altíssimo e enormes escadarias de mármore, contrastando com as pequenas salas com suas divisórias de fórmica, mais adequadas a uma repartição pública ou talvez um escritório de advocacia do que a um estabelecimento religioso.

E se, desta vez, a hospedagem não foi gratuita, pode-se dizer que foi "subsidiada", não havendo nada de que reclamar. Ao contrário. Ao subir, achei as instalações bem simpáticas e arejadas, o banheiro (naturalmente fora do quarto) bem limpo e amplo.

Arras e suas grandes praças (GETTY IMAGES)   Campanário e Hôtel de Ville (GETTY IMAGES)

Mochila no quarto, saí novamente, desta vez para comprar meu jantar e fazer o primeiro reconhecimento da cidade. Não me arrependo da iniciativa.

Arras é reputada por suas duas magníficas praças barrocas — la Grand'Place e la Place des Héros —, e elas fazem jus à fama. Particularmente, o conjunto arquitetônico formado pelo campanário e Hôtel de Ville é belíssimo. À noite, então...

* * *

Banho tomado, ao "banquete": uma baguete fresca, camembert e um pouco do patê que ainda trazia. Vou dormir como uma pedra.

Pausa — Arras: 5 km

A previsão de um sono tranquilo foi por água abaixo. Acordei durante a madrugada e, sem conseguir dormir, aproveitei para ler um pouco mais, o que se prolongou até a hora do café (às 8h). Depois do café, voltei ao quarto para tentar completar a noite de sono maldormida. Mas a estratégia de ler para facilitar o sono novamente fracassou e li sem piscar até às 11h. *The Razor's Edge* realmente supera todas as expectativas e me deu mesmo vontade de continuar lendo pelo resto do dia.

* * *

No fim das contas, foi o que acabou acontecendo. Às 11 e pouca, arrumei tudo e parti. Mas logo nos primeiros metros senti um pouco o tendão de Aquiles. Andei mais um pouco, parei e pensei que dores anunciadas logo no começo da jornada após uma noite maldormida não me davam bons prognósticos para a jornada. Além disso, achei que uma pausa depois de sete dias contínuos de caminhada seria bastante recomendável. Assim, dei meia-volta e fiz novo check-in, ficando no mesmo quarto.

Aproveitei a hora avançada e resolvi almoçar logo. Basicamente repeti o que havia comido no jantar (exceto o patê) e então saí para mais uma volta na cidade.

Logo vi que o dia de descanso foi uma decisão acertada. Mesmo sem mochila e com sandálias, ambos os tendões doem bastante, indicando alguma pequena inflamação. Mas nada preocupante. O dia de repouso fará sua mágica e será assim até o corpo realmente se acostumar com todo esse esforço.

No passeio, conheci um pouco mais da cidade — com destaque desta vez para sua Catedral —, tirei umas fotos e finalmente achei um ponto de acesso à internet, no correio central. Mas não dei sorte. Apenas um computador disponível e uma fila imensa. Sem chance. A vontade de checar meus e-mails e saber as novidades do Brasil vai ter de crescer um pouco mais.

Nova ida ao supermercado, mas, desta vez, resolvo ser "indulgente" comigo mesmo: algumas torradas, salmão defumado e uma garrafa de Bordeaux. Isso vai ajudar sem dúvida a melhorar as dores, o humor e, de quebra, o sono.

* * *

Estou razoavelmente "alto", a ponto de escrever agora com um olho fechado para focar melhor... O humor, claro, melhorou bastante, e meu único "problema" é que não há mais vinho e são apenas 18h... Eu poderia sair para comprar outra garrafa, mas não é o caso. A preguiça fala mais alto, e isso poderia comprometer o dia de amanhã. Permaneço aqui. O caso é que já estou meio entediado. Cansei de escrever, ler agora nem pensar, estudar italiano muito menos. Dormir seria perfeito, exceto pelo risco de acordar de madrugada e passar outra noite insone. O que me sobra? Bem, continuo a devanear e a escrever, acho.

* * *

E foi realmente o que fiz. Ao acordar, já pela manhã, mais de dez páginas haviam sido escritas após o parágrafo acima. Todas ao lixo, porém. Mal conseguiram passar no teste de legibilidade, quanto mais no de inteligibilidade... Mas serviram para passar o tempo, pelo menos.

8ª etapa: Arras → Bapaume (25 km)

> Aquele que é firme em seus princípios [sonhos, teimosias?] molda o mundo a seu gosto.
>
> GOETHE

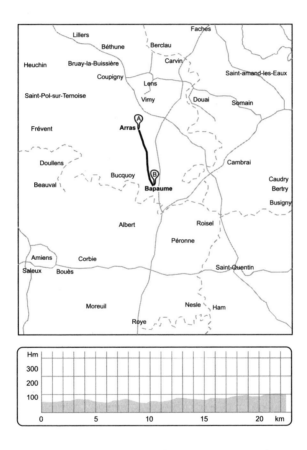

Apesar do dia de descanso, não acordei muito motivado para caminhar. Consultei o guia e vi que a opção era mais uma vez entre caminhar por estradas secundárias ou terciárias, sem nenhuma trilha ou povoado com especial destaque em nenhuma das duas rotas até Bapaume. Então aproveitei, como já fiz outras vezes, para economizar quilômetros — e pernas — e segui pelo caminho mais curto. Uma pequena economia (de 27 para 25 quilômetros), é verdade, mas ainda assim uma economia.

* * *

Logo à saída de Arras, vi uma placa indicando "Paris: 172 quilômetros". Talvez um pequeno desvio para quem está de carro, mas para quem está a pé... O reencontro com Paris, infelizmente, vai ter de esperar por outra oportunidade.

* * *

Primeiro dia de chuva (e muito vento) até aqui, e o poncho mostrou-se realmente útil. Aliás, essa chuva foi a única coisa interessante de todo o dia, a única coisa que, estranhamente, me deu motivação para caminhar.

* * *

Em Bapaume, quase fico ao relento. Praticamente todos os hotéis e pousadas da cidade estão lotados — parece que há algum evento importante numa cidade vizinha que sobrecarregou os hotéis da região —, de modo que só fui achar alojamento quase na saída da cidade. E, respeitando a velha lei da oferta e da procura, com um preço para lá de salgado (55 euros) por um quarto bem mediano. Ainda arrisquei usar a "carta peregrino", mas sem efeito desta vez. "É pegar ou largar", foi praticamente o que ouvi, "porque a cidade está cheia".

Bem, nada a fazer senão "entubar o prejuízo" e, como tudo tem seu lado positivo, aproveitar algumas "regalias" de um quarto de hotel. Banheira, para recuperar as energias, e tevê, para distrair a mente. Mas não fiquei só na tevê. Terminei hoje *The Razor's Edge*, de Somerset Maugham. Impecável. Para ler e ser relido.

* * *

Sobre Bapaume, nada a comentar. Basicamente um ponto inevitável no meio do caminho.

9ª etapa: Bapaume → Péronne (21+2 km)

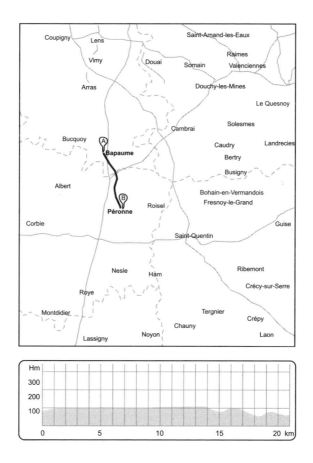

O dia hoje foi de altos e baixos. Ou baixos e altos, melhor dizendo. Começou com pensamentos obstinados por não andar, por "soluções fáceis", como — heresia! — pegar carona, um ônibus ou um trem até a próxima cidade, numa espécie de meio-termo entre a desistência completa e percorrer parte do caminho. Confesso que cheguei a estender o polegar na beira da estrada por uns dez minutos, mas, para minha sorte, ninguém parou, e assim não foi desta vez que vi meu trajeto "maculado". Melhor, muito melhor assim.

Na sequência, me enchi de brios e voltei à marcha, tentando encontrar motivação no pensamento de que boa parte do propósito dessa aventura passa ou mesmo reside no fato de que vou atravessar metade da Europa a pé, inteiramente a pé. Como uma espécie de "diferencial" que se incorpora a toda riqueza cultural que também se experiencia ao longo da caminhada. Porque tenho a impressão de que, ao final de tudo isso — se eu chegar ao final de tudo isso —, uma das coisas que mais me orgulhará será o fato de que as paisagens que vi, as vivências que tive virão com uma espécie de "selo", de marca. A marca que minhas botas deixaram em cada metro de chão de Canterbury até Roma.

Claro, o orgulho do feito é certamente proporcional à dificuldade. E hoje foi, sem dúvida, um desses dias em que a batalha mental que se trava é feroz. De um lado, nada o obriga a andar, a fazer esse esforço. São os momentos em que a mente diz que a experiência será válida mesmo se você não percorrer todo o trajeto a pé, que você pode selecionar os trajetos mais bonitos para fazer ou, ainda, só andar nos dias em que estiver se sentindo bem e disposto.

De outro lado, há a mente do "atleta", que insiste para que você prossiga, que diz que não há nada impedindo-o de continuar, que o corpo dá conta do recado, que as dificuldades fazem parte de todo grande feito e que são elas, no final das contas, que tornam grande um feito. De fato, se escalar o Everest fosse fácil, acessível a qualquer pessoa com um pouco de tempo e disposição física, ele não figuraria na lista dos grandes desafios do esporte.

Enfim, diálogos internos como esses são moeda corrente numa jornada desse tipo, e eu já tinha me deparado com "embate" semelhante quando fiz o Caminho de Santiago, quase dez anos atrás. E, se é verdade que no Caminho de Santiago eram "apenas" 800 quilômetros e um mês de jornada, ali foi a minha "estreia", e, como em toda primeira vez, tudo tende a ser superdimensionado. Foi o que aconteceu comigo, me lembro muito bem. E creio que é justamente a experiência, a lembrança viva daquele percurso que me permitirá manter o foco para levar esta aventura até o fim.

Há mesmo uma espécie de "fórmula" que sempre ajuda nesses dias difíceis: repetir para si mesmo, como numa espécie de mantra: "Um dia depois do outro, um dia depois do outro..."

E assim, imbuído de determinação após esses pensamentos, segui até Péronne, aproveitando inclusive para imprimir um bom ritmo. Cheguei mesmo a pensar em esticar e seguir até Tréfcon (mais 19 quilômetros), mas desisti. Por prudência, é certo, mas também por um fator mais prosaico: em Péronne finalmente encontrei internet.

* * *

"Filósofo e atleta? Tudo de que uma mulher precisa!" Foi essa frase que ouvi de uma amiga após saber que eu planejava partir para esta viagem. Infelizmente essa amiga permaneceu apenas amiga...

* * *

Tantos e-mails para ler e escrever que quase duas horas se foram nisso. E eu teria ficado mais, não tivesse sido "expulso" (o lugar fechava às 18h). Foi realmente legal ter tido acesso à internet depois de dez dias. Mas fiquei com aquela sensação de "quero mais". Sobretudo, não gostei de ter sido obrigado a recortar/colar parágrafos nos diferentes e-mails para economizar tempo. Preferia ter podido personalizar mais cada mensagem, até mesmo para ver diferentes elaborações das mesmas lembranças. Isso poderia ser inclusive bastante útil no momento de escrever o livro. Amanhã, antes de partir, quero ver se me conecto mais uma vez.

* * *

Internet à parte, Péronne é até aqui, devo dizer, a cidade mais agradável por onde passei. Bela por seus edifícios e monumentos, charmosa e acolhedora por suas praças e bares.

Agora mesmo, estou sentado num banco de uma praça para lá de simpática, tomando minhas notas e bebendo uma cerveja holandesa. Quase não dá vontade de sair daqui. Amanhã, como a jornada é curta, vou sem dúvida aproveitar para curtir um pouco mais a cidade.

O pretexto da cerveja foi esperar o final da missa — não quis entrar com ela já começada — e poder então falar com o padre Nicholas, responsável pela hospedagem. Missa terminada, na célebre Igreja Saint-Jean-Baptiste, padre Nicholas me recebeu e providenciou um lugar para eu ficar.

Fiquei instalado numa espécie de anexo de uma grande casa, localizada convenientemente próximo à igreja. Nesse anexo, funcionava uma sala de aula para catecismo, onde se podiam ver nas paredes os desenhos que os alunos faziam, o que me permitia adivinhar que se tratava de crianças ainda bem jovens, como de praxe.

Padre Nicholas trouxe então um colchão e o colocou num canto da sala, meio que espremido entre diversas cadeiras empilhadas e uma grande mesa de estudos. O saco de dormir fez, mais uma vez, as honras de lençol e cobertor.

Dispostas as coisas, padre Nicholas perguntou-me se preferia comer antes ou depois do banho. Respondi que depois, se não se importasse, e assim foi. Marcamos de nos reencontrar dali a uma hora.

Nisso aproveitei para organizar minhas coisas e ponderar se não poderia viajar de maneira mais inteligente, isto é, mais leve. A ideia no caso era enviar todo o material de que *realmente* não precisasse a Roma, para a casa de um amigo que lá mora e onde ficarei nos primeiros dias após a chegada. No final, não foi pouca coisa que acabei decidindo mandar. O livro que terminei de ler, duas (das cinco) camisas, um par de meias e uma cueca, algumas moedas inglesas, mertiolate, dois pequenos acessórios da câmera, cinco fitas mini-dv (havia trazido dez, mas no ritmo em que estou filmando me pergunto se chegarei a usar duas), as páginas escritas até aqui e os mapas já utilizados. Não posso ter certeza, mas acho que com isso elimino pelo menos 1 quilo de bagagem, o que certamente não é pouco.

* * *

No horário marcado, reencontrei padre Nicholas, que já estava na cozinha preparando alguns ovos. Pediu desculpas por ter tomado a liberdade de começar a preparar a refeição antes e pediu que me sentasse e ficasse à vontade. Comemos e conversamos um pouco sobre a caminhada, comentei sobre alguns dos pensamentos que havia tido durante o dia de hoje, e ele a tudo ouviu, atento, dizendo que só podia admirar minha coragem.

Coragem. Eis a palavra mais ouvida das pessoas com quem cruzo. *Quel courage*, me dizem ao saber aonde vou. *Bon courage*, me dizem ao partir. Apenas típicas expressões francesas ou este projeto realmente exigirá alguma bravura?

Antes eu achava sinceramente que não, que requeria apenas uma boa dose de vontade e disposição física, mas agora começo a achar que sim, que sem uma boa dose de coragem não se mantém o foco, não se persiste na empreitada. Coragem mental, sobretudo, já que riscos físicos, propriamente falando, são praticamente inexistentes — à exceção, talvez, das estradas estreitas com pouco ou mesmo nenhum acostamento.

Ao final do jantar, agradeci e fui dar uma volta pela cidade.

> **Um pouco de história**
>
> Situada sobre uma colina, Péronne foi, desde a época merovíngia, um lugar estratégico de defesa. Suas muralhas datam do século IX, das quais dá testemunho a Porte de Bretagne, agora único vestígio da antiga fortaleza.
>
> Poucas cidades estão tão mescladas à História da França como Péronne, e menos cidades ainda foram tão frequentemente devastadas. Incendiada; pilhada; parcial ou inteiramente destruída. Sofreu com as invasões normandas, o cerco espanhol e, principalmente, com os alemães, em três momentos distintos: devastada em 1870 e 1917, bombardeada e incendiada em 1940.
>
> Um de seus principais monumentos é a Igreja Saint-Jean-Baptiste. Destruída quase totalmente na Primeira Guerra Mundial e depois parcialmente na Segunda, sua fachada de estilo gótico permaneceu, porém, de pé.

* * *

À noite, a cidade só fez ampliar seu charme.

Andei um pouco e me misturei às pessoas que iam e vinham, entravam e saíam dos poucos mas simpáticos bares, até escolher, eu mesmo, uma mesa num bar. Pedi uma cerveja e continuei entretido pelo movimento das pessoas, satisfeito por apenas estar ali. Na terceira cerveja, pedi a conta, atendendo ao silencioso chamado da cama.

10ª etapa: Péronne → Tréfcon (17 km)

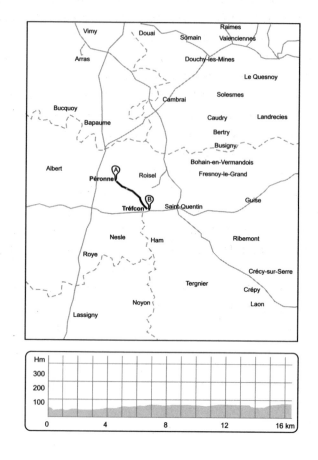

Pela manhã, um café mais do que breve, quase na correria. Padre Nicholas havia recebido um telefonema momentos antes, requerendo sua presença imediata para uma extrema-unção e precisava sair. Lamentava não poder me deixar tomar o café com mais calma, porém precisava trancar a casa, pois não sabia a que horas retornaria. Que não me preocupasse quanto ao anexo, que era só encostar a porta. Obviamente, eu disse que não havia nenhum problema, ao contrário, que estava mais do que feliz com o que ele tinha me oferecido.

Aproveitei que já estava com tudo pronto e não tardei a tomar rumo. Fui direto ao correio e, lá, a constatação de quanto peso se carrega desnecessariamente: 1,4 quilo! E poderia ter sido mais. Na última hora, desisti de empacotar também a calça reserva de suplex e de trocar o megacanivete com suas trinta e tantas funções, pesadíssimo e totalmente subutilizado, por outro, que poderia comprar, com apenas as funções básicas de lâmina, abridor de garrafa/lata e saca-rolhas.

O espanto, na verdade, foi também uma decepção comigo mesmo. Como pude, não sendo exatamente um marinheiro de primeira viagem, cometer erros tão básicos na arrumação da bagagem? Então já não sabia que cada quilo, cada grama a menos contam?

Acho que uma explicação plausível (pelo menos disso tentei me convencer) é que, em comparação ao Caminho de Santiago, eu realmente fiz uma mochila mais inteligente. Mas vejo agora que a "inteligência" se deveu basicamente à substituição de materiais, e não à percepção do que é realmente crucial. De fato, houve desta vez um avanço tremendo. Calças de suplex (e transformáveis em bermudas) no lugar de uma calça jeans — sim, calça jeans! —, moletom e bermuda que usei na Espanha; camisas dry-fit no lugar de camisas de malha; toalha "esponja" no lugar de (meia) toalha normal etc. Mas era preciso o próximo passo, que só foi dado agora.

Uma lição disso tudo: o "mínimo" de que precisamos é sempre menos do que inicialmente pensamos. Um valioso aprendizado, ao mesmo tempo, de desprendimento e adaptação.

* * *

Depois do correio, outras duas horas de internet. Como é bom esse toque de "civilização". Com isso, minimizam-se as saudades e melhoram-se os ânimos.

Ainda antes de partir, passei pelos grandiosos muros do Musée de la Grande Guerre, mas, como já era tarde, deixei para uma outra vez uma visita mais detida.

* * *

O dia hoje foi tranquilo e prazeroso quase todo o tempo. Escapei da estrada principal e passei por vilarejos bem simpáticos ao longo do caminho, praticamente sem movimento de carros. Só o final foi mais difícil, já sem água e tendo de enfrentar um mormaço terrível. Em nenhum outro dia antes desse, muitas vezes com sol fortíssimo, suei tanto ou fiquei tão debilitado por causa do calor.

* * *

Tréfcon, destino de hoje, é um povoado mínimo, com praticamente uma rua e suas casas dispostas de um lado e outro. Só havia uma opção de hospedagem, a pousada Le Val d'Omignon, altamente recomendada em todos os relatos que li, o que reforçou a decisão de lá dormir, apesar da jornada bem curta. Aliás, segundo Joe Patterson — que descreveu como "obrigatória" a parada ali —, tão recomendada quanto o hospitalidade era a comida. A mim, naturalmente, não cabia discordar sem antes conhecer, e foi assim que cheguei aos cuidados do simpático casal Wynands, Danièle e Hubert.

O ambiente da pousada era bem semelhante ao de um hotel-fazenda. Ou melhor, pousada-fazenda. De fato, havia a casa principal, os estábulos e seus belos cavalos, veículos de arado disputando espaço com as duas caminhonetes, e a casa onde funcionava o dormitório. Pelo que pude observar, trata-se de uma construção mais antiga, apenas recentemente adaptada aos propósitos de hospedar gente. De todo modo, muito bem adaptada, e para mim, na ocasião, com atendimento exclusivo: para cerca dos vinte leitos disponíveis, só havia um ocupante: eu.

Após o banho, jantamos eu, Danièle, Hubert e sua filha. O jantar foi um verdadeiro banquete, bem apropriado para um peregrino faminto: quiche de entrada, fettuccine com champignon e linguiça, salada e camembert, morangos, pão e vinho. No contexto, uma belíssima refeição, pela fartura, pela boa conversa, pelo tratamento cuidadoso e personalizado. A verdade é que comi bem, e muito, e subi ao meu "palácio" inteiramente satisfeito. E, por tudo isso, também eu farei coro à recomendação do lugar aos próximos viajantes.

* * *

Uma constatação de hoje é que estou exausto. Não que isso deva soar surpreendente, afinal venho andando muitos quilômetros por dia, há dias. Mas a exaustão de hoje é de um tipo diferente, porque sem dores de qualquer tipo. É só aquela sensação generalizada de cansaço, espalhada por cada músculo do corpo, mas sem que nenhum deles exija para si atenção especial. É a exaustão perfeita que prenuncia um sono igualmente perfeito.

* * *

Tenho andado na base de 20-25 quilômetros/dia e confesso que não gosto muito da ideia de andar mais de 30 quilômetros amanhã. Segundo o guia, são 37 quilômetros até Tergnier, talvez menos se não seguir alguns dos desvios propostos para evitar as estradas. Não sei. Deixemos para amanhã esse dilema.

11ª etapa: Tréfcon → Tergnier (34 km) [→ Laon]

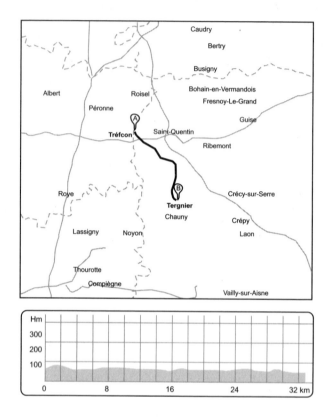

Insônia, grande insônia. Muita comida e sono em seguida definitivamente não combinam bem. E, dessa vez, sem contar com um livro para ler, deixei-me vagar pelos mares revoltos dos planos futuros. Meus pensamentos foram de um destino a outro, viram ótimas perspectivas em todos eles, mas em nenhum deles encontrei uma realização verdadeiramente duradoura. Que cidade escolher para me fixar, que profissão privilegiar? Essas foram apenas algumas das muitas questões que persegui, sem aparente solução.

* * *

Pela manhã, tomei café acompanhado apenas de Danièle, tendo Hubert e a filha já saído para os afazeres diários da fazenda. Diante do banquete de ontem, foi um café da manhã simples — baguete e geleia, café com leite, algumas frutas —, mas plenamente adequado. De todo modo, o "ponto forte" estava não tanto à mesa, mas ao redor dela, no ambiente, na hospitalidade. É difícil descrever como os Wynands conseguem, mas o fato é que me senti completamente à vontade na companhia deles, como se os conhecesse de longa data.

Ao final, peguei minha mochila, agradeci mais uma vez e parti.

* * *

Sem grandes atrativos nas rotas terciárias, optei pelo caminho mais curto, o que, no dia de hoje, pode ser bem significativo. A jornada é longa e, além disso, faz novamente muito calor.

* * *

Meio-dia agora, o sol está impiedoso. Sinto como se estivesse cruzando um deserto, só que, em vez da areia, é o asfalto que reflete os raios solares e o calor.

* * *

Realmente, não dá pra caminhar sob esse sol. Faltam apenas 12 quilômetros, mas está impossível. O calor só fez aumentar, mesmo já sendo 16h30. Vou aproveitar que estou próximo a uma pequena cidade (Montescourt-Lizerolles), tentar descobrir um bar e esperar o sol baixar um pouco. Chegarei bem tarde a Tergnier, mas é o jeito.

* * *

Acabo de tomar a cerveja mais deliciosa do universo. Nesse momento, poderia ser qualquer uma, mas foi uma Amstel que ganhou toda a minha gratidão.

* * *

Que dia! Com esse calor, pensava que a chegada a Tergnier seria o paraíso. Mas era cedo demais para comemorar. Todos os quatro hotéis da cidade estão lotados — há o casamento da filha de uma grande figura da região —, assim como a única pousada da vizinha La Fère, situada a 4 quilômetros daqui.

A única solução vai ser mesmo tomar um trem até Laon, cidade seguinte da rota, e retornar amanhã a esse mesmo ponto, um pouco como fiz no caso de Amettes. É isso ou achar um banco de praça.

* * *

Chegando a Laon, porém, o "pesadelo" continuou. Um por um, constatei que todos os hotéis estavam também lotados. Tentei até mesmo ligar para a paróquia local, ainda que ela não constasse no guia como opção de hospedagem, mas era tarde e sequer consegui falar com alguém.

O guia acenava ainda com a opção de um camping, embora este ficasse fora da cidade (e do mapa). Eu não tinha barraca, é verdade, mas talvez tivessem uma para alugar. E, se não tivessem, relento por relento, o camping seria em tese um lugar mais protegido. Tentei ligar, mas tampouco lá me atenderam.

Vendo minhas opções esgotadas, comecei a prospectar lugares potencialmente adequados para passar a noite — os bancos de um bonde antigo, em frente à estação de trem; o jardim interno de uma igreja (cujo portão descobri aberto); ou, muito simplesmente, o banco da praça. O céu pelo menos estava limpo, e nesse sentido a falta de um teto não seria um problema.

Nisso, avistei uma placa indicando realmente a existência de um "camping" nas redondezas. Aproveitei o pretexto e tentei ligar mais uma vez. Desta vez me atenderam e me disseram que sim, havia vagas, e não, não alugavam barracas. E que eu deveria apressar-me, pois já passava das dez e estavam prestes a fechar. Deram-me então as instruções de como chegar lá, mas não era nada simples. E foi aí, quando procurava informações, que um passante viu minha situação e disse conhecer uma pousada com vaga...

Alívio, é o que posso dizer, alívio. E gratidão, claro.

* * *

Banho tomado, fome saciada, estou completamente exausto. E fica a dificílima decisão para amanhã: ficar e partir daqui, "maculando" o meu trajeto, ou tomar o trem de volta a Tergnier e retomar o trajeto de onde ele foi interrompido? Eu sei bem o que tenho de fazer — e farei —, mas fingirei por ora que há realmente uma opção. Porque, agora, eu quero apenas dormir.

12ª etapa: [Laon →] Tergnier → Laon (31+4 km)

Eu viajo para enfrentar o maior dos medos: perder minhas conexões. Porque somente assim eu posso (eu tenho de) reinventar a mim mesmo.

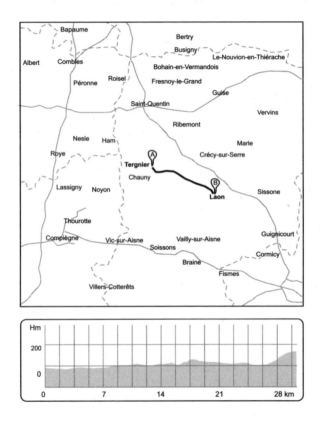

Acordei disposto hoje, o que significa que retornarei a Tergnier. *Quel courage*, digo a mim mesmo. Ou estupidez, que é um dos apelidos da coragem. Mas, para não dizer que não vou tirar nenhuma vantagem desse fato, vou esvaziar a mochila e viajar leve, bem leve. Comigo, carregarei apenas os mantimentos e os apetrechos eletrônicos — GPS e câmera —, além do cajado, claro. Já falei com o dono do hotel, que me confirmou ser possível permanecer por mais um dia.

* * *

Bem, cá estou eu, de volta a Tergnier, no mesmo ponto em que a deixei ontem à noite. Mas, não sem motivo, tomei antipatia pela cidade e não vou desviar nem um milímetro da rota para conhecer o que quer que seja dela. Sigo direto de volta a Laon.

* * *

Que diferença faz esse peso a menos! Como é fácil caminhar assim. Sinto como se estivesse "trapaceando", como se o "mérito" de percorrer todos esses quilômetros fosse proporcional ao peso que se carrega às costas. Mas esse pensamento logo perde força diante da "verdadeira simbologia" desse retorno a Tergnier: deixar uma pegada em cada metro de Canterbury até Roma. É essa simbologia que não quero perder de vista nos momentos de dúvida e hesitação.

* * *

Uma observação interessante. Antes de tomar o trem em Laon, expliquei ao fiscal o que havia ocorrido e ele me deixou pegar "carona" até Tergnier. Simpático da parte dele.

* * *

De volta a Laon, agora posso constatar: que bela ela é, com sua magnífica catedral no alto da colina. Agora sim, acho que posso gostar dela. Agora sim, conquisto o "direito" de visitá-la e contemplar sua beleza. E é o que vou fazer ainda hoje. Vou apenas deixar a mochila no quarto, tomar um banho rápido e sair. Não são nem 18h, então há ainda bastante tempo antes das 22h, quando escurece.

* * *

A Catedral de Laon (GETTY IMAGES)

Laon é uma cidade fortificada, construída originalmente sobre uma colina, e que ainda conserva numerosos monumentos medievais, assim como outros edifícios datando dos séculos XVI-XVIII.

A "cidade alta" é o que há realmente a visitar. A começar pela catedral — Notre-Dame de Laon, absolutamente impressionante, bela, magistral —, passando por suas ruelas milenares, sem deixar de mencionar a vista panorâmica de toda a parte baixa da cidade e seus arredores.

* * *

Algo que me chamou a atenção nesse giro foi a ausência de pessoas na rua. Quero dizer, depois de tanta "guerra" para conseguir vaga num hotel ontem, o mínimo que esperava era que as ruas, os bares e os cafés estivessem bem movimentados. Não é o caso, porém. Poucas pessoas nos cafés e brasseries, na catedral, nas lojas. É certo que já está um pouco tarde (são 20h) e talvez o movimento tenha sido maior durante o dia. Mas estranho mesmo assim...

Bem, não importa. O que quero mesmo é vagar por entre essas ruas e seus muros de pedra, ruas que de tão estreitas quase permitem alcançar ambos os lados com os braços abertos.

* * *

De onde vem esse impulso, ou mesmo necessidade, de desaparecer, de ser anônimo, de tudo conhecer, de ser um "sobrevivente", de não precisar de nada nem ninguém, de superar desafios?

Difícil dizer.

Mas sei que encontro em mim uma necessidade de partir, de não deixar nenhum traço, nenhum nada. De deixar atrás de mim apenas questões sem respostas, porque eu mesmo não as tenho. Não posso fazê-lo, evidentemente. Gosto demais das pessoas próximas a mim para deixá-las assim, sem quê nem por quê. Se ao menos eu soubesse, se ao menos eu fumasse, poderia partir e deixar o clássico bilhete "fui comprar cigarros"...

Fato é que, qualquer que seja a razão, esse gesto me fascina enormemente, essa desconexão repentina e total. E desde que me entendo por gente (leia-se, desde os 17 anos) eu tenho esse desejo, esse impulso. Talvez porque perder as conexões seja como perder as expectativas de outrem sobre si mesmo, e isto — creio — é o que mais constrange as pessoas a não mudar, a não arriscar, a não ir por algum caminho inesperado, imprevisível.

De qualquer modo, é no mínimo interessante que eu — um obcecado por controle — tenha paradoxalmente me viciado exatamente no que não posso prever, porque é dessas experiências que extraio as memórias mais viscerais, mais inesquecíveis. E, no fundo, acho que é mesmo isso o que busco: a mais extraordinária coleção de memórias que possa conseguir.

13ª e 14ª etapas: Laon → Corbeny (25 km) → Reims (30+3 km)

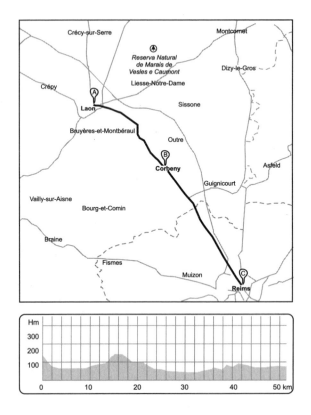

Nada verdadeiramente digno de nota nesses dois dias. Muito pelo contrário.

Querendo acelerar o passo, resolvi seguir o caminho mais curto disponível, o que basicamente significava pegar na maior parte a movimentada N44 até Reims. Resultado: uma economia de 10 quilômetros e um mau humor difícil de suportar.

Mas Reims haveria de me redimir.

* * *

A cidade estava cheia e não foi muito fácil conseguir um hotel com vaga. Pelo menos não no orçamento desejável. Depois de alguma procura, finalmente achei um (Au Bon Accueil), bem simples, mas suficiente.

Ansioso para dar uma volta pela cidade, espairecer e ver se dava uma animada, não passei nem dois minutos no quarto. Foi só o tempo de lá deixar a mochila e partir.

Ao contrário de Laon, Reims estava efervescente e foi fácil ser contaminado pela atmosfera local, com muitas pessoas, muitos jovens circulando pela cidade. Era o que precisava para hoje.

Fui caminhando sem destino, meio que seguindo o fluxo de pessoas, e não demorou para que desse de frente com a catedral. A sensação de familiaridade foi imediata, me vindo à memória a imagem de chegar diante dela de carro, com meus pais e irmão, anos atrás.

Entrei, revi seus belíssimos vitrais — assinados por nada menos que Marc Chagall — e me deixei relaxar um pouco lá dentro. Estava ainda bem quente do lado de fora, mas essas construções antigas são incrivelmente hábeis em se manter ventiladas, mesmo em dias tão abafados como hoje.

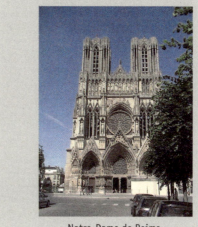

Um pouco de história

Reims é a principal cidade da badalada região de Champagne-Ardenas, no nordeste da França, contando com quase 200 mil habitantes.

Fundada no século I a.C., ela adquiriu grande importância durante o período do Império Romano.

Sua catedral — Notre-Dame de Reims (século XIII) — teve um papel importante na história da monarquia francesa, tendo sido o lugar tradicional de coroação dos reis franceses. A mais famosa e festejada dentre essas foi a coroação do rei Carlos VII, na companhia de Joana d'Arc.

Notre-Dame de Reims

* * *

Essa volta pela cidade cumpriu plenamente sua "missão". Quando saí da catedral e me dirigi ao mercado, já era difícil lembrar por que mesmo eu estava numa insuportável disposição de espírito.

No mercado, aproveitei o astral e me permiti a indulgência de uma bela refeição: salmão e um bom Bordeaux, além, é claro, de uma deliciosa baguete para acompanhar.

15ª etapa: Reims → Condé-sur-Marne (34 km)

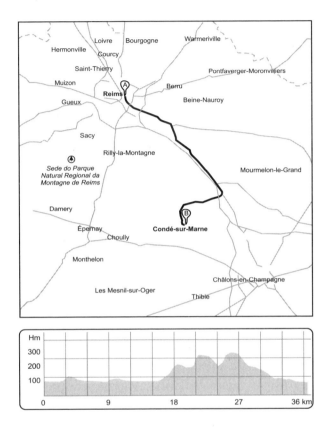

O dia hoje foi incrível.

Saindo de Reims, segui o canal que corta a cidade e avancei por ele alguns quilômetros antes de cruzar uma estrada terciária (outrora uma antiga via romana) e a sempre movimentada N44.

Depois, segui por estradas menores, passando por Verzenay e Verzy, atravessando o belo bosque/colina conhecido como Montagne de Reims, e então Trépail, Ambonay, até finalmente encontrar pouso em Condé-sur-Marne.

Verzenay é uma cidade que merece destaque por estar situada na região turística da Champagne, onde dezenas de produtores mantêm seus vinhedos. Trata-se de uma simpática cidade na subida de uma colina, com bela vista das plantações ao redor. As casas Chaudron, Godmé Père et Fils, Jacques Rousseaux e Michel Arnould et Fils, entre outras, estão lá representadas.

Logo depois de Verzenay, seguiu-se Verzy, e aí um dos grandes eventos do dia.

Eu cruzava a cidade quando um senhor, à janela de sua casa, me chamou. Perguntou-me aonde eu ia e, quando soube que eu fazia a Via Francígena, me convidou imediatamente a entrar para conversar um pouco, tomar um café.

Tratava-se de André Sacy, um grande produtor local, responsável pela casa Louis de Sacy, uma família que está no negócio de vinhos desde 1633, isto é, há quase 400 anos!

Ele me conduziu até a cozinha, onde preparou um café para nós dois — brincou, dizendo que não me oferecia champanhe para não me atrapalhar na caminhada (que pena!) —, e conversamos um pouco.

Ele parecia animado com minha presença e queria saber detalhes da minha viagem. Perguntou-me de onde havia saído, há quantos dias, e até mesmo a que média horária eu caminhava.

Ele então me contou um pouco de suas próprias aventuras, que já fizera dois terços da Via Francígena e que planejava fazer o trecho restante (Siena-Roma) agora em julho. Mas, ao contrário de mim, me disse, viajará bem leve, pois sua mulher irá de carro acompanhando. Mesmo assim, sua disposição é realmente notável para seus setenta e poucos anos.

Em seguida, fez questão de enfatizar que essa não era sua primeira aventura do gênero. Disse-me, com orgulho, que já fizera um pouco de tudo, que só não se intitulava aventureiro profissional porque não ganhava dinheiro com isso.

De fato, seu currículo impressiona: já fez o Caminho de Santiago, escalou duas vezes o Mont Blanc (mais de 4.000 m), uma vez o Kilimanjaro (+/- 6.000 m), e até mesmo concluiu a escalada até o Everest Base Camp, que, embora situado a cerca de 5 mil metros de altitude, parece exigir ainda mais do trekker do que os dois primeiros.

Escutei entre atento e entusiasmado suas histórias, pois eu também tenho muita vontade de explorar esse "trekking de montanha". Perguntei-lhe então quanto treinamento e experiência eram necessários para essas empreitadas, e ele me disse que praticamente nenhum. São lugares totalmente acessíveis para amadores do esporte de aventura, me explicou ele, concluindo que o fundamental mesmo, além de estar em boa forma física, é entrar em contato com uma equipe especializada na área, já que são eles que fornecerão o suporte técnico e logístico para que os objetivos sejam alcançados. E, como se adivinhasse minha próxima pergunta, me disse que tampouco era algo financeiramente inviável. Sua aventura do Everest, por exemplo, teria custado cerca de 5 mil euros por 18 dias no Himalaia. Suponho que sem a parte aérea inclusa, mas não quis perguntar.

Depois disso, voltamos a conversar sobre a Via Francígena e subimos até seu escritório — ele queria me mostrar alguns mapas e me dar algumas dicas de percurso.

Nesse trajeto, tive a chance de conhecer melhor sua casa e perceber quão privilegiadamente situada ela estava. Se, do lado que entrei, ela era nivelada com a rua/estrada, ao atravessar a sala podíamos ver que a casa estava "debruçada" sobre uma colina, com magnífica vista dos arredores, incluindo parte dos vinhedos da propriedade.

Chegando ao escritório, ele me chamou à janela e me contou um pouco de sua história, como havia dedicado a vida à produção de champanhe, mas que agora era hora de "passar o bastão" adiante e que nesse ano mesmo seu filho assumiria a presidência e o controle da empresa. Ele sentiria falta daquilo, é certo, mas agora lhe cabia aproveitar a vida, e nada melhor para preencher o tempo do que viagens e pequenas aventuras.

Ainda com o olhar nostálgico, me disse para sentar enquanto foi buscar alguns mapas. Espalhou-os sobre a mesa e me deu a dica de sair um pouco da rota indicada pela Topofrancígena nos próximos dias e seguir o canal de la Marne a partir de Condé-sur-Marne. Segundo ele, as próximas etapas do guia não reservavam nada de particularmente agradável e o percurso pelo canal era não apenas mais bonito, mas também mais curto.

Trocamos ainda outras impressões gerais sobre o percurso, sobre as vantagens/desvantagens de viajar de sandália, sapato ou bota, pomada para engrossar a sola do pé e evitar bolhas etc. etc. Já à saída, ele me disse para não esmorecer nos trechos monótonos que ainda enfrentaria na França, porque a parte suíça do trajeto haveria de me recompensar por todo o esforço feito até ali. Essa realmente parecia ser a opinião geral de todos que faziam o percurso. Agradeci ainda uma vez, especialmente por sua simpatia, e parti.

* * *

Mas o dia ainda me reservava surpresas.

Logo após Verzy, segui por uma bela trilha através da Montagne de Reims. Embora "colina" fosse mais apropriado para a altitude em questão (pico de 286m), o termo "montanha" acaba sendo justificado pelo abrupto contraste entre as planícies circunvizinhas, a 80 metros de altitude, e a costa onde crescem as vinhas produtoras de champanhe, 200 metros mais alta.

Discussões de nomenclatura à parte, foram 6 excepcionais quilômetros de trilha, de beleza e adrenalina, em que o GPS foi de grande ajuda para dissipar dúvidas e eliminar alguma tensão quando o caminho certo a tomar não era nada óbvio.

Montagne de Reims (GETTY IMAGES)

Logo à saída do bosque, pude avistar Trépail — onde inicialmente pretendia dormir —, e já comemorava o final de um dia memorável quando um suspense adicional se anunciou: o albergue da cidade não existia mais.

Conversei com nativos sobre alternativas de pouso na região e vários me sugeriram dormir ali mesmo, no humilde estádio local (na verdade, um campo gramado com uma pequena arquibancada). Agradeci, mas era cedo ainda, e, embora um pouco cansado, resolvi continuar.

Mas não antes de uma pausa para descanso e reposição calórica.

Achei um banco junto a um mercado, ali deitei minha mochila e comi o sanduíche que trazia comigo. Não demorou muito para que um senhor, já bem idoso, se aproximasse e puxasse conversa.

Fez as perguntas de praxe, aonde eu ia, de onde vinha etc., mas foi quando soube que eu era brasileiro que ele se animou ainda mais e resolveu se sentar a meu lado. Me disse, com um brilho nostálgico nos olhos, que conhecia o Brasil, que tinha visitado o país quando jovem. "Bons tempos, aqueles", disse com sua voz mansa. Contou que esteve um pouco por toda parte, que viajar era sua maior paixão, e, depois de uma pausa em que pareceu viajar no tempo, me olhou sério nos olhos e disse para não desperdiçar nenhuma das oportunidades que só um jovem pode ter...

Bom de prosa, uma boa hora se foi nisso. Mas, ao constatar que já eram 17h, não pude senão agradecer pela conversa e partir.

* * *

Andei então até a cidade seguinte, Ambonay, a 4 quilômetros dali. Havia de fato, como previsto pelo guia, dois hotéis. Entretanto, um deles lotado, o outro caríssimo, totalmente fora do orçamento. Restava seguir adiante até a próxima parada: Condé-sur-Marne, um vilarejo relativamente perto (a 3 quilômetros), mas com o agravante de ser a última possibilidade de achar hospedagem num raio de muitos quilômetros. Depois dali, só havia Châlons-en-Champagne, a inviáveis 20 quilômetros de distância.

Caminhei um pouco ansioso até Condé e fiquei ainda mais ansioso ao demorar para achar a pousada indicada pelo guia. A cidade parecia deserta, e eu não achava ninguém para pedir informação. Depois de algumas voltas, finalmente encontrei a pousada.

Toquei então a campainha, várias vezes, e nada de resposta. Já me arrependia de não ter ficado no luxuoso cinco estrelas de Ambonay quando um senhor que passava se ofereceu para me ajudar. Perguntei a ele se a pousada ainda estava ativa, e ele me disse que sim, com certeza, que estranhava não ter vindo ninguém para me atender. Tentamos ainda algumas vezes, quando o senhor tomou a iniciativa de tocar na casa vizinha, que tinha muros contíguos com a pousada. O vizinho o deixou entrar, foram ao quintal e localizaram o dono, que veio finalmente me receber e me dar a boa notícia: havia vaga. Agradeci imensamente pela ajuda e entrei.

* * *

Logo nos primeiros passos, fui mais do que positivamente surpreendido. Passando primeiro pelos bem cuidados jardins, M. Bruno Barrault me acompanhou até um quarto maravilhoso, situado no segundo andar do casarão. O quarto era extraordinário não apenas em termos de decoração e estilo: era imenso, maior do que muitos apartamentos estilo quitinete. E sobretudo mais charmoso.

Num canto, estavam dispostas duas espaçosas camas de solteiro. Na parede oposta, havia um pequeno armário de madeira, uma mesa de trabalho e um sofá. No centro, uma mesinha e duas poltronas. E, como não poderia deixar de ser, um belo banheiro.

Diante de tudo isso, por um segundo me perguntei se não acabaria pagando o mesmo preço do hotel cinco estrelas, mas já não importava. Mesmo se fosse o caso, estaria me hospedando num típico *chambre d'hôte* francês, muitíssimo mais aconchegante e agradável do que uma rede qualquer de hotéis.

Ao indagar pelo preço, o simpático M. Barrault me respondeu: 40 euros. "E para um peregrino?", perguntei, com a cara de pau recém-adquirida. "Humm... 32 euros, e lhe ofereço o jantar; está bem assim?" "Mas é claro, muitíssimo obrigado!"

* * *

E mal sabia eu o que me aguardava. A mesa foi simplesmente fantástica. Aliás, bem mais do que isso.

M. Barrault me acompanhou até o belo jardim, e me juntei a um casal parisiense, também ali hospedado.

Uma taça de champagne (claro, o que mais?) nos foi então servida como aperitivo — Laurent-Perrier Brut — e ali passamos um momento de boa conversa antes de sermos chamados à sala para o jantar.

À mesa, o regalo completo.

De entrada, uma quiche, acompanhada de um Côtes du Rhône rosé. Como prato principal, o clássico escalope de frango à normanda, com batatas e couve-flor. Na sequência, quatro tipos de queijo, acompanhados agora de um tinto da Borgonha. E, como se não bastasse, para finalizar, sorvete de cerejas frescas, calda e creme gelado com conhaque.

Este peregrino que vos escreve, tenho de dizer, passou bem, muito bem, esta noite!

* * *

Como M. Barrault me disse que partiria amanhã cedo, paguei logo hoje. Grato por tudo — deveria dizer gratíssimo —, em vez de pagar os 32 euros combinados, paguei 40, como ele havia pedido anteriormente. Era o mínimo. Só aquela refeição... É absolutamente obrigatório mandar-lhe de Roma um cartão de agradecimento.*

* * *

Número do dia: 34 quilômetros, um pouco demais. Calcanhar novamente dolorido, tornozelo esquerdo também. Mas não creio que isso representará qualquer problema para amanhã.

---

*Algo que, efetivamente, fiz. Foram, aliás, mais de trinta os cartões que enviei de Roma tanto em sinal de gratidão como numa tentativa de manter contato futuro.

16ª etapa: Condé-sur-Marne → Châlons-en-Champagne (21+1 km)

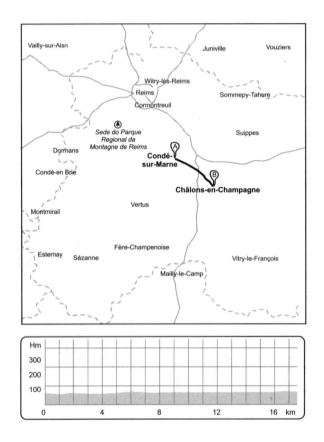

Diante do banquete de ontem, o café da manhã hoje foi "frugal". Croissants e baguete, três tipos de geleia, café, chá ou chocolate quente, suco natural de laranja. Nada a reclamar, obviamente.

    Como já tinha deixado tudo pronto na véspera, depois do café foi só subir, pegar minha mochila e partir. Queria ter podido agradecer M. Barrault mais uma vez, mas ele realmente tinha saído bem cedo.

    Conforme sugestão de André Sacy, a partir dali pretendia seguir o Canal de la Marne tanto quanto possível. Mas, ao tentar descobrir por onde pegá-lo, acabei saindo da cidade pela estrada e por aí segui alguns quilômetros. O que foi até uma sorte, porque do contrário não teria visto o aqueduto que fica logo à saída do perímetro urbano de Condé.

Passei ainda por dois pequenos vilarejos antes de pegar propriamente o canal. A ideia me pareceu ótima, pelo menos de início. O canal é realmente bem bonito e agradável... pelas duas primeiras horas. Depois disso, a paisagem se torna um painel a se repetir indefinidamente, roubando ao caminhante a sensação de perspectiva, de estar saindo e chegando a algum lugar. Tedioso é eufemismo. Para completar o quadro, o dia foi quentíssimo, algo que nem mesmo as sombras proporcionadas pelas árvores ao longo do canal conseguiram minimizar.

Mas o principal agravante do dia foi ter de fazer quase 20 quilômetros, sob esse sol insano, com apenas um litro de água. Ao longo do canal não contei com nenhum posto de reabastecimento, nenhuma indicação simples ou óbvia para vilarejos que realmente ficassem à sua margem. Com tanta água ao meu redor, era até irônico que passasse sede. Mas, sem saber se a água do canal era potável — eram muitos os pequenos barcos que aí trafegavam —, preferi não considerar essa opção.

Aqueduto, na saída de Condé

Quando já estava no meu limite, resolvi sair do canal na primeira oportunidade, que se deu mais ou menos na altura de Recy, um pequeno povoado já bem próximo de Châlons.

Entrei na cidade fraco, quase sem energia para seguir adiante. A primeira coisa que fiz foi, naturalmente, procurar um bar ou mercado para conseguir água. Mas a sede era tanta que, antes mesmo disso, apelei para a gentileza de um senhor que regava seu jardim. Perguntei-lhe se poderia encher minha garrafa e logo ele me traria a água salvadora. Adivinhando que encher minha garrafa não seria suficiente, ele trouxe uma extra, que esvaziei em segundos. Agora podia continuar. Mas não retornei ao canal. Estando já nas imediações de Châlons, segui os últimos quilômetros pela estrada.

Notre-Dame-en-Vaux (GETTY IMAGES)

Com todo esse calor, acordar cedo de agora em diante se torna uma questão de sobrevivência. Até as 11h, é razoavelmente fresco. Logo depois esquenta e nem à noitinha (18-20h) a temperatura baixa o bastante.

A reidratação fez sentir seus efeitos no humor. Cheguei a Châlons bem mais disposto, mas é certo que a beleza da cidade ajudou.

Primeiramente o simpático canal Nau, com suas charmosas casas e arranjos floridos, mas também suas belas construções, entre as quais se destacam a catedral Saint-Étienne e a soberba Notre-Dame-en-Vaux, esta inscrita no Patrimônio Mundial da Unesco.

Check-in feito — num albergue da juventude —, tomei um banho rápido e fui ao mercado comprar mantimentos para o jantar. Saí de lá com uma deliciosa tortilha e voltei ao albergue.

Barriga cheia, algumas breves notas sobre o dia, um pouco de italiano e é mais um dia que termina.

17ª etapa: Châlons-en-Champagne → Vitry-le-François (34+1 km)

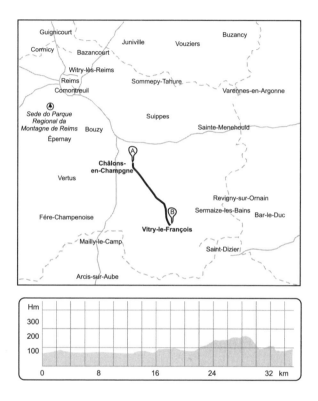

Mantive o plano de seguir curso ao longo do canal, mas acho que subestimei as "pistas" recebidas ontem. O dia de hoje pareceu uma maçante repetição do anterior. Quente e monótono, com o painel belo-mas-repetitivo do canal de la Marne. O diferencial mesmo foi o "fator água", reposta a intervalos regulares, o que me permitiu andar mais quilômetros, num ritmo mais forte e com menor percepção do esforço.

A questão é que, de Châlons em diante, a rota do canal e a do guia divergem completamente, de modo que estou meio que "preso" a mais uns cinco ou seis dias de canal... Vai ser um teste de resistência, menos física do que psicológica. Mas tudo bem, sempre posso optar por seguir, aqui e ali, a estrada, embora ela pareça tão reta e monótona quanto.

* * *

Logo à chegada a Vitry, um momento peculiar. Quando já deitava a mochila à sombra de uma árvore para descansar e comer, um jovem senhor se aproximou e puxou conversa. Pediu desculpas por me interromper e perguntou se eu era peregrino e se não queria tomar um café em seu escritório ali perto. Sim, por que não? — e o segui.

Conversamos um pouco, e ele — M. Macchi — então me contou que também tinha feito o Caminho de Santiago, mas que para ele tinha sido o bastante, que já não tinha mais idade para uma empreitada dessas. Retruquei, dizendo-lhe que ainda era jovem o bastante — ele devia contar com não mais do que 45-50 anos —, e aproveitei para mencionar que poucos dias antes havia conhecido um senhor que, apesar da idade, ainda mantinha uma energia e disposição invejáveis.

— Um senhor dos seus 70 anos? Acaso seria *esse* senhor? — e me mostrou uma foto dele com... o próprio André Sacy! Mundo pequeno...

* * *

A dica do guia para Vitry — oportunamente, ele também incluía algumas cidades vizinhas à rota "principal" — era a Maison de Doyenées, uma congregação religiosa onde poderia me hospedar.

Quando lá toquei, porém, por volta das 16h, ninguém me atendeu. Cansado e com vontade de relaxar e dar o dia por encerrado, resolvi procurar pousadas na cidade. Mas não achei nenhuma simpática o bastante.

Resolvi então dar um tempo, aproveitei para dar uma volta — quando pude contemplar a majestosa Collégiale Notre-Dame —, depois ir ao mercado e retornar à Maison. E felizmente, quando voltei, lá pelas 17h, ela já estava aberta.

Uma jovem (e bela) irmã me recebeu, me apresentei como peregrino, ao que ela me acompanhou até o quarto onde ficaria. Diferentemente dos outros lugares, ela nada me perguntou, praticamente nada me disse.

Me indicou simplesmente o caminho com um gesto e a segui. Pensando bem, não lembro sequer de ter ouvido sua voz, nem mesmo depois de ter-lhe agradecido.

* * *

Ótimo quarto, pequeno mas bem confortável, com pia e até mesmo fogão. Eu não tinha mantimentos para cozinhar uma refeição propriamente dita, mas aproveitei para pelo menos preparar um sanduíche quente.

18ª etapa: Vitry-le-François → Saint-Dizier (33 km)

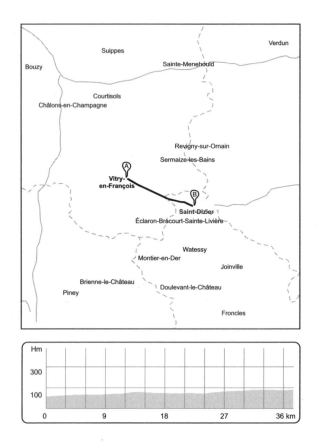

Consegui acordar cedo mais uma vez, tomei meu café e não enrolei muito para sair.

Já quase à porta, um funcionário da casa sugeriu que deixasse um registro de minha passagem no "livro de ouro". Aproveitei o ensejo para ver registros de outros peregrinos que ali passaram antes de mim.

Ali constavam, de 21 de agosto de 2003 até hoje, 124 peregrinos registrados, mas praticamente todos em direção a Santiago de Compostela. A única exceção era um grupo de seis italianos que ia em direção a Roma, mas não ficou claro de onde haviam partido ou o meio de transporte que utilizavam. De qualquer modo, como partiram bem antes de mim, não deveremos nos encontrar em nenhum ponto da travessia.

* * *

Outro dia quentíssimo, já está ficando redundante dizê-lo. Como consegui sair cedo, pude avançar bastante — cerca de 12 quilômetros — antes de esquentar muito. Mas, depois das 11h, o sol se tornou inclemente. Sem ter como me reabastecer depois do quilômetro 14, fiz novamente quase 20 quilômetros com apenas um litro de água. Limite, limite.

A absoluta semelhança dos dias de canal, de sua paisagem, começa a me desgastar mentalmente. *Déjà-vu* é pouco para tamanha semelhança entre os dias. A única real diferença entre o primeiro e o terceiro dia é que, no primeiro, celebrei a beleza do canal e seu entorno, ao passo que, no terceiro, parecia estar apenas vendo uma tediosa reprise dos dias anteriores. E o calor que vem fazendo não ajuda realmente em nada.

O estranho é que essa "repetição paisagística" parece minar o ânimo ainda mais do que se estivesse andando nas estradas. Ali, posso pelo menos acompanhar as cidades se aproximarem e depois sumirem atrás de mim, sem contar a sempre comemorada possibilidade de achar um bar onde possa me reabastecer de água e até tomar uma abençoada cerveja. De todo modo, as opções fora do canal não são muitas, então permaneço nele, pelo menos até segunda ordem, já que ainda faltam uns bons 100 quilômetros até Langres...

* * *

Sem contar em Saint-Dizier com qualquer ponto de apoio da Via Francígena, fiz check in num pequeno hotel mesmo, o que, confesso, foi muito bom. Meu quarto era básico, mas bem confortável, e, o mais importante, tinha tevê, com "canais pagos" e tudo. Eu não sabia até então, mas era disso que eu precisava para me "curar" da quente monotonia desses dias de canal. Isso pode soar engraçado, até mesmo ridículo, mas é assim mesmo que me sinto: desesperado por um pouco de "civilização".

* * *

Eu me deixei absorver inteiramente pela tevê e seus infinitos programas. A maioria era uma porcaria, é verdade, mas não importava. Eu estava ali satisfeito só com o mero "zapear" do controle remoto. O que me deu uma ideia. E se eu ficar mais um dia aqui?

Pausa — Saint-Dizier: 1 km

A ideia se provou, acredito, mais do que acertada. Emendar um quarto dia de canal, com o calor que está fazendo... não seria algo bom para meu ânimo, para dizer o mínimo. Sim, fico aqui mais um dia, para relaxar ao máximo, me mover o mínimo. Vou à rua apenas para uma breve volta pela cidade, comprar algo para comer, e é tudo.

* * *

Deste modo, tudo que fiz — além de dar uma brevíssima volta pela cidade, em que, mais uma vez, a Notre-Dame local representou o ponto alto do dia — foi assistir a vários filmes, escrever um pouco, estudar italiano, dormir, assistir a mais tevê e dormir novamente. Eis o resumo do meu proveitoso dia!

19ª e 20ª etapas: Saint-Dizier → Joinville (32+1 km) → Chaumont (41 km)

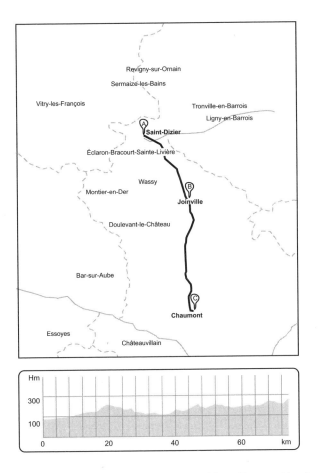

Mais dois dias de canal, mais dois dias de tédio. Sem o dia de pausa em Saint-Dizier, sinceramente eu não sei se conseguiria ter cumprido essas duas etapas. Nesses dias de canal, pouco encontro para me estimular além de imprimir um ritmo forte de caminhada e deixar mais alguns quilômetros para trás, mas é totalmente normal e esperado que, num percurso que se estende por 2 mil quilômetros e quatro países, eu me depare com trechos menos "inspiradores".

É verdade que tive uma boa surpresa em Joinville, uma cidade menor e muitíssimo mais simpática do que Saint-Dizier, que me lembrou um pouco da entrada de Châlons, com suas charmosas casas ao longo do canal.

Outra coisa que me impressionou foi o tamanho da igreja local numa cidade de tão poucos habitantes, grande e imponente o bastante para ser uma catedral, com vitrais que pouco ou nada deixam a dever em relação às outras por onde passei. Belíssima.

Mas o trecho que haveria de deixar grandes marcas seria mesmo o de Joinville até Chaumont. Essa etapa me deixou apreensivo desde o momento em que decidi seguir o canal de la Marne em vez das etapas do guia. Pois eu queria justamente evitar as grandes etapas... E eis que acabei fazendo essa insana jornada de 39 quilômetros, ou mesmo mais.

Sim, foram 39 quilômetros aferidos pelo GPS, mas calculo ter andado uns bons 2 quilômetros além disso, já que o GPS ficou estranhamente sem sinal em vários momentos do dia. E, quando isso acontece, ele tenta compensar calculando a distância — sempre em linha reta — até o último ponto de medição, não computando, portanto, qualquer "trecho sinuoso" andado nesse meio-tempo.

Exatidão de medição à parte,* foi muito, foi demais. Estou verdadeiramente destruído. Pés, calcanhares, batatas das pernas e coxas, tudo dói. Por sorte, foi um dia bem menos quente e também acordei bem cedo, justamente para garantir um menor desgaste. Isso, além do dia extra de descanso em Saint-Dizier, foi decisivo, e assim pude enfrentar esse dia de esforço extremo. Mas só saberei o tamanho do estrago amanhã. Hoje, quero apenas um banho, comer e dormir. E, claro, já cogito outro dia de pausa amanhã.

* * *

---

*Após consulta ao Google Maps, vi que a distância entre Joinville e Chaumont é de *pelo menos* 41 quilômetros. Excepcionalmente nesse caso, então, coloco essa distância como "oficial", e não aquela aferida pelo GPS.

Cansado como estava, e após não achar vaga no primeiro hotel que encontrei, não hesitei em recorrer ao Office de Tourisme para fazer esse trabalho por mim.

Ali, naquele momento, o objetivo era evitar todo e qualquer metro. E teriam sido muitos metros a mais, porque simplesmente não havia vaga na região central, em nenhum de seus muitos hotéis.

O rapaz que me ajudou só foi conseguir vaga num Formule 1, que ficava na verdade nos arredores da cidade. Incapaz de sequer cogitar andar até lá, perguntei logo que ônibus poderia tomar. No dia seguinte, se fosse o caso, retomaria a caminhada desse ponto em diante.

Mas minha recuperação se mostraria bem mais rápida do que eu poderia supor. Depois do banho, já me sentia bem melhor, e já não me parecia tão necessário fazer uma nova pausa no dia seguinte.

21ª etapa: Chaumont → Langres (35+1 km)

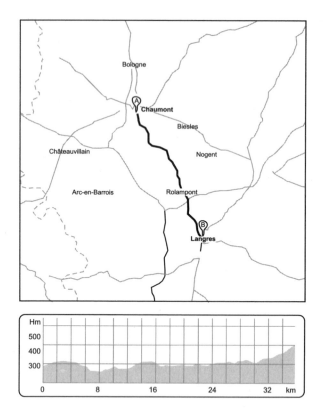

Mais um dia exaustivo. Hoje foram mais 36 quilômetros, totalizando 110 quilômetros em três dias. Ufa!

Mas a verdade é que eu não esperava ir até Langres hoje.

As informações que eu tinha — erradas, agora sei — eram de que entre Chaumont e Langres havia cerca de 40-42 quilômetros, uma distância que eu certamente não estaria disposto a enfrentar, especialmente depois dos últimos dias.

No entanto, no saguão do hotel tive acesso a outro mapa, que mostrava uma distância de "apenas" 33 quilômetros, caso seguisse a rota pela estrada. Já um pouco "cheio" de caminhar ao longo do canal, decidi voltar ao asfalto. Além disso, eu sabia que poderia caminhar sem a pressão de necessariamente chegar hoje a Langres, já que havia hospedagem disponível em Rolamport, 10 quilômetros antes. De qualquer modo, como eu havia acordado cedo e me sentia bem, Langres parecia um destino viável.

Mas, antes de tudo, era preciso cumprir a "simbologia" e retornar ao lugar onde peguei o ônibus para vir ao hotel. E, como o hotel ficava já na estrada para Langres, aproveitei para deixar a mochila no quarto antes de pegar um ônibus e retomar a caminhada do ponto exato onde a havia deixado. Mais leve, cumpri sem muito esforço os quilômetros de volta até o hotel, peguei a mochila no quarto e, apenas então, pus o pé na estrada.

* * *

Devo confessar que, depois de vários dias de canal, caminhar pela rodovia não me pareceu tão ruim. Como já comentei, pelo menos aí se veem as cidades indo e vindo e se pode contar mais facilmente com a sua infraestrutura, isto é, lugares para comer, beber água ou tomar uma cerveja. O ruim, claro, são os carros e o acostamento, em geral estreito demais (perigoso) e irregular (ruim para os tornozelos). Hoje, particularmente, tendo saído sem mantimentos, era importante contar com alguma estrutura de apoio ao longo do caminho.

Passei por várias cidades, alguns restaurantes, botecos, mas nenhum mercado. Com a "oferta abundante" de vilarejos, avancei o máximo que pude até a fome bater forte. Entrei então numa pequena lanchonete e fiz uma pausa. Comi um sanduíche, enchi minha garrafa e não demorou muito para que partisse novamente.

* * *

Rolamport tinha, de fato, um hotel bem razoável, mas como a recepção só abriria dali a duas horas — eram 15h30 — aproveitei o pretexto para continuar.

* * *

Segundo dia de chuva nessa caminhada, mas, desta vez, não foi qualquer chuvinha. Foi daquelas bem fortes, com pingos grossos e pesados, raios e trovoadas. Confesso que até fiquei com um pouco de medo pela proximidade de tantas árvores ao lado da estrada, mas foi perfeito no que diz respeito à temperatura.

Realmente, a diferença no desempenho num dia de temperatura mais amena é brutal. O desgaste é infinitamente menor, precisa-se de menos água, o tempo passa mais rápido. Além disso, uma chuva como essa sempre dá uma injeção de ânimo, trazendo um pouco a sensação de estar meio que enfrentando a natureza.

* * *

A chegada a Langres impressiona.

Até então, eu nada sabia sobre a cidade, o que deu à visão um sabor ainda mais especial.

Estar, aliás, aberto a surpresas como essas foi uma das razões pelas quais decidi não fazer uma pesquisa exaustiva sobre as cidades por onde passaria. Era inevitável criar expectativas em relação a algumas cidades ou lugares, mas havia outras circunstâncias — como essa — em que eu me via completamente surpreendido.

Langres é uma cidade inteiramente murada e situada estrategicamente no alto de uma grande colina. Tendo uma visão panorâmica de toda a região circunvizinha, não é difícil adivinhar por que Langres angariou para si uma "reputação de invencibilidade" nos tempos medievais.

Essa variação abrupta de relevo tornou, inclusive, bem penosos os metros finais até a entrada da cidade. Os passos foram curtos e doloridos, cheios de paciência. Mas os olhos, o que pude ver e sentir, ajudavam a dispersar a dor, e de algum modo o cansaço até mesmo aumentava a beleza daquele momento, me vindo novamente aquela impagável sensação de estar conquistando aquele lugar. Foram, afinal, 600 quilômetros até aqui, e essas muralhas celebraram essa marca.

* * *

Não demorei a achar um hotel, e, apesar da fome, decidi tomar um banho antes de ir às compras. Não me arrependo da decisão, mas isso trouxe uma consequência indesejável. Ao sair, já passava das 19h e encontrei tudo fechado. Felizmente havia uma lanchonete grega próxima ao hotel que salvou meu dia. Comprei um farto kebab com fritas e retornei a meu quarto. Naquele momento, foi como um jantar cinco estrelas!

* * *

Pés, batatas das pernas e coxas estão exauridos a um ponto dramático. Ficar parado, sentado, deitado, não basta. Tudo dói, tudo lateja. Por isso, e pelo fato de haver muito a conhecer em Langres, decidi por mais um dia de repouso, mesmo considerando que o último descanso foi relativamente recente, apenas três dias atrás, e mesmo levando em conta que a próxima etapa já seria uma espécie de dia de descanso, com seus "fáceis" 14 quilômetros.

> Tive um sonho ruim ontem à noite.
> Sonhei que um amigo havia partido sem se despedir.
> Tive um sonho ruim ontem à noite,
> mas desse sonho eu nunca mais despertei...*

Pausa — Langres: 7 km

Conforme previsto pelos serviços de meteorologia, o clima realmente mudou. Foi a primeira noite de temperatura agradável em muito tempo e, como consequência, dormi muito bem, especialmente na segunda metade da noite, quando já não despertava aqui e ali por causa das dores musculares. O clima ameno permanece hoje pela manhã (talvez em torno dos 20 graus) e espero que assim continue.

---

*Um tributo a meu grande e inesquecível amigo Moysés Floriano Machado-Filho. Saudades, meu velho amigo, saudades.

As muralhas de Langres (GETTY IMAGES)

Acordei bem fisicamente e acho que teria condições de cumprir mais uma etapa, especialmente sendo curta. Mas já paguei pela diária e creio ter agido bem. Bom para o corpo, sem dúvida, ainda melhor por conta desta bela cidade, esta que se vangloria de ser uma das cinquenta cidades mais belas da França. E a fama é mais do que justa, devo dizer.

Terra de Diderot, filósofo francês, célebre por organizar com D'Alembert a *Enciclopédia*, Langres é uma cidade histórica com numerosos tesouros de arte dentro das antigas muralhas defensivas que circundam a cidade velha (cerca de 3,5 quilômetros), incluindo uma dezena de torres e sete portões incrivelmente preservados.

Sua atmosfera de cidade intramuros é realmente contagiante, sendo impossível não se transportar ao passado diante de suas vielas, construções e muros milenares.

> **Um pouco de história**
>
> A *Enciclopédia* foi um dos trabalhos mais importantes do século XVIII, e não apenas porque foi a primeira enciclopédia francesa. Sua importância advém principalmente do fato de que ela representa a síntese do conhecimento de toda uma época de grande significação histórica e intelectual, o Iluminismo.
>
> O objetivo da *Enciclopédia*, segundo as palavras do próprio Diderot, era "mudar a forma como as pessoas pensam", ao fomentar nelas o espírito racional e crítico, tornando-a assim uma espécie de arma político-intelectual no eterno combate do poder secular contra o poder eclesiástico.
>
> Outros grandes nomes da França, como Montesquieu, Rousseau e Voltaire, também assinam verbetes da obra.

* * *

Deixei-me andar por suas ruas estreitas, em cada uma delas podendo sentir a marca viva da história. Depois, o melhor, caminhar ao longo e por cima de suas muralhas, como que intactas, circundando toda a cidade, e tendo privilegiada vista da região.

Ao passar por uma banca, não resisti e comprei o jornal *L'Équipe*, que trazia na capa "Somptueux Brésil", após a vitória por 4 a 1 sobre a eterna rival Argentina, pela final da Copa das Confederações. Queria saber de cada detalhe do jogo, a que infelizmente não pude assistir. Mas o jornal e suas ótimas reportagens — os articulistas esportivos franceses escrevem excepcionalmente bem — compensaram o fato. Foi quase como se tivesse assistido ao jogo. E que se diga: como é bom ganhar da Argentina.

Langres, com lago Liez ao fundo

* * *

Eis um ótimo dia, de repouso, história e beleza.

22ª etapa: Langres → Les Archots (17 km)

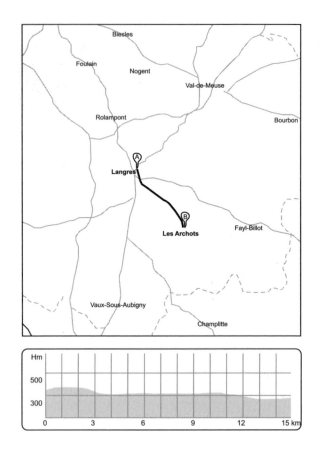

Julho começa, muda o mês, muda o semestre. Mas a minha jornada mesmo, esta nem chegou à metade...

Hoje tenho uma etapa curta até Les Archots. Deve ser uma etapa bem agradável, já que é feita toda por trilhas e estradas pequenas.

* * *

A etapa, que deveria ser de 14 quilômetros, terminou sendo de 17 quilômetros. Acho que errei em algum ponto ao seguir as (precárias) instruções do mapa. Mas 3 quilômetros a mais num dia curto não representam nenhum problema.

Ao contrário. Estou inteiro e já quase lamento não ter andado mais. Mas seria inviável atingir a próxima acomodação indicada pelo guia, a longos 28 quilômetros daqui.

Como era de se esperar, cheguei bem cedo — pouco depois das 15h —, e isso me põe o "problema" de arranjar o que fazer por tanto tempo, uma vez que Les Archots está menos para um povoado do que para um conjunto de pequenas casas gravitando em torno da casa-grande de uma fazenda (no caso pousada), com nada, absolutamente nada ao redor.

Meu quarto é grande e bem simpático, mas naturalmente não tem tevê — o que é uma pena, pois eu bem que gostaria de poder assistir às semifinais de Wimbledon —, de modo que pouco me resta a fazer senão pensar/escrever e estudar italiano. E isso até as 21h, horário do jantar marcado por nosso anfitrião, Serge François.

Com efeito, na falta de mercados e restaurantes por perto, o esquema daqui é forçosamente a *table d'hôtes*, o que, a julgar pela minha experiência recente na matéria, já me deixa com água na boca.

* * *

Resolvi descer para explorar um pouco o ambiente e nisso acabei reencontrando o próprio Serge. Ele, supersimpático, ofereceu-me um aperitivo — uma espécie de vinho branco licorado, feito por ele mesmo, chamado Épine —, e então sentamos à mesa que havia na sala, grande o bastante para acomodar uma boa quinzena de pessoas.

Serge me disse ter passado por ali um casal italiano que também fazia a Via Francígena, isso há cerca de três dias. Segundo Serge, parece que eles andam num ritmo incrivelmente puxado, cerca de 35-40 km/dia, bem acima da minha atual média de 25-30 km/dia.

Acordam antes das 6h e saem. Nesse ritmo, suponho que tenham partido de Canterbury depois de mim, mas provavelmente me ultrapassaram justamente nos dias em que tomei o curso do canal de la

Marne, fora da rota principal sugerida. Foi pena ter perdido a chance de encontrar outros andarilhos, e pode mesmo ter sido minha última chance de fazê-lo, tão poucos são os que se aventuram nesse trajeto ainda não muito conhecido do grande público. Mas, de qualquer modo, há sempre a chance de encontrar outros que tenham decidido fazer apenas o trecho italiano.

A conversa durou ainda alguns minutos, então Serge pediu desculpas e saiu. Afinal, ele tinha de cuidar do nosso jantar.

* * *

Dias como hoje são especiais, deixam uma lembrança gostosa na memória e são muitíssimo estimulantes para os dias por vir. E não me refiro apenas ao conforto do quarto com banheiro e ducha; nem tampouco à atmosfera bucólica, à pequena floresta e aos campos que cercam esse conjunto de casas; e nem ainda à deliciosa — e farta — refeição, preparada com esmero por nosso anfitrião. Esses elementos sem dúvida já dariam cores especiais à estada, mas ganham uma significação ainda maior se combinados com uma boa companhia, uma boa conversa e interação dos espíritos, que foi o que aconteceu hoje no jantar.

Um casal belga e outro francês, além de nosso anfitrião Serge, deram o tom da noite. A conversa foi extremamente agradável e diversificada. Falamos de vários assuntos, cada hora um de nós tomando a palavra, o tema "viagem" naturalmente predominando.

O interessante foi ver que a conversa não ficou no campo do trivial, como é comum entre pessoas que mal se conhecem e que, muitas vezes, conversam mais por gentileza e para espantar o desconcertante silêncio do que propriamente por prazer ou vontade. Esta noite, não, muito pelo contrário.

O casal belga (que devia ter em torno dos seus 35-40 anos) discorreu sobre as escolhas difíceis a tomar entre carreira, lazer, filhos, dinheiro, a nostalgia de um passado mais livre em contraposição à imensa alegria de ver os filhos crescerem à sua volta; de perceber como a dependência funciona nos dois sentidos: eles, dos filhos; os filhos, deles.

O outro casal, mais velho (nos seus 55-60) embora em plena forma, discorreu igualmente sobre as diferentes etapas de suas vidas, como ocorrem "ciclos": de recém-casados e inteiramente livres para percorrer toda a Europa sobre duas rodas; passando por uma época mais "aprisionada", estável, de criação dos filhos; até finalmente os dias atuais, quando reencontraram tempo livre para si, ao mesmo tempo que têm nos netos a possibilidade de reviver a nostalgia de quando seus filhos eram pequenos.

Eu, de minha parte, falei do que já venho tratando aqui, isto é, da necessidade desse momento de solidão/introspecção para recolocar os pensamentos no lugar (ou colocá-los em algum novo lugar), do desejo e da necessidade de ter em minha vida eventos de aventura e exploração física como esse, da dificuldade de conseguir um equilíbrio na coexistência das diferentes "facetas" — aventura *vs.* cotidiano/rotina, liberdade/nomadismo *vs.* estabilidade/casamento/raízes.

Nesse sentido, uma contribuição particularmente interessante foi trazida por M. Fontaine. Ele, um professor de educação física aposentado, comentou sobre a dificuldade de readaptação de um aventureiro ao cotidiano (sobretudo aquele de "longa duração", majoritariamente solitário), de como o cérebro se coloca num estado e vive tão intensamente um determinado período e depois tem de aprender, ou reaprender, a se desfazer, a viver sem aquela adrenalina, aquela fonte de estímulo sobrepujante. Um aprendizado de como lidar com outro tipo inteiramente distinto de estímulos, de comunicação, de interação, tendo de ocupar-se novamente da rotina de compromissos e conciliações diárias. Desnecessário dizer que me identifiquei completamente...

O interessante a observar foi que, a cada vez que um de nós se aventurava a falar um pouco mais de si mesmo, os outros interagiam e punham questões de modo a que o desenvolvimento de cada uma das reflexões fosse visto como desejável, e assim nenhum tema foi tratado de maneira superficial.

Contribuiu para isso, claro, um clássico jantar francês, com quatro etapas — pizza/quiche e salada; pernil de porco ao molho de vinho e champignon e ratatouille (!); queijos de vários tipos; torta de ruibarbo; chá/café —, além de um bom Côtes du Rhône tinto. Ah, e não esqueçamos o Épine, aperitivo que já tinha tido antes o prazer de degustar.

Fato é que foi um prazer estar presente a esta mesa, ver como conversas inteligentes e interessantes podem ser travadas mesmo entre pessoas "estranhas" umas às outras. Somos todos viajantes, é claro, e isso ao mesmo tempo nos une e oferece um pretexto perfeito para a respectiva curiosidade. Mas não é nada desprezível o fato de que um completo estranho possa interagir e acolher as razões e hesitações de minha viagem, dos objetivos permeando essa pequena-grande saga, às vezes de modo mais cúmplice do que amigos de longa data, alguns dos quais frequentemente mostram certa dificuldade em entender minha fascinação ou mesmo obsessão por novos mundos, novos feitos, e assim põem a nu — pelo menos no quesito "experiências/viagens/explorações" — a discrepância entre nossos respectivos valores ou visões de mundo.

Enfim, hoje me senti recompensado por estar aqui, desafiando esse caminho, forçando minha mente a trabalhar incessantemente sobre si mesma, girando muitas vezes em círculos, mas círculos que, mais tarde e com sorte, se revelarão mais como espirais. Isto é, pode-se até girar em torno dos mesmos temas, é verdade, mas a cada volta nunca se retorna exatamente ao mesmo ponto de partida. A diferença é muitas vezes sutil, e é nesse momento que os fatores tempo, distância, esforço são cruciais.

De fato, nesse tipo de jornada, sem dispor da "catarse" que proporciona aquela troca constante/fácil/amena com amigos/namorada/família, torna-se inevitável que um diálogo silencioso e profundo consigo mesmo comece a ter lugar. Torna-se inevitável que o mesmo problema seja abordado por diversos ângulos diferentes, que o mesmo pensamento seja pensado e repensado dezenas de vezes, que os vários diferentes personagens que habitam dentro de nós acabem revelando mais e mais suas facetas, em geral independentes e mesmo incompatíveis umas com as outras.

Realmente, aqui tenho tido a oportunidade de um diálogo — me veio a palavra "confronto" — comigo mesmo numa intensidade nunca antes experimentada, porque nunca antes pude me desfazer de meus laços (deveria dizer "nós"?), me distanciar dos meus arrimos, como tenho feito agora, nesses dias, nessa caminhada. E talvez aí resida, afinal, o grande valor e potencial de transformação que uma aventura como essa traz.

* * *

Bem, acho que por hoje é "só"... e vejo que escrevi bastante. Talvez isso possa virar um livro afinal... Só não sei bem ainda quem o leria, a quem esses relatos poderiam realmente interessar. Não importa. De qualquer modo, se esta noite pude encontrar tamanha cumplicidade, compartilhamento de interesses e visões de mundo com completos estranhos, talvez não seja tão delirante assim supor que haverá, ou haveria, um público para estas reflexões muitas vezes tão idiossincráticas. Afinal, tão peculiares quanto elas possam ser, não deixa de haver em seu núcleo central um quê de universalidade. Quem afinal não experimenta algum tipo de dilaceramento quando se trata de seus mais íntimos desejos, quem não sofre com o frequentemente insolúvel conflito entre partes da própria personalidade? Metaforicamente, somos todos "esquizofrênicos". O que nos torna "normais" em geral não é mais do que nossa capacidade de silenciar nossas facetas mais obscuras, de encontrar uma "solução de compromisso" entre desejos distintos e contraditórios...

* * *

Bem, preciso dormir (é quase meia-noite), mas sinto a barriga tão pesada que antecipo uma noite não muito tranquila. Além disso, meu cérebro está tão acelerado quanto possível e não conto nem com uma tevê nem com um livro para "limpar" a mente.

* * *

Sim, preciso dormir...

23ª etapa: Les Archots → Champlitte (23+1 km)

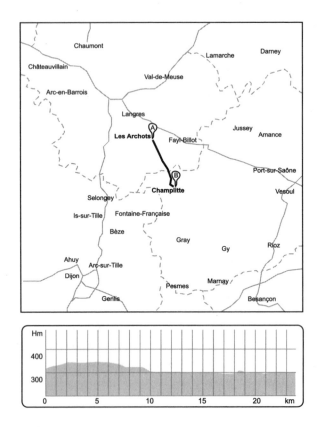

Tomei café da manhã às 8h30 e ainda tive chance de uma breve conversa com Serge e o casal belga, que já estava pronto para partir. Viajam em suas motos e pretendem percorrer hoje 600 quilômetros. Ironicamente, a mesma distância que levei 25 dias para perfazer...

Subi depois ao quarto, arrumei tudo e fui estudar os mapas. Havia algumas variantes de rota, tanto para hoje quanto para os dias seguintes, então fiquei examinando as diferentes possibilidades e combinações. Quando parti, eram quase 10h. Chovia. Uma leve garoa, nada muito forte, mas o suficiente para justificar o uso do poncho.

* * *

Sem qualquer mantimento do dia anterior e sem mercado em Les Archots, tive de sair sustentado apenas pelo leve café da manhã que tomara. A ideia era contar com algum lugar para me reabastecer nos povoados durante o caminho, mas aos poucos fui constatando que isso não seria tão fácil assim. Foram 10 quilômetros antes do primeiro vilarejo, Grenant, e ali soube dos moradores locais que não havia qualquer mercadinho disponível nas proximidades. Não para quem está a pé, em todo caso. Cheguei meu mapa e vi realmente que não havia nenhum lugar a se esperar antes de Champlitte, meu destino final, a distantes 14 quilômetros dali.

O problema estava posto. Era meio-dia, três horas já se haviam passado desde o café da manhã e faltavam ainda pelo menos outras três horas para chegar a Champlitte. A fome era razoável, mas não tanta a ponto de eu precisar pedir aos moradores algum auxílio nesse sentido. Preferi continuar. Pelo menos, a temperatura estava perfeita, bem amena, diminuindo em muito o desgaste da caminhada.

* * *

Enquanto me via sem muita perspectiva de comer até Champlitte, foi inevitável lembrar do trecho Burgos-Hornillos-Castrojeriz, no Caminho de Santiago, quando algo parecido aconteceu. Café da manhã leve, mantimentos zero, nenhum mercado aberto, mais de 20 quilômetros andados e já começando a racionar água, até que finalmente cheguei a Hornillos, um pequeno povoado onde encontrei um bar aberto. Lembro vivamente de quão grato me senti em relação ao dono daquele bar, aberto num domingo, em pleno feriado de finados. Foi a salvação daquele dia, quando eu já não tinha forças e estava bastante preocupado com o fato de ainda haver outros 10-12 quilômetros a caminhar até o albergue mais próximo.

Memórias à parte, não achei que nada parecido fosse ocorrer hoje, afinal não era nem domingo nem feriado, então não previ qualquer risco de não encontrar um lugar para me abastecer durante o caminho. A realidade provou que eu estava errado e tive, assim, de andar os 24 quilômetros da etapa de hoje sem reposição calórica.

Dito isso, não foi tão "dramático" assim.

Creio que em boa parte pela temperatura amena, em boa parte pelo jantar substancial da noite anterior, a fome e o cansaço ficaram sob controle todo o tempo. Na verdade, consegui até impor um ritmo acelerado e constante durante todo o percurso, que completei em cerca de cinco horas, com apenas uma breve pausa de cerca de meia hora para descanso e escrita. Assim, na prática, o "drama" anunciado tornou-se pouco mais do que a adrenalina extra de saber que não contaria com provisões até o final do dia. Mas deu uma história razoável, em todo caso.

Momento pitoresco do dia

Pouco antes de Grenant, a chuva deu uma brecha. Tirei e guardei o poncho e continuei a andar. Curiosamente, porém, ia me sentindo cada vez mais molhado, com a calça encharcada até quase a altura do joelho, a camisa totalmente ensopada e, ainda mais curioso, praticamente "jorrava" água das mangas do meu casaco. A explicação para isso naturalmente só poderia ser uma, suor, mas um suor nunca antes testemunhado. O mais bizarro é que não foi a primeira vez que choveu e que, portanto, fui submetido a essa pequena "sauna" casaco/poncho. Nem hoje fazia mais calor do que nos outros dias de chuva, ao contrário. Enfim, um mistério, mas certamente um mistério não muito interessante. Conto isso por outra razão.

Fato é que o desconforto se fez tanto que resolvi parar, tirar o casaco, colocá-lo para secar por alguns minutos e trocar de camisa. Não foi suficiente. A combinação camisa seca/limpa com a calça encharcada era ainda bem desconfortável. Era preciso trocá-la também... Mas como fazer isso, em plena estrada? Hesitei por um momento, mas me convenci pelo fato de ser uma estrada pouquíssimo movimentada. O que tinha de ser feito, tinha de ser feito. Separei então as peças de roupa, para aumentar a rapidez da troca, e tirei botas, depois calça, cueca, ficando — à parte camisa e meias — inteiramente nu na beira de uma estrada no interior da França! E foi justamente quando, naquela estrada que até então nenhum carro havia cruzado durante todo o dia, uma... Não, brincadeira, estou tirando sarro. Não passou carro nenhum, ninguém, viv'alma. Teria sido realmente muito azar, embora isso fosse deixar a história bem mais engraçada...

* * *

Quando cheguei a Champlitte, embora cansado e com fome, preferi ir para o quarto, tomar banho e trocar de roupa, e apenas depois sair para fazer compras. Era ainda razoavelmente cedo e eu aproveitaria para fazer uma refeição mais caprichada, unindo almoço e jantar.

No caminho para o supermercado, tive chance de me deparar com o que, acredito, seja o principal ponto turístico da cidade: o Castelo de Champlitte, datando dos séculos XVI-XVIII, que hoje abriga o Museu de Artes e Tradições Populares Albert e Félicie Demard.

* * *

No supermercado, às 16h, o efeito da fome se fez notar: saí de lá com duas sacolas cheias de comida. Um frango assado, salada de batata, três latas de sardinha, uma de milho, um saco com dez croissants, um queijo camembert e um pacote com seis Snickers. Apenas para garantir que não haveria risco de ser pego desprevenido novamente, pelo menos não nos próximos dias...

Voltando ao quarto, comi — muito — e relaxei em frente à tevê durante o resto da tarde-noite. Foi uma pena não poder contar com o Canal Plus, o que me privou de assistir à final feminina de Wimbledon. Espero ter melhor sorte amanhã, pois gostaria de testemunhar o — tenho certeza — tricampeonato de Federer.

24ª etapa: Champlitte → Mercey-sur-Saône (25 km)

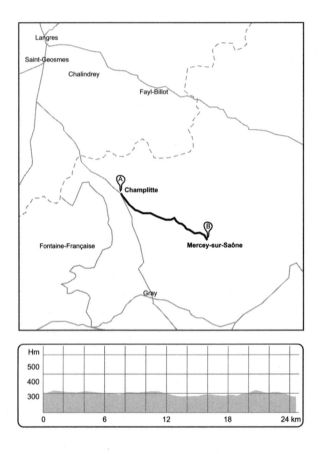

Me sinto em forma. Sem dúvida, essa combinação de dias de descanso e etapas mais curtas fizeram uma boa diferença. Permitiram ao corpo assimilar o esforço até aqui e consolidar o preparo construído ao longo dessas últimas três semanas e meia. Tanto hoje quanto ontem, andei cerca de 25 quilômetros por dia num ritmo bem forte (5,5 km/h) e com a nítida sensação de poder andar outros 10 quilômetros sem sofrer com isso maiores desgastes.

* * *

O guia sugeria para hoje uma etapa bem curta, cerca de 17 quilômetros de Champlitte a Dampierre. Chegando a Dampierre, porém, só encontrei lugares caros. Como era cedo e eu tinha andado pouco, resolvi seguir até a cidade seguinte, a menos de 10 quilômetros dali. Andei então até Mercey-sur-Saône e, estando ainda bem-disposto, pensei mesmo em continuar até Frasne-le-Château, próxima parada com hospedagem. Mas resolvi ser prudente. Não era o caso de forçar tanto.

O interessante é que, quando aqui cheguei, vi que não se tratava exatamente de um hotel comum, mas de um antigo *château* (castelo) transformado em hotel. Não daqueles castelos de nossa imaginação, com torres e ameias, fossos e pontes levadiças. Ele tinha mais o aspecto de um daqueles grandes casarões da colonização portuguesa, mas ainda assim era um castelo.

Logo que cheguei, tudo estava meio deserto e silencioso demais. Não pude avistar ninguém, apesar de

Château em Mercey-sur-Saône

o local parecer aberto. Dei a volta no jardim, até a parte dos fundos, e também nada. Mas encontrei uma porta aberta e, curioso, entrei.

Na verdade, era um dos aposentos do castelo, e não tive como não ficar intimidado com o que vi. Seguindo o estilo da época (século XVIII), o cômodo apresentava uma decoração clássica, elegante, com seus quadros, móveis e tapeçarias belamente arranjados. Talvez até pecasse pelo "excesso" de objetos em um ponto ou outro — prefiro ambientes com mais espaços vazios, por assim dizer —, mas nem por isso era menos impressionante. Eram bem claros a qualidade e o valor de cada artigo ali disposto.

Continuei minha (algo indevida) exploração e acabei achando um pequeno cartaz com os preços: 50 euros/pessoa. Talvez um pouco

135

caro para um três estrelas. Mas para um castelo... Eu não haveria de perder essa oportunidade...

* * *

Um tempo ainda se passou antes que aparecesse a senhora responsável. Muito simpática, Mme. Jantet me confirmou o preço, mas me alocou em um quarto diferente do que eu havia visitado.

O meu ficava no segundo andar, com decoração um pouco mais "sóbria" — menos móveis, menos quadros, as cores menos vivas —, mas nem por isso menos imponente. E, embora eu o tenha chamado de "quarto", deveria ter dito "aposentos", no plural, já que além do (imenso) quarto propriamente dito — onde se dispunham cama, mesa, cômoda, quadros etc. — havia o banheiro e, entre um e outro, uma pequena antessala, com sofá, mesa de centro e mesa de trabalho. E, pelo que pude perceber, arrisco-me a dizer que esse era apenas o alojamento mais simples...

Um peregrino, num castelo? Eis uma combinação inusitada... Mas quem haverá de reclamar?

* * *

A decisão de não seguir adiante foi mais do que acertada. Conversando com Mme. Jantet — que pareceu fascinada quando soube que eu pretendia andar até Roma —, ela me disse que em Frasne já não havia mais pousadas ou hotéis e que, portanto, eu teria andado em vão. Em seguida, perguntou-me se eu iria jantar, pois eu era seu único hóspede naquele dia e ela teria de providenciar alguma coisa. Agradeci, mas respondi que não precisava se preocupar, pois trazia ainda muitos mantimentos.

Ela então se retirou, enquanto eu resolvi aproveitar o agradável fim de tarde e, munido de meu livro de italiano e caderno de notas, me dirigi até o jardim, onde havia uma mesa e algumas cadeiras. Não passou muito tempo e ela retornou, desta vez perguntando se podia me oferecer uma omelete, "era afinal muito importante repor as energias depois de um dia puxado". Não pude, naturalmente, recusar tamanha gentileza. Ela saiu com um sorriso e voltou com uma cerveja. Entre ainda surpreso e emocionado com a delicadeza, agradeci mais uma vez.

Meia hora depois, ela ressurgiu com uma bandeja às mãos. Nela, além da omelete — à base de ervas e pimenta-verde —, havia ainda uma pequena porção de arroz com vieiras e finas fatias de pepino; um pedaço de roquefort e meia baguete; e, para sobremesa, uma tigela de framboesas e sequilhos caseiros... Desnecessário dizer que tudo estava simplesmente delicioso, uma refeição para ficar na memória, pelo sabor e pelo carinho.

Ao final, conversamos um pouco mais e fiz a promessa (cumprida) de lhe enviar um cartão-postal de Roma, após terminar minha jornada. Ela abriu um largo sorriso e disse que adoraria recebê-lo. O prazer será meu, acrescentei. E é verdade. Realmente, dias como hoje, gentilezas como essa fazem bem ao espírito, alimentam a memória e dão força para seguir adiante.

* * *

Para amanhã, caso confirme que não há realmente nada em Frasne, será necessário andar até Cussey-sur-l'Ognon, o que representa uma longa etapa (35 quilômetros). Já contando com isso, porém, aproveitarei para sair mais cedo. De qualquer modo, Mme. Jantet já me disse que vai servir o café da manhã por volta das 8h, uma vez que ela própria tem compromisso às 9h. Deixando a mochila pré-arrumada desde hoje à noite, creio que consigo sair junto com ela.

25ª etapa: Mercey-sur-Saône → Cussey-sur-L'Ognon (35 km)

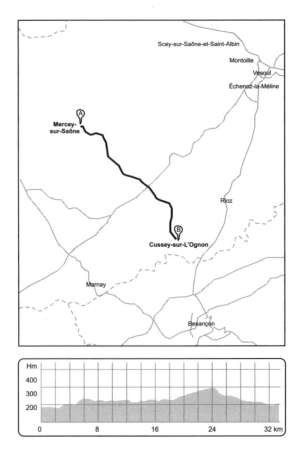

Acordei cedo como previsto e já estava quase pronto quando Mme. Jantet bateu à porta do quarto, às 8h em ponto. Trazia consigo o café da manhã e o dispôs na cômoda. Na bandeja, tinha o "básico": dois croissants, uma baguete, geleia, chocolate quente e suco. Básico e excelente. E num bom horário para quem tinha à frente uma longa jornada.

* * *

Comecei meio devagar, sentindo o fato de ter acordado cedo, mas logo começou a chover, e isso sempre dá um estímulo extra. Foram 17 quilômetros até Frasne-le-Château e, tal como Mme. Jantet havia antecipado, não havia nenhum hotel, albergue ou pousada na cidade. Nenhum lugar para dormir, nem mesmo um mercado para comprar mantimentos, reidratar, nada. Nada a fazer senão continuar.

Mas errei na saída da cidade e não peguei a rota que queria. Acabei entrando numa estrada de médio porte bem antes do necessário.

* * *

Do dia, fica uma imagem, a ser registrada exclusivamente na memória, já que, com a chuva, nada de fotos. De fato, tão inusitada quanto interessante foi a cena de cerca de vinte-trinta bois se protegendo da chuva sob um conjunto de árvores no meio do pasto. Realmente uma pena não ter podido tirar uma foto. Teria ficado bem interessante.

* * *

A chuva cedeu depois de Frasne, mas o vento continuava forte, prejudicando bastante o ritmo. A temperatura, porém, se manteve perfeita durante praticamente todo o dia, esquentando um pouco apenas no final. O que foi, aliás, imprescindível para essa etapa: sem lugares para reabastecimento ao longo do dia, foram 33 quilômetros apenas com a água do cantil.

Quando finalmente encontrei uma loja de conveniência, eu já estava nos "subúrbios" de Cussey, a poucos quilômetros do meu destino final. Aproveitei o pretexto e fiz uma longa pausa. Comprei uma baguete e um suco, enchi minhas garrafas e procurei um banco onde pudesse sentar e colocar minha mochila. Achei um perto de uma banca de jornal, onde comprei o *L'Équipe* e me atualizei sobre as novidades esportivas. E, sim, Federer era tri.

* * *

Em Cussey, achei um pequeno hotel a módicos 20 euros. Deixei as coisas no quarto e fui às compras. Queijo, pão e frutas, já pensando no dia de amanhã. Depois disso, voltei ao hotel, onde jantei, tomei banho e dormi.

26ª etapa: Cussey-sur-L'Ognon → Besançon (19+1 km)

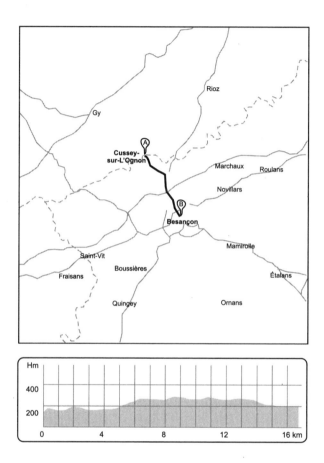

Sai tarde (depois das 11h) de Cussey e segui em direçao a Besançon. Diante da jornada puxada de ontem, acabei sucumbindo à opção de "encurtar" minha rota e segui pela estrada. Tinha uma via alternativa, supostamente bem mais agradável, porém muitíssimo mais longa (previsão de 31 quilômetros, segundo o guia). "Não dá para se ter tudo, para ver tudo", repeti para mim mesmo enquanto andava ao longo da (movimentada) estrada.

Em relação à parte de estrada, quase nada a comentar. Pequenas cidades se sucedendo, concentração e foco no ritmo da caminhada.

Logo à entrada da cidade de Besançon, porém... uau! Foi de cair o queixo. Quanta beleza... é mesmo difícil de descrever.

Como cheguei de uma parte mais elevada, pude observar a

Chegando a Besançon

cidade se descortinando à minha frente até finalmente chegar ao Doubs, rio que praticamente "abraça" a cidade velha. Visto de cima, o Doubs apresenta um interessante formato de ferradura, em cujo interior a cidade originalmente se formou.

Andei deslumbrado até um dos muitos cartões-postais da cidade, a vista sobre o Quai Vauban, e me esqueci completamente do cansaço ou da monotonia da caminhada até então. Não se tinham passado muitos minutos da minha chegada, mas eu já tinha certeza de que precisaria ficar ali alguns dias para conhecer melhor a cidade.

Mas não foi fácil encontrar lugar para ficar.

Tentei primeiro achar hospedagem em duas ordens religiosas, sem sucesso, e depois um hotel que não estivesse lotado ou não fosse estupidamente caro. Nada. Mas, antes que capitulasse frente à necessidade de um pouso a qualquer preço, recorri ao Posto de Informações Turísticas. Ali pude confirmar a suspeita de que todos os hotéis do *centre-ville* estavam lotados, mesmo os mais caros, mas, após alguma busca (e suspense), ao final me conseguiram uma reserva no simples e sempre razoável Formule 1.

Vista sobre o Quai Vauban (GETTY IMAGES)

Tal como em Chaumont, ele ficava bem afastado do centro, e assim tive de pegar um ônibus e ainda caminhar cerca de 1 quilômetro até o hotel.

Pelo menos, era próximo a um Carrefour, onde pude renovar os mantimentos. Banho, jantar e demais afazeres, eram quase 21h, e assim não havia condição de voltar ao *centre-ville* ainda esta noite. Mas não há pressa: fiz check-in para três noites aqui. Acredito que haja muito a se ver nesta belíssima cidade.

Pausa — Besançon (1): 6 km

Que pena. Justamente hoje, dia de explorar a cidade, chove. E bastante.

Isso certamente prejudica muito as pretensões do dia, já que uma das coisas que deu à cidade uma atmosfera contagiante foi a presença maciça de pessoas andando por suas pequenas ruas, enchendo seus cafés, restaurantes e praças.

A Cidadela, sobre o rio Doubs (GETTY IMAGES)

Eu particularmente gosto muito dessas cidades que conseguem concentrar ao redor de um determinado núcleo o foco e o interesse das pessoas. Normalmente o *centre-ville* desempenha esse papel, porém aqui a efervescência é maior, até mesmo do que em Reims. Ou era. Porque, com a chuva, as pessoas obviamente se "esconderam" um pouco.

Não deixei, claro, de vir ao centro. Só mesmo um temporal, e talvez nem mesmo isso, me faria ficar no hotel hoje. E fui "premiado" por isso. Se, num primeiro momento, aproveitei o pretexto da chuva para entrar em algumas galerias e uma ótima livraria — que se destacava pela incrível seção de livros de viagens e trilhas —, não demorou tanto e a chuva cedeu, permitindo-me cumprir parte do objetivo do dia, que era visitar a famosa Cidadela.

Construída na segunda metade do século XVII por Vauban — renomado engenheiro, urbanista e arquiteto militar francês —, a Cidadela de Besançon é o principal ponto turístico da região de Franche-Comté, chegando a receber cerca de 250 mil visitantes a cada ano.

A fama e o interesse que ela desperta são compreensíveis.

Além de estar em excepcional estado de conservação, ela se estende por nada menos do que 11 hectares no topo do Monte Saint-Étienne, a uma altitude média de 350 metros, em agudo contraste com o Doubs, situado 100 metros abaixo. A vista que assim se obtém da cidade mais abaixo é qualquer coisa de impagável. Com tudo isso, nada mais justo do que sua inclusão no Patrimônio Mundial da Unesco.

Fato é que só essa visita já teria valido o dia. É certo que teria sido melhor aproveitar a vista num dia mais ensolarado, mas não posso me queixar. O dia permaneceu meio cinzento, mas sem chuva, o que foi sem dúvida o mais importante.

* * *

Depois de descer a colina que abriga a Cidadela, aproveitei para andar um pouco mais pela cidade, especialmente pelas belas margens do Doubs. Ao final da tarde, estava bem cansado, mas resisti ainda antes de voltar ao hotel, apenas o tempo necessário para ver a cidade ganhar suas luzes.

Poderia ter aproveitado para também jantar no *centre-ville*, mas acabei preferindo fazer apenas um lanche e voltar em seguida ao hotel. Vi um pouco de tevê, aprendi mais algumas palavras em italiano e fui dormir.

Entardecer em Besançon (GETTY IMAGES)

Pausa — Besançon (2): 5 km

O dia hoje amanheceu ensolarado, mas notícias de que Londres fora vítima de uma série de atentados terroristas viajaram até aqui e deixaram o clima mais do que nebuloso. Nesta manhã, quatro terroristas islâmicos detonaram bombas em três diferentes trens de metrô e num ônibus, deixando 52 mortos e mais de setecentos feridos. Que dia triste para minha amada Londres. Que dia triste para o mundo. Um misto de raiva e impotência toma conta de mim agora... Ah, se um dia nos libertássemos de toda fonte de intolerância e fanatismo...

Atordoado com as notícias, demorei a sair do hotel. Mas de nada adiantaria passar o dia, atônito, em frente à tevê. Para "clarear" um pouco a cabeça, me ocupei de afazeres "prosaicos". Fui primeiro ao mercado, me reabastecer de mantimentos para a jornada de amanhã, e depois fui cortar o cabelo, já no *centre-ville*.

Funcionou. Consegui me libertar um pouco das imagens caóticas das ruas de Londres e me concentrar mais no "aqui, agora". E, se havia um lugar propício para distrair a mente e ocupá-la com coisas belas, esse lugar era Besançon.

Besançon tem realmente um dos centros históricos mais bonitos de toda a França, com seus marcantes edifícios em pedra, alguns datando da Idade Média e outros do Renascimento espanhol.

Mas seu rico passado histórico se revela ainda em inúmeros vestígios da época de ocupação romana. A cidade é inclusive mencionada por Júlio César, que ficou impressionado pela sua posição estratégica, em um dos sete volumes dos seus *Comentários sobre a Guerra da Gália* (58-52 a.C).

* * *

Depois de uma breve visita à bela Catedral de St. Jean — construída em estilo gótico e remontando, em sua maior parte, ao século XII —, dei por encerradas minhas explorações do dia, desse dia dominado por sensações e sentimentos tão fortes quanto opostos.

Retornei então ao hotel e, sem muito apetite, comi parte das provisões que havia comprado para amanhã. Escrevi, assisti a mais um pouco de tevê, desta vez tentando fugir um pouco do noticiário londrino, e dormi.

27ª etapa: Besançon → Ornans (26 km)

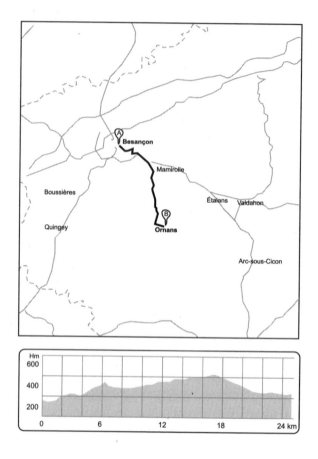

Fiz o check-out do hotel e, como de praxe, tomei o ônibus de volta ao ponto original no *centre-ville*. Hoje, particularmente, qualquer ônibus até o centro serviria, já que nesses dois dias andei por praticamente toda a cidade. Me despedi e saí de Besançon margeando ainda uma vez o Doubs.

Para os próximos três dias, o guia sugere três etapas até Pontarlier, última grande cidade antes de cruzar a fronteira da Suíça: Vernierfontaine (29 quilômetros), depois Aubonne (17 quilômetros) e então Pontarlier (29 quilômetros). Analisando os mapas, porém, vi que havia uma rota alternativa passando por Ornans.

Como de Besançon até Ornans são cerca de 25 quilômetros e de Ornans até Pontarlier outros 36 quilômetros, consigo com essa mudança de trajeto economizar não apenas alguns quilômetros, mas um dia de jornada. E o melhor: sem haver qualquer prejuízo no que diz respeito à beleza do caminho, já que seguirei ao longo do famoso vale de La Loue.

O dia foi, como era de se esperar depois de dois dias de descanso, bem tranquilo. Cumpri sem dificuldade a distância até Ornans, pequena e bela cidade que se espalha nas duas encostas do vale de La Loue. Aqui, mais uma vez, não podemos senão reverenciar a natureza por esse espetáculo.

Depois de, com pena, me despedir do Doubs, encontrei no rio Loue um substituto à altura, um "companheiro de estrada" que me acompanhará ainda por vários quilômetros.

La Loue, em Ornans (GETTY IMAGES)

Em termos de hospedagem, Ornans tampouco deixou a desejar. Achei um camping com ótima estrutura, com quartos para quem não tem barraca, além de uma cozinha conjugada. E, ainda por cima, bem barato (10 euros). Um único ponto negativo: moscas, muitas.

Curtas

- A cerca de 5 quilômetros de Ornans, um carro passou por mim e me ofereceu carona. No automático, acenei dizendo que não. Mas depois me perguntei se...
- É de se esperar um dia bem duro amanhã. Além da grande quilometragem (36 quilômetros), saio de uma altitude de 350 metros (Ornans) para 850 metros (Pontarlier).

28ª etapa: Ornans → La Vrine (28 km)

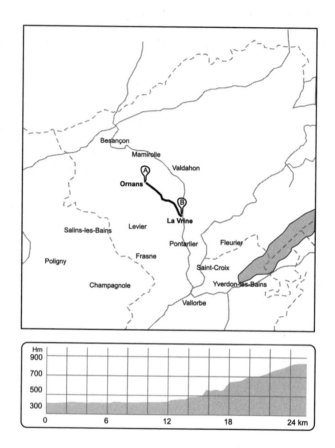

Saí tarde de Ornans (11h), mas muito bem-disposto, preparado para andar os 36 quilômetros até Pontarlier. E, como havia outras opções de hospedagem durante o caminho, pude partir despreocupado.

   O trajeto de hoje foi bem bonito e mesmo impressionante, com a estrada correndo ao longo do rio Loue durante praticamente todo o tempo. Com a altitude crescente, o rio, que corria por entre o desfiladeiro, ficava cada vez mais distante, formando uma espécie de cânion, com o "V" cada vez mais definido entre dois paredões rochosos que chegam a atingir incríveis 200 metros de altura, até o ponto em que o rio finalmente se esconde entre as árvores, deixando o belo contraste entre o verde da mata, ainda mais vivo sob a leve chuva, e o cinza de seus grandes paredões.

Vista do rio Loue, imortalizado por Courbet (CORBIS/LATINSTOCK)

Cercado por uma paisagem dessas, o cansaço nem se faz sentir.

Mas a caminhada ainda teria outros atrativos.

Em Vuillafans, a mais ou menos 9 quilômetros de Ornans, estava acontecendo uma corrida de rua, e a cidade efervescia com os estandes exibindo seus bólidos e pilotos fazendo demonstrações de suas habilidades.

Logo depois, atingi Lods, outro lugar que ostenta o título de uma das "cinquenta cidades mais belas da França", merecidamente, aliás. Ali tive inclusive sorte, pois a leve garoa esperou apenas o tempo exato de minhas fotos para depois se transformar numa violenta chuva.

Coloquei o poncho, mas isso não impediu que eu ficasse encharcado.

A bela Lods (CORBIS/LATINSTOCK)

Com esse rumo inesperado dos acontecimentos e ainda mais de 20 quilômetros a andar, pensei em reduzir a etapa e dormir em Mouthier-Haute-Pierre, uma das paradas sugeridas pelo guia. Mas ficou só no pensamento. Os dois hotéis mencionados no guia estavam lotados e tive de conti-

149

nuar. Mas não lamentei. A disposição estava em alta, e dias de chuva, ainda mais com essa incrível paisagem de montanha, sempre dão um estímulo extra.

Com o passar dos quilômetros, a subida se acentuava e fazia mesmo frio. Mas no ritmo forte em que estava, consegui me manter numa temperatura confortável o bastante. Nem o desconforto de andar com os pés molhados conseguiu rivalizar com a beleza de toda essa região. Logo após Mouthier, uma pequena hesitação.

Avistei uma placa à beira da estrada com indicação para uma trilha que iria até a nascente do Loue e, ao lado, uma intrigante escada que se perdia entre o rochedo e as árvores: 30 min, indicava a placa.

Lods (CORBIS/LATINSTOCK)

Altamente tentador, tenho de confessar, mas com a mochila nas costas não havia condições de pegar uma trilha íngreme e potencialmente escorregadia. Já não era tão cedo assim e poderia ser perigoso. E, com certa pena de perder essa chance, segui adiante.

Não muito depois, a estrada deixou de seguir o vale e voltei a uma paisagem "normal". Ao mesmo tempo, a chuva cedeu, o cansaço apareceu e nada me restava senão fazer a contagem regressiva dos quilômetros que ainda faltavam até Pontarlier.

Às 18h e faltando ainda cerca de 9 quilômetros para Pontarlier segundo o GPS, recomeçou a chover. Foi quando avistei um hotel na beira da estrada. Exausto e com a nítida sensação de que o dia já tinha me dado tudo, comemorei o achado.

O frio aumentara, e a camisa recém-trocada não permaneceria seca por muito tempo. Com ainda perto de duas horas de caminhada pela frente e a noite se aproximando, não havia dúvida, ficaria ali mesmo.

E a memória das extraordinárias paisagens que havia visto deu rapidamente lugar ao prosaico desejo de um banho quente, roupas secas e pés descalços.

* * *

Já devidamente instalado, aproveitei para dar uma examinada em alguns folhetos que havia pegado na recepção e vi que o passeio até a nascente do Loue era algo próximo do imperdível. Seria realmente uma pena estar tão perto e não ir até lá. Dei uma checada no meu GPS e constatei que daqui até o início da trilha são cerca de 7-8 quilômetros, além dos trinta minutos da trilha propriamente dita. Dobrando as distâncias, isso daria cerca de 20 quilômetros, mais ou menos. Ou seja, eu poderia deixar a mochila no hotel, ir até a nascente, passar lá algum tempo e voltar ao hotel em cerca de quatro a cinco horas. Pegaria então a mochila e faria os 9 quilômetros restantes até Pontarlier.

Vista de Mouthier-Haute-Pierre (CORBIS/LATINSTOCK)

Saindo daqui às 10h e com retorno previsto para as 15h, estaria em Pontarlier por volta das 18h. E, como a maior parte do dia seria de caminhada sem mochila, o dia não ficaria excessivamente desgastante... Humm... parece realmente uma ótima ideia.

* * *

Aliás, esses folhetos me fazem perceber quão fascinante é essa região próxima à fronteira suíça em termos de trilhas. Começo a achar que é realmente um desperdício estar aqui e não fazer algumas delas. Estou até mesmo pensando em montar base em Pontarlier e, além de ir à nascente do Loue amanhã, fazer algumas dessas trilhas sugeridas. Nesse caso, claro, as faria no esquema "leve", isto é, sem mochila. Poderia até mesmo separar uma semana para fazer isso, conhecer a região mais a fundo e apenas então retornar ao trajeto da Via Francígena.

Estou bem animado com a ideia, vamos ver de que maneira e se é possível colocá-la em prática. Preciso primeiramente ver a questão dos custos de hospedagem em Pontarlier, bem como os deslocamentos envolvidos em cada uma dessas trilhas.

* * *

Para o jantar, uma refeição *comme il faut*. O estado de espírito, bem como o cansaço do corpo, pede essa celebração. Um kir de aperitivo, terrine de coelho para entrada, truta e depois queijos, uma taça de rosé da região do Jura e, para finalizar, um *petit café*.

29ª etapa: La Vrine → Pontarlier [+ nascente do Loue] (9+22 km)

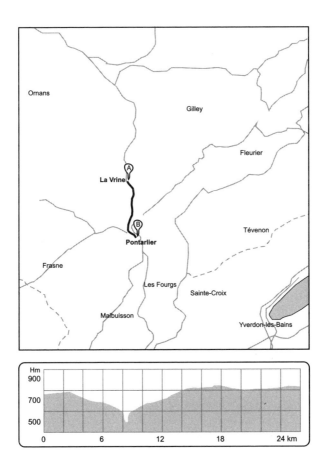

Pela manhã, ainda hesitei um pouco em relação à ida à nascente. Eram, afinal, muitos quilômetros a percorrer, e me perguntei se valia a pena essa carga extra de esforço. Mas como saber se não tentasse? Preferi confiar nos superlativos do folheto e aproveitar o pretexto de não ter seguido ontem até Pontarlier.

Fui à recepção e expliquei o que pretendia fazer, pedindo para deixar a mochila no hotel. O recepcionista chamou então a gerente, pois o hotel fecharia ao meio-dia por um motivo que não entendi bem. Mas a gerente foi gentil o bastante para achar uma solução. O hotel dispunha de garagens individuais para os apartamentos, uma das quais ela me cedeu para utilizar como depósito. Fiquei com a chave e com a responsabilidade de pôr a mesma na caixa de correio após meu retorno.

Agradeci imensamente, deixei a mochila numa das garagens e parti — leve, bem leve, munido apenas de câmera, GPS e casaco — em busca da nascente do Loue. Que diferença andar sem a mochila nas costas! Aproveitei para imprimir um ritmo forte e andei, em média, a 6,5 km/h.

* * *

Foram 8,5 quilômetros de estrada até o começo da trilha, mas logo nos primeiros metros dela tive a certeza de ter tomado a decisão correta.

Em segundos, a paisagem da estrada era passado e logo me vi em meio a uma densa floresta e estreitos caminhos. Mas a sinalização era constante e clara.

Depois de pouco mais de meia hora de subidas e descidas por uma bela trilha, cheguei ao local que serve de ponto-base turístico, até onde carros e ônibus podem ir, distante cerca de 300 metros da nascente propriamente dita.

Pior para quem vem motorizado e perde a trilha que segui até aqui.

Cumpridos os metros restantes, a recompensa final desse meu "desvio de rota": uma bela cascata "em degraus", o rio que literalmente sai da montanha e em seguida corre para dentro da floresta; as rochas, os enormes paredões que nos cercam... Um cenário muito, muito especial. Escolhi um lugar no gramado, sentei e deixei o tempo passar. Num lugar como esse, a pressa se vai junto com a água que segue o curso do rio.

A trilha de volta foi ainda mais excitante. Seguindo um trajeto diferente da vinda, ela sobe junto aos paredões que formam o vale, deixando o rio cada vez mais embaixo, progressivamente longe, até que finalmente seja perdido de vista. Os minutos passam rápido nesse tipo de percurso, tamanha beleza e adrenalina, e logo cheguei à estrada.

Contas feitas, foram 22 quilômetros percorridos, dos quais cinco de trilha, nas previstas cinco horas. Faltam agora os 9 quilômetros até Pontarlier. Mas desta vez com mochila.

Nascente do rio Loue

* * *

Tenho de dizer que andar 22 quilômetros sem mochila é hoje quase uma recreação. Ou pelo menos foi essa a impressão que tive ao chegar ao hotel. No entanto, depois de outros 9 quilômetros com mochila, aí foi diferente. Cheguei a Pontarlier bem cansado, e a impressão foi a de que tinha percorrido todos os 31 quilômetros do dia *com* a mochila.

É claro que tenho que considerar que o ritmo que imprimi na caminhada até a nascente foi bem forte, além da própria altimetria do percurso, que conta com cerca de 300 metros de desnível entre o hotel e a nascente. O fato é que estou bem cansado, moído, dolorido, e a cama é meu lugar natural agora.

* * *

Consegui pouso num albergue da juventude, bem simpático e praticamente vazio. No quarto em que estou, por exemplo, embora amplo o bastante para abrigar uma boa dezena de pessoas, apenas outra cama está ocupada.

A estrutura do albergue é ótima, mas como hoje é domingo não há supermercado aberto e assim não vou poder aproveitar as dependências da cozinha para preparar algo mais substancial. Mas pretendo passar pelo menos um dia extra aqui para conhecer melhor a cidade e eventualmente decidir se vou fazer outras trilhas pela região. Aproveitarei amanhã também para entrar na internet e, em caso de resposta positiva de Alex, meu amigo em Roma, enviar-lhe mais algumas coisas e viajar ainda mais leve.

* * *

O dia de hoje trouxe um elemento extremamente estimulante nessa viagem, isto é, a possibilidade de mudar os planos e me permitir alterações de roteiro para conhecer lugares novos, experimentar diferentes emoções. De fato, essa é uma das grandes seduções da "vida andarilha": não ser escravo do "relógio", da meta, e poder, com isso, aproveitar e sentir melhor o *caminho*. Isso realmente mexe comigo. Estar aberto a novas experiências, viagens, aventuras é algo que tento, ainda que às vezes desajeitadamente, sempre incluir em minha vida. Digo "desajeitadamente" porque (ainda?) estou longe de ser um "andarilho" no sentido pleno da palavra e sobretudo porque, aqui e ali, me vejo invariavelmente capturado pela sedução — às vezes oposta — de cumprir metas e realizar objetivos.

Essa ambiguidade, aliás, pode ser percebida aqui mesmo, enquanto percorro a Via Francígena, na própria alternância de estados de espírito que num dia me fazem pegar o "atalho" do asfalto apenas para chegar mais rápido à cidade seguinte e noutro dia me levam a fazer um desvio de rota para conhecer a nascente de um rio. Aristóteles já dizia que "a virtude está no meio". Estará na alternância de projetos — nem inteiramente andarilho, nem inteiramente focado em profissão ou carreira — o segredo para minhas inquietudes?

* * *

Já estou com sono, mas resisto a dormir porque ainda são 21h e não quero correr o risco de acordar de madrugada, como tem acontecido nessas ocasiões. Há uma tevê na sala ao lado, mas deixar o conforto de minha cama e a privacidade do quarto para ir até a sala... Acho que não.

E nada de vontade de estudar italiano.

Pausa — Pontarlier (1): 3 km

Hoje foi um dia bem agradável, leve, tranquilo.

Dediquei boa parte da manhã a "afazeres domésticos" e depois saí para um passeio descompromissado pela cidade.

Sem nenhuma pressa — já fiz check-in antecipado por mais uma noite —, caminhei até o centro, passei pela Porte Saint-Pierre, entrei calmamente numa livraria e depois me detive numa lan-house para saber das novidades e falar com o pessoal do Brasil. Já fazia algum tempo que não me conectava, então levei umas boas duas horas nisso.

Em seguida passei no Posto de Informações Turísticas, para ver as trilhas disponíveis na região, comprei mantimentos e voltei ao albergue a fim de preparar o jantar e recuperar ainda mais as energias. Comprei uma lasanha, além de pão, queijo e frutas. A fome é grande!

Quando me dirigi à cozinha, encontrei o outro ocupante do meu quarto — Julien, um francês que está fazendo algumas trilhas pela região, numa espécie de preparação antes de seguir em direção a Santiago — e acabamos jantando juntos. Conversamos bastante e ele pôde me contar um pouco de sua fascinante trajetória até aqui.

Julien tem 38 anos e logo causa um primeiro impacto por não apresentar os dois dentes frontais da arcada superior. Explicou-me que os perdeu num acidente de carro, quando ainda era motorista de táxi, em Paris. Não pôde repô-los por falta de grana e acabou se acostumando, mas, por fruto da necessidade, que fique bem claro. Disse-me que foi taxista por sete anos, que cansou e conseguiu emprego como ajudante de padeiro. Com o tempo, se profissionalizou e chegou mesmo a gerenciar sozinho a padaria. Mas acabou se cansando de novo, e hoje troca de profissão segundo as conveniências e humores da época. Fez vários bicos nos últimos anos e recentemente resolveu largar tudo e fazer o Caminho de Santiago. Sua ideia é passar mais alguns dias na região do Jura e então pegar um ônibus até Le Puy, uma das cidades francesas mais utilizadas como ponto de partida para Santiago.

Julien não parece ter tido muita educação formal, mas é extremamente curioso, se interessa por tudo e parece mesmo saber de tudo um pouco. É o clássico autodidata. Quando conversamos, percebe-se que tem uma cultura relativamente vasta, que abarca assuntos tão diversos quanto política, geografia, literatura e até mesmo um pouco de filosofia.

Um "detalhe": atualmente não tem nada exceto uma magra conta bancária (cerca de 2 mil euros, segundo disse) e o que carrega consigo em sua mochila: barraca, saco de dormir, roupas e agasalhos básicos, um minixadrez eletrônico, três livros (entre os quais *Diário de um mago*, de Paulo Coelho, adquirido especialmente para essa nova aventura), mapas e folhetos diversos relacionados ao Caminho de Santiago, uma "boca de gás" e seu "indispensável" saco de nescafé, vício confesso. Ou seja, não tem emprego, mulher, propriedades... A verdadeira liberdade?

É realmente uma história impressionante. Encontros e diálogos como esse são definitivamente o que tornam essa experiência impagável. Afinal, onde mais eu teria oportunidade de travar conhecimento com pessoas tão diferentes, com perfis tão diversos dos que encontramos em nossa existência cotidiana e rotineira, quase inevitavelmente circunscritas à nossa cultura e classe social?

Pausa — Pontarlier (2): 3 km

> Frequentemente tenho longas conversas comigo mesmo, e sou tão inteligente que algumas vezes não entendo uma palavra do que estou dizendo.
>
> Oscar Wilde

Acabei desistindo de fazer de Pontarlier o ponto-base para as trilhas. Um pouco por sugestão de Julien, resolvi transferir para Les Fourgs — cidade conhecida como o "Teto do Jura" — essa "responsabilidade" e passar hoje mais um dia tranquilo.

Pontarlier

Com isso, acordei tarde, tomei café lentamente e só depois saí. Fui diretamente à lan-house, onde passei outras boas horas, o que me permitiu ouvir todo tipo de piadas de amigos. "Que caminhada é essa? Toda hora que entro na net você está aqui!" É engraçado, mas esse contato, ao mesmo tempo que mata a saudade, também a amplia...

Entre os e-mails, recebi o "aval" de Alex para enviar novas coisas a Roma. Dali, voltei ao albergue, selecionei o material que enviaria — é impressionante como meu "mínimo" vai se reduzindo — e fui ao correio. Mais impressionante ainda é a redução de peso: outro quilo foi "perdido". Amanhã já viajarei mais leve.

* * *

Depois do correio, andei mais pela cidade e dei livre curso a meus devaneios. O foco de hoje foi inteiramente o "futuro", tanto imediato quanto de médio/longo prazo, tentando entender o papel que desempenha cada um dos fatores nessa complexa "equação da vida".

 O "problema"? *"One life; LIVE IT"*, do melhor modo possível. Os fatores da equação? Amigos, família, amor, profissão, reconhecimento, diversão, cultura, aprendizado, emoção e aventura, novidade, qualidade de vida, salário... Enfim, há que se pesar todos os custos e benefícios de cada escolha, porque certamente não há uma escolha que maximize tudo isso.

De todo modo, uma conclusão que vem se insinuando nessas últimas reflexões, nesses últimos dias, é que, por mais que eu tente encontrar *um* estilo de vida, consistente e durável, e, por mais que uma vida verdadeiramente andarilha (à la Julien) me seduza, a verdade é que eu sou uma pessoa de distintos projetos/planos/metas e preciso desenvolver e dar vazão a cada uma dessas minhas "facetas" em um momento ou em outro. E esse é talvez o meu maior desafio: ter vários projetos de ordens distintas, e pô-los em prática cada um em seu "tempo devido". O que eu talvez tenha de enxergar é que, para ter um legítimo "projeto andarilho", não preciso necessariamente fazer dele meu *único* projeto, meu único *modus vivendi*. Ele pode muito bem integrar um contexto mais amplo em que outros projetos são também desejados e necessários, inclusive projetos que visam a obter mais estabilidade, como carreira e família. Sim, essa me parece uma conclusão tão inevitável quanto sábia. Mas será ela "executável"?

30ª etapa: Pontarlier → Les Fourgs (15+3 km)

> A maioria das pessoas casa com a terra, que é fixa.
> Eu preferi casar com o vento, que sopra em qualquer parte.

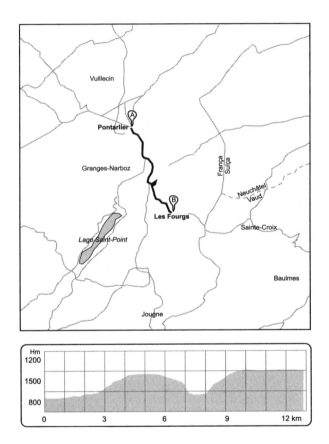

Dia incrível hoje!

Logo à saída de Pontarlier, vi indicações para tomar uma trilha e assim evitar mais um dia de estrada. Melhor que isso: essa trilha implicava atravessar um bosque e uma sequência de íngremes colinas dando ao trajeto um forte grau de dificuldade física. De Pontarlier, por exemplo, situada a 840 metros de altitude, até o Forte Mahler, o desnível era de 200 metros.

Além disso, ao longo dos quilômetros, as subidas e descidas se alternavam, ampliando ainda mais a altimetria do percurso. Em alguns trechos, a inclinação era tão forte que era necessário usar as raízes das árvores como degraus naturais, o cajado sendo também peça fundamental para o equilíbrio. A sensação era de total aventura.

E quando cheguei ao topo da primeira grande colina... Uau! O panorama é indescritível.

A amplitude da vista, o belíssimo Castelo de Joux solitariamente situado no topo de um outro monte... Realmente impressionante. Um castelo clássico, daqueles que povoam nosso imaginário.

Tirei fotos de todos os ângulos, mas, claro, nenhuma delas consegue fazer justiça ao visual. É um daqueles lugares que só quem foi pode ter a exata dimensão. E, se tiver chegado a pé então, ainda melhor!

E me perdi elucubrando como eles puderam construir essa suntuosidade no topo de uma "agulha" — como chamam esse tipo de monte estreito e elevado —, um lugar ao mesmo tempo inóspito e de dificílimo acesso.

Após o primeiro topo, descida e cerca de meio quilômetro em terreno plano, cortando uma pequena cidade, e então uma nova colina. Outra subida bem forte, desta vez atingindo os 1.100 metros.

Com a sequência de colinas e seus topos, pude contemplar o castelo de vários ângulos, bem como o Forte Mahler, que ficara para trás, além de todo o vale que se estendia abaixo. Em certo momento, já lamentava que esse dia tivesse mesmo de terminar.

Castelo de Joux (CORBIS/LATINSTOCK)

Castelo de Joux, vista aérea (CORBIS/LATINSTOCK)   La Roche Sarrazine

Na parte final do trajeto, um pouco de estrada (3-4 quilômetros) e, finalmente, Les Fourgs, o "teto do Jura", já praticamente na fronteira com a Suíça.

Uma vez na vila, procurei o Posto de Informações Turísticas, onde peguei instruções para encontrar Les Granges Bailly, onde deveria me hospedar.

Ali soube que a pousada não fica exatamente na cidade. Tive assim de pegar uma nova trilha por entre pequenas fazendas e, depois de 2,5 quilômetros de razoável subida, encontrei La Roche Sarrazine, o mirante mais famoso da região, com mais uma vista de tirar o fôlego.

Dali, pude avistar ainda uma última vez o castelo e o forte, mas já pequenos e discretos nesse belo retrato. Pude também ter uma bela visão de todo o percurso que fiz hoje.

Após La Roche Sarrazine, um momento de indefinição. Achei mesmo que estava perdido e que teria de seguir até a cidade seguinte, Ste. Croix, já na Suíça, quando um casal veio em meu socorro. Eu realmente havia tomado a direção errada numa bifurcação, mas o meio quilômetro que esse erro me custou foi plenamente compensado pela vista. Em mais 15 minutos eu finalmente chegava à pousada.

* * *

Um detalhe curioso. Após checar a rota feita hoje no GPS, pude constatar que havia um caminho bem mais direto até a pousada, que me economizaria cerca de 6 quilômetros! Mas não posso reclamar. A etapa de hoje já foi curta de todo modo, e, para falar a verdade, abreviar o dia teria sido uma pena.

* * *

Les Granges Bailly é, digamos assim, um misto de pousada e albergue, o que aqui por vezes se chama *gîte d'étape*. No térreo, há quartos privativos para casais, mais no estilo pousada, enquanto o segundo andar é ocupado por um amplo dormitório onde se dispõem vários beliches, no estilo albergue.

O lugar como um todo é bastante simpático e agradável. E, com pouca gente hoje, tenho bem mais espaço e privacidade para tomar um banho sem pressa e dispor à vontade minhas coisas.

* * *

Banho tomado, o que me resta é fazer hora até o jantar. Pela distância da cidade, o esquema oferecido de meia-pensão é praticamente obrigatório.

* * *

Desci e aproveitei para conversar um pouco com Luc, um dos donos da pousada.

Bem simpático, de prosa fácil, conversamos sobre diversos assuntos, desde as tradicionais perguntas sobre a Via Francígena até como

> **Um pouco de história — Castelo de Joux**
>
> O Château de Joux é um castelo localizado em La Cluse-et-Mijoux, nas montanhas do Jura da França.
>
> Por sua posição estratégica, ele foi logo transformado em um forte, no intuito de comandar o Cluse (desfiladeiro) de Pontarlier, protegendo a passagem empregada pela grande rota internacional que ligava o vale da Saône à Suíça, a região dos Flandres e de Champagne à Itália, os mares setentrionais ao mediterrâneo.
>
> Durante sua longa história, o Forte/Castelo de Joux passou por transformações sucessivas. A primeira estrutura, no século XI, foi feita de madeira, mas já no século seguinte ele foi reconstruído em pedra.
>
> Ele desempenhou um papel na defesa da região até a Primeira Guerra Mundial, tendo ainda servido como temida prisão de estado durante sucessivos governos franceses entre os séculos XVII e XIX, mais precisamente entre o fim do reinado de Louis XV até a queda de Napoleão I, em 1815.

abrir esta pousada foi um dos modos que ele encontrou para conjugar sua vontade de interagir com as pessoas e sua vocação solitária de poeta. Luc me ofereceu um licor feito por ele mesmo — delicioso — e recitou-me alguns de seus poemas. A empatia foi imediata.

* * *

Com a pousada relativamente vazia, jantamos apenas eu, um outro casal que lá se hospedava e seu filho. O jantar foi bem gostoso: salada de pepino; peru ao molho com arroz; queijos da região; doce; vinho do Jura.

Depois do jantar e de alguma conversa, ainda consegui vencer a inércia (e o frio!) e andei novamente até La Roche Sarrazine (3 quilômetros ida/volta), onde haveria fogos em comemoração ao 14 de Julho — data simbólica de celebração da queda da Bastilha —, que aqui na região acontecem tradicionalmente na noite da véspera.

Já passava das 22h e eu estava bem cansado, mas valeu a pena. De lá, pude ver os fogos de pelo menos quatro cidades/vilarejos diferentes, sendo os de Pontarlier — cidade de referência da região — de longe os mais bonitos e duradouros. Porém, ainda mais bonito do que os fogos foi acompanhar o tardio pôr do sol e contemplar o contraste entre o céu em dégradé sobre o vale e a floresta (a oeste) e a lua e o céu estrelado (a leste). Privilégios do verão.

Pausa — Les Fourgs → Sentier des Bornes: 22 km

A etapa mais curta, e a consequente parada na pequena Les Fourgs, deveu-se a um acréscimo que decidi fazer na rota. No albergue em Pontarlier, acabei descobrindo a existência de várias trilhas na região do Jura, sobretudo nas proximidades da fronteira franco-suíça. Uma delas, Le Sentier des Bornes (algo como "trilha das fronteiras"), me chamou atenção. Como o nome sugere, trata-se de uma trilha que cruza a fronteira França-Suíça várias vezes, explorando esse belíssimo planalto do Jura, situado a uma altitude média de 1.100 metros.

* * *

A trilha é realmente bela, valeu a pena esse dia adicional para percorrê-la.

Ela só perdeu um pouco de seu impacto — mas apenas um pouco — pelo contraste com o dia anterior, em tudo mais belo, em tudo mais intenso, seja pelas subidas mais íngremes, seja pela mochila nas costas, seja pela sucessão de mirantes e castelos, paisagens, surpresas.

Mas essa comparação é injusta. O fato é que foi um dia maravilhoso, bem acima da média. Cruzei três vezes a fronteira da Suíça, retornando em seguida à França.

Vale dizer que, nessa trilha, não há absolutamente nenhum tipo de controle de fronteira, postos, policiais, nada. Ao contrário, aliás, do que me foi avisado nos folhetos, o que me fez levar, à toa, meu passaporte. As únicas indicações de que se mudava de país eram pedras dispostas a distâncias regulares ou placas colocadas em árvores avisando "você está na Suíça".

Confesso que gostei do simbolismo de cruzar várias vezes as fronteiras de um lado para o outro e não perdi a oportunidade de almoçar literalmente com um pé na Suíça e o outro na França.

Curtas

Cometi dois erros de percurso no dia de hoje.

No primeiro, sem consequências relevantes, saí um pouco da trilha e acabei parando num pequeno vilarejo suíço chamado Auberson. Erro corrigido, retornei à trilha, e à França, um pouco mais adiante.

O segundo erro foi mais chato. Por conta dele acabei "cortando caminho" e perdendo vários quilômetros da trilha completa. Numa determinada bifurcação em que faltava uma sinalização mais precisa, sem querer acabei tomando um atalho que me levou diretamente à pousada, encerrando precocemente a trilha.

Contando com o trecho andado até o início da trilha, a quilometragem total do dia ficou em 22 quilômetros.

* * *

O agradável e leve dia de hoje me deixa um ótimo "dilema" para resolver. Ficar mais uns dias em Les Fourgs e explorar mais algumas das tantas trilhas disponíveis ou retornar à Via Francígena propriamente e seguir até Orbe? Outra opção é ligar para um amigo que mora em Genebra e me convidou para passar uns dias lá. Ele até mesmo se ofereceu para me pegar na primeira cidade suíça após a fronteira.

* * *

Esqueci de mencionar um fato decisivo, sem o qual nem a trilha nem os eventos de hoje à noite teriam tido lugar.

Sempre otimista quanto a achar lugar para dormir, não me preocupei em reservar antecipadamente a pousada para mais dias, otimismo aparentemente confirmado quando vi os dormitórios vazios à minha chegada. Mas, já no jantar de ontem, Luc me disse que eles receberiam um grande grupo de estudantes para a noite seguinte, isto é, hoje. Diante de meu desapontamento — aquilo me impediria de fazer a trilha planejada —, Luc disse que não me preocupasse, que ele daria um jeito. Aliviado, agradeci, e na manhã seguinte parti tranquilo.

Na volta da trilha, Luc me perguntou se eu me incomodaria em dormir no anexo que estava sendo construído. "Ainda sem muita estrutura, claro que não vamos lhe cobrar nada", me disse. "Aliás", completou, "hoje você é nosso convidado."

O melhor estava por vir.

Após o banho, o grupo já havia chegado e se instalado na grande casa. Era realmente um grupo bem grande, calculo pelo menos umas trinta pessoas. Minhas coisas já haviam sido mudadas para o anexo, na verdade outra casa de dois andares, ainda inteiramente nua e com as marcas de uma obra em andamento, embora em fase de conclusão. Fui alocado no segundo andar, que havia sido recém-varrido para me abrigar e onde haviam colocado um colchão. Por cima, meu saco de dormir, e, ao lado, minha mochila. Sem luz elétrica, minha lanterna provou mais uma vez sua utilidade.

Ao descer, Luc me perguntou se eu estava com fome e me pediu para acompanhá-lo. Mas, quando eu me dirigia para a sala onde havia jantado na véspera, Luc repetiu, enfatizando: "Não, hoje você é nosso convidado, você janta conosco", e me conduziu até a parte de trás da pousada, onde estava disposta uma grande mesa rústica, numa área ao ar livre, perto da cozinha. Havíamos de aproveitar a luz do verão, ele me disse.

À mesa, Pierre (o outro dono), uma simpática senhora, Mme. Henri, e outros quatro garotos. Luc, na verdade, ficou mais como "coordenador" do jantar. Aqui e ali petiscava um pouco, interagindo sempre, mas jamais se sentando.

A refeição foi gostosa e farta. A simplicidade das pessoas, a convivialidade máxima. E a conversa, a partilha, a cumplicidade que se seguiu... Um desses momentos únicos, realmente emocionantes, para ficar na memória.

E se Luc já me havia impressionado como pessoa, o que dizer de Pierre? Pierre é simplesmente uma figura extraordinária.

Homem do campo, agricultor num primeiro momento da vida, empreendeu estudos de construção civil e tem agora um *gîte d'étape* nesta belíssima região fronteiriça. Homem de viagem, me disse ter construído sua vida de modo a poder partir — que bela frase! — pelo menos um mês por ano. Seu repertório de histórias emociona e faz sonhar. Turquia, de carona e ônibus; Israel e Palestina... "sempre tendo o cuidado de estar o mais próximo possível da terra, do homem de base que, afinal, nos alimenta". Trabalhou ainda como "explorador", em grutas, junto a espeleólogos, em escavações, com arqueólogos, dizendo ter sempre tomado o cuidado de nunca fechar seus horizontes, de ampliar, tanto quanto possível, o conhecimento de outros povos, culturas, modos de pensar.

Era óbvio para mim que aquele homem tinha muito a me dizer, a ensinar, a inspirar. Conversamos bastante, mas fiquei com aquela vontade de poder beber ainda mais de suas vivências, de seu modo de pensar, de ter, enfim, mais tempo para trocar ideias. Como se dessas conversações pudesse depender meus próximos passos, minhas próximas decisões.

O fato é que escuto uma figura dessas com o encanto e nostalgia de uma vida que nunca levei. A vida de alguém que constrói, com suas próprias mãos, objetos, coisas concretas no mundo. Que tira do solo sua própria comida, que ergue no solo sua própria casa ou negócio. Que amplia seus conhecimentos na circulação de seus passos pelo mundo, na circulação de pessoas do mundo por sua pousada. E tudo isso expresso numa linguagem ao mesmo tempo simples e rica, a agudeza de seus pensamentos e raciocínios sendo notável e fascinante.

Homem da terra e, à sua maneira, também do intelecto, da linguagem, da reflexão. Ia dizer "intelectual", mas em seguida me perguntei se isso seria realmente um elogio...

Eu também falei, bastante até, de meu caminho tateante até aqui, de meu amor pelas viagens, pelo novo, pelo desconhecido, por conhecer outros lugares e culturas, povos e línguas, formas de pensamento e ação. De como sinto necessidade de fazer da filosofia algo que toque mais concretamente a vida dos outros e a minha. Disse que ouvir histórias como a dele me acrescentava muitíssimo e que concordava quando ele fazia a apologia desse *"savoir-faire dans le monde"*, desse "saber fazer no mundo". Mas que para mim, nesse momento, era diferente e um pouco mais difícil do que para ele. Que ele vinha do campo e aí construíra seu caminho. E que eu, justamente ao contrário, tinha meu caminho nascido nas "nuvens", no mundo abstrato dos livros, de uma vida de razoável conforto e relativamente "fácil". Fácil pelo amor, pela estrutura, pelo reconhecimento desse estilo de vida em que a curiosidade e produção nascem e crescem dos e para os livros. E que eu, de repente, sentia necessidade de descer desse "planalto", alto demais por vezes, distante demais da vida cotidiana, dos problemas reais das pessoas, do mundo...

A um certo momento ele me interrompeu e disse, de maneira gentil — espero que não muito complacentemente: "Você faz um belo caminho, você sabe." E, diante do meu silêncio, entre um misto de orgulho e dúvida, concluiu: "Saiba disso."

* * *

Já confortavelmente acomodado no meu saco de dormir, fiquei pensando no que havíamos conversado, no impacto do que acabara de ouvir. Sua história quase me dava inveja, uma inveja impossível porque eu não podia ser, eu não podia ter essa sabedoria do "homem da terra". Sim, meu caminho teria de ser outro, mas qual?

Fato é que, durante meus anos de estudo, sempre senti necessidade de ser capaz de responder — e não só de um ponto de vista puramente "intelectual" — sobre qual a contribuição da filosofia, de responder a isso de um modo que fizesse realmente sentido para qualquer pessoa, leiga ou não em relação aos infinitos debates filosóficos. Afinal, não era a filosofia a busca de respostas às questões fundamentais, no sentido de suas respostas serem capazes de influenciar nossa visão de mundo, nosso sentido prático de vida?

* * *

Sim, o impacto da conversa com Pierre foi forte, muito forte.

Ouvi-lo lançou em mim com violência o reflexo de minhas próprias ponderações. O fato de achar sua atividade e/ou história de vida claramente "superior" ou mais significativa do que aquela que leva a maioria dos profissionais de filosofia é altamente sintomático, indicativo da crise que hoje me afeta. Afinal, que sou além de um "pensador" ou "filósofo"?

* * *

Tudo isso, conversei e discuti com Pierre. E, para seus ouvidos, tudo o que eu dizia parecia fazer sentido. Assim como naquele dia em Les Archots, houve entre nós uma notável cumplicidade e conexão. Sim, eu estou a anos-luz de ser realmente um "homem da terra", mas havia algo que Pierre reconhecia como seu no meu discurso, nos meus dilemas, como parte de seu mundo, de seus valores. E vice-versa. E isso é incrível... Enfim, apenas constato essa estranheza, agradável estranheza, de poder me sentir tão cúmplice de uma pessoa que acabei de conhecer e cujo mundo é (ou pareceria ser) tão distante do meu quanto possível...

* * *

Uma vez me perguntaram qual o "público-alvo" deste livro e eu não soube responder. Bem, acho que agora eu sei. "Meu" público é o dos parágrafos anteriores, é aquele para quem essas palavras fazem algum sentido, despertam questões, pistas e, quem sabe, com alguma sorte, soluções.

SUÍÇA

Ste. Croix → Grande São Bernardo
233 km — 14 dias

33.Vuiteboeuf 34.Orbe 35.Genebra 36.Lausanne 37.Vevey 38.Aigle
39.Saint-Maurice 40.Martigny 41.La Sage 42.Orsières
43.Passo do Grand-Saint-Bernard

31ª etapa: Les Fourgs (França) → Vuitebœuf (Suíça) (22 km) [→ Genebra]

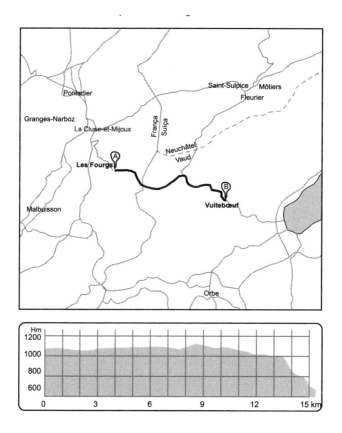

Com a pousada cheia e sem querer abusar da hospitalidade de Luc e Pierre, resolvi seguir viagem. Mais do que guarida, eles me haviam dado memórias, material para lembrar e pensar. E muito.

Parti inicialmente pensando em chegar hoje a Orbe (+/- 32 quilômetros), mas com a possibilidade/pretexto de ligar para meu amigo em Genebra caso não encontrasse vaga no albergue indicado pelo guia.

Com o calor, porém, acabei ligando para ele bem antes de chegar a meu destino final, na primeira cidade significativa após cruzar a fronteira suíça, Ste. Croix.

Ste. Croix

Meu amigo, Carlos, se mostrou extremamente receptivo ao telefone e me perguntou onde poderíamos nos encontrar. Fizemos uma projeção de quanto tempo mais ou menos ele levaria de carro até ali e então acertamos que ele me pegaria no pequeno vilarejo de Vuitebœuf, o que me daria oportunidade de aproveitar o tempo de espera para andar mais um pouco.

* * *

O trajeto até Ste. Croix repetiu parte da trilha feita no dia anterior, Le Sentier des Bornes. Interessante mais uma vez constatar a ausência de qualquer controle de fronteira, desta vez nem mesmo na estrada. Não avistei um guarda sequer, em nenhum momento.

Pouco depois de Ste. Croix e após mais alguns quilômetros de estrada, o ponto alto do dia. A partir de determinado ponto, pude escapar da estrada e seguir uma trilha especial, muito especial, que passava pelos desfiladeiros de Covatanne.

Realmente, sair da estrada e pegar aquela pequena trilha foi como entrar em outro mundo. A mudança de cenário, de paisagem, foi radical e absolutamente impressionante.

Cachoeira nos desfiladeiros de Covatanne

Essa trilha servia, além disso, como uma espécie de "atalho", e evitava assim o chato zigue-zague da descida da serra. Perfeito. Cheio de energia e adrenalina, desci num ritmo bem forte todo o trecho, parando apenas para contemplar certos pontos de indescritível beleza.

* * *

Em Vuitebœuf, sentei em frente a uma casa de queijos para comer e relaxar um pouco, e então telefonei mais uma vez a meu amigo para dizer onde exatamente me encontrava.

* * *

Nossas projeções foram bem acertadas, e meu amigo não demorou muito a chegar. Me disse que atrasou um pouco porque parou na estrada para comprar girassóis para a mulher.

Coloquei a mochila no porta-malas e entrei. A sensação era de que estava partindo de férias. E, na verdade, era isso mesmo. Férias da Via Francígena. Pelo menos por alguns dias, voltaria a uma "vida normal".

Dali até Genebra eram cerca de 100 quilômetros, então em menos de duas horas, com um pouco de trânsito no caminho, chegamos a sua casa.

"Férias da Via Francígena" — Quatro dias em Genebra: 10 km

Os quatro dias em Genebra não poderiam ter sido mais tranquilos.

Fizemos, claro, vários programas e passeios pela cidade — com destaque para a volta de bicicleta pelas ruas da Cidade Velha e um concerto no parque, sem esquecer, é claro, o lago Léman —, mas só o fato de passar quatro dias entre amigos,

Catedral de São Pedro, Cidade Velha, Genebra (GETTY IMAGES)

177

dormindo com todo o conforto, usando uma toalha grande e felpuda (!), fazendo refeições regulares e quentes... Posso garantir que isso faz uma grande diferença e contraste em relação às duas grandes pausas que fiz até aqui.

32ª etapa: [Genebra →] Vuitebœuf → Orbe (13+3 km)

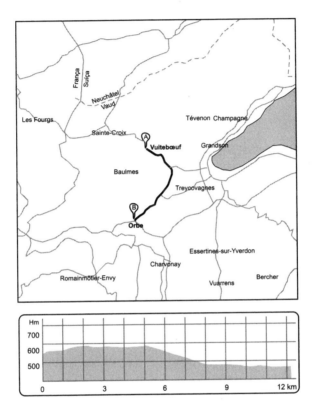

A inércia é uma força poderosa, e não foi tão fácil deixar Genebra. Na verdade, a ideia inicial era ficar *no máximo* três dias, mas após carinhosa insistência — e a "ajuda" de um temporal — acabei ficando mais um dia.

Conforme combinado, Carlos me deu carona de volta a Vuitebœuf, desta vez na companhia do cunhado, Sylvain. Saltei em frente à casa de queijos, no mesmo ponto onde havia embarcado, e dali segui viagem. Eram 11h30 e eu não poderia estar mais descansado.

* * *

Como no poema de Robert Frost: Two roads diverged in a wood...

Saindo de Vuitebœuf, primeiro peguei uma trilha que cruzava um belo bosque, sempre margeada por um grande paredão de pedra. Era uma espécie de continuação da trilha que vinha dos desfiladeiros de Covatanne, o que foi ótimo para me recolocar no clima da caminhada.

Segui nesse belo cenário por alguns poucos quilômetros até Baulmes, onde precisei pegar uma estrada secundária, agradável e não muito movimentada, passando por fazendas e plantações de trigo, até finalmente chegar a Orbe.

* * *

Antiga cidade romana e medieval, Orbe é um lugar muitíssimo simpático, que conquista imediatamente o visitante, com suas ruas estreitas e charmosas casas coloridas, com construções e praças dando vivo testemunho de sua história.

A cidade romana de *Urba* (seu nome em latim) foi abandonada no final do século III, permanecendo ali apenas a população que habitava a parte inferior da colina.

Foi provavelmente a partir do século XI que a cidade se reconstituiu no topo da colina, agrupada em torno de um belo castelo, quando então Orbe foi denominada "uma cidade famosa e popular".

O castelo e a Torre Redonda

De sua fundação romana, permanece hoje um conjunto de mosaicos únicos na Suíça, enquanto de seu castelo restou a Torre Redonda, datada do século XIII.

* * *

Orbe e suas charmosas casas

Tendo chegado cedo e inteiramente disposto — andar menos de 15 quilômetros depois de quatro dias de descanso foi realmente "recreio" —, decidi dar uma boa volta na cidade antes mesmo de comer algo e pedir informação sobre como chegar à Ferme Beney, fazenda onde queria me hospedar.

Descobri dois trajetos recomendados para fazer pela cidade: o "percurso amarelo" e o "percurso vermelho".

A ideia desses percursos é tão simples quanto genial. Cada percurso é inteiramente marcado por pegadas vermelhas e amarelas pintadas no chão, cada cor indicando o percurso correspondente, restando ao visitante apenas o trabalho de segui-las. Não há como errar, não há como se perder.

Pont du Molinet (século XV)

É sem dúvida uma forma prática e eficiente de oferecer ao turista um modo de conhecer a cidade por conta própria.

Optei por começar seguindo o percurso amarelo, mais curto, deixando o vermelho para depois.

Foi o bastante para incluir Orbe entre minhas cidades favoritas.

Brincando de fotógrafo

181

Gastei nesse percurso pouco mais de uma hora e em seguida fui ao Posto de Informações Turísticas, onde peguei dicas de como chegar à Ferme Beney, situada no auspicioso Chemin des Philosophes, ou Caminho dos Filósofos.

Na Ferme Beney, fui recebido por uma bela garota, que me mostrou onde eu dormiria.

Passamos por alguns grandes estábulos e uma espécie de oficina até chegar a essa dependência da fazenda. Logo na entrada, uma grande sala, com sofás, mesas e cadeiras, separada da cozinha por meio de um balcão. Passamos então pela cozinha e, depois de um pequeno corredor, a surpresa.

O "quarto" onde eu dormiria era, na verdade, um estábulo, que havia sido improvisado para abrigar hóspedes. O lugar era dividido em duas partes, com um corredor no meio. Em cada parte, dois grandes espaços cobertos de feno, onde os viajantes podiam dispor seus sacos de dormir. Original, para dizer o mínimo. E, na prática, muitíssimo aconchegante e confortável, tenho de dizer. Mais uma experiência interessante nesse caminho.

* * *

Com uma cozinha à minha disposição, resolvi aproveitar para comprar mantimentos e preparar uma refeição substancial. Voltei à cidade, fiz o percurso vermelho — era cedo ainda — e me abasteci num pequeno mercado local. Pêssegos, pão, queijo e uma (enorme) lasanha, de fabricação caseira. Parecia deliciosa e eu estava faminto.

Voltei à fazenda, coloquei a lasanha no forno e aproveitei para tomar banho e fazer meu alongamento antes do jantar.

* * *

A lasanha estava realmente muito boa e, como imaginara, comi demais. Vou tentar dar um tempo para a digestão e então cama. Ou melhor, feno.

33ª etapa: Orbe → Lausanne (35 km)

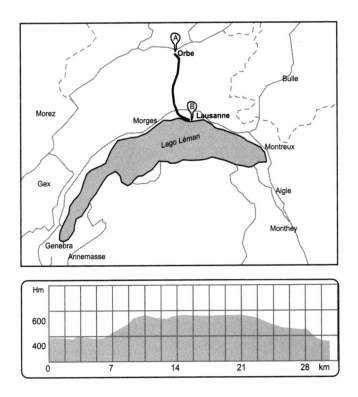

A noite no estábulo foi um sucesso. Dormi muito bem e, à parte o susto de ter sido acordado por coices na parede vindos do (verdadeiro) estábulo ao lado, não tenho queixas. Como já passava das 8h, aproveitei para fazer render o dia. O destino de hoje: Lausanne.

* * *

O dia foi mais longo e difícil do que antecipado. Em primeiro lugar, os 29 quilômetros que eu esperava "viraram" 35. Em segundo lugar, o intenso calor. Em terceiro, o peso excessivo dos mantimentos que trouxe comigo, efeito colateral quase inevitável de se entrar num mercado faminto, reforçando a "lição" já conhecida por todos: nunca faça compras com fome!

De todo modo, foi um dia com um começo muito bom e um final ainda melhor.

Primeiramente, pela própria saída de Orbe, que me presenteou com trilhas arborizadas e muitíssimo bem cuidadas, mostrando que seus cidadãos têm muito mais do que se orgulhar além de seu charmoso centro histórico.

Logo depois, a cerca de 4 quilômetros da cidade, eu pegaria ainda outra bela trilha, o Chemin des Vignes, que mais tarde desembocaria em meio a um bosque, seguindo um pequeno rio. Percorri os quilômetros seguintes bastante animado, seja pela paisagem, seja pela diversidade do caminho, onde me vi bastante testado fisicamente pelas diversas subidas e descidas.

Saída de Orbe e o Chemin des Vignes

Saindo do bosque, segui por um percurso em meio à já clássica paisagem dos (belos) campos de trigo e girassóis. No entanto, lá pela metade do percurso, cometi um erro e acabei caindo de volta na estrada. E, sobre um asfalto abrasivo, o calor se fez sentir violentamente.

Além disso, nesta segunda parte do trajeto, não encontrei nenhum bar ou vilarejo onde pudesse me reabastecer até praticamente a entrada de Lausanne. Com isso, foram 27 quilômetros até encontrar um pequeno posto de gasolina onde pude encher novamente o cantil. O que salvou mesmo o dia foram os dez pêssegos que levava. O que no começo era puro exagero e excesso de peso, depois se tornou minha salvação.

* * *

Quando cheguei propriamente a Lausanne, parei em frente a um ponto de ônibus, onde vi afixado um mapa da cidade e tentei descobrir onde ficava minha pousada. Resolvi me garantir e telefonei dali mesmo para reservar meu quarto. "Cidade cheia", me disseram, e me pediram o número do cartão para segurar a reserva. A secretária deixa bem claro: a reserva não pode ser cancelada. Tudo bem, penso eu.

Já estava a caminho da pousada quando vi alguém acenar em minha direção.

— Lembra de mim? Nós nos cruzamos em Orbe, você me deu um aceno quando passei de bicicleta.

— Para falar a verdade, não... sabe como é, cruzei com um monte de ciclistas...

— Bem, vi você em Orbe, saindo da cidade, cheguei a pensar "Esse cara anda rápido", e agora o reencontro aqui. Que coincidência! A propósito, me chamo Antoine.

Conversamos um pouco, disse-lhe que estava indo a Roma desde Canterbury, coisa e tal.

— Legal, você já tem lugar para dormir? É que eu moro numa espécie de república, você poderia facilmente dormir lá.

— Que pena — respondo —, acabei de ligar para uma pousada, já reservei quarto, com número de cartão e tudo... realmente uma pena.

Ele me conta então sua aventura na África, a travessia de sul a norte durante um ano e meio com a namorada, e agora sou eu a enchê-lo de perguntas por mais detalhes... Os assuntos se emendam, a conversa flui fácil...

— E se fôssemos tomar alguma coisa num bar? Você é meu convidado, sugeriu ele.

Paramos num bar, numa simpática esquina perto dali, cerveja para mim, suco para ele. Ele me conta mais de sua vida. Geólogo, trabalha com fontes renováveis de energia, mora num casarão com outras 16 pessoas.

— Pena você ter reservado o hotel, será que não consegue cancelar? — insiste ele mais uma vez.

— Bem, não custa nada tentar.

Ligo para a pousada, explico brevemente o que aconteceu, a mulher é supersimpática, diz que não há problema nenhum, que pode, sim, cancelar minha reserva.

África, por Antoine Poget

Ele descreveu sua temporada africana como uma das experiências mais incríveis que já tivera.

Destacou a hospitalidade fantástica do povo local, gente sempre disposta a interagir, a ponto de ser até um pouco "invasiva". Por vezes, me contou, o único lugar onde eles conseguiam alguma privacidade era no interior da própria barraca! Com isso, passavam semanas sem gastar com hospedagem, e chegavam a ter de insistir para pagar pela comida.

Naturalmente, acamparam bastante, comeram e beberam com os locais, evitando a água em alguns lugares. Mesmo assim, Antoine pegou malária duas vezes, sua namorada uma vez. Sofreram um pouco o drama da falta de remédios, mas disseram que o que funcionou melhor contra a doença foi um "remédio chinês" dado por um médico conhecido por lá.

Tentaram praticar tanto quanto possível os costumes locais, inclusive jejuando no Ramadã quando estavam na Tunísia. Aproveitaram para participar ativamente nas comunidades, especialmente via ONGs.

Após um ano e meio, atingiram o "ponto de saturação" e resolveram voltar à "civilização ocidental", mas não sem levar para casa "uma experiência para a vida toda".

Que sorte, e não apenas pela (boa) economia, mas sobretudo pela experiência, pela ótima companhia.

Vamos andando — de que outro modo? —, desta vez em direção ao tal casarão, e ele me conta dos dois meses que passou na Índia e de como foram parar nesse quase castelo.

Antoine me diz que o *squatting* não é tão incomum na Suíça (para quem não é familiar com o termo, *squatting* significa ocupar, sem autorização, um espaço, casa ou edifício abandonado), e que a estratégia deles, depois de ocupar esse casarão, foi ir ao jornal, dar ciência do fato à polícia e criar assim uma polêmica positiva, a favor da invasão.

Deu certo, me disse ele. O casarão estava abandonado havia anos, e como o grupo que o invadiu formava uma espécie de "comunidade alternativa", engajada em projetos ecológicos e sociais, a imprensa logo "tomou partido" a favor deles. Com isso, um processo de negociação com o proprietário foi iniciado, até que, três meses depois, ficou acertado que eles alugariam a casa, mas por um valor quase simbólico de 9 mil francos suíços por ano.

Ora, considerando que a casa possui nada menos do que 15 quartos — além de três salões, uma enorme cozinha, sótão, jardim — e que lá moram atualmente 17 pessoas, podemos dizer que foi um excelente negócio. Contas feitas, isso dá a bagatela de 45 francos suíços (cerca de 40 euros) por mês por pessoa...

As pessoas que vivem ali passaram por uma espécie de "triagem", e o pré-requisito para ser aprovado, por assim dizer, era ter certo comprometimento com ecologia ou causas ambientalistas.

De fato, o grupo que mora no casarão forma uma comunidade realmente focada em desenvolver projetos nessa linha. Apenas para citar alguns exemplos, a casa conta com um painel solar — construído por eles — como fonte de energia diária, uma horta, um poleiro, além de um projeto para aproveitamento de "dejetos biometrizados" e, claro, a reciclagem "clássica".

Eles organizam ainda vários concertos, a partir dos quais arrecadam fundos tanto para os projetos da comunidade quanto para outras ONGs com propostas afins. Engajamento e comprometimento totais. Inspirador, devo dizer.

* * *

Já na casa, me juntei a uma roda, onde conheci alguns dos moradores. Conversamos um pouco, trocamos experiências — eu ouvi mais do que falei — e depois nos dirigimos à cozinha, para a preparação do jantar. Quase todos participaram. A mim, coube cortar as beringelas e os champignons, que, com um pouco de cebola, cebolinha, abobrinha, viram uma bela frigideira. Acrescente-se a isso arroz e alface e temos nosso jantar. Sim, claro, são todos vegetarianos.

Alguma conversa ainda, banho e cama.

Fiquei instalado no quarto em reforma, o único vago da casa. Nele, havia apenas uma escada e um colchão, onde dispus meu saco de dormir.

* * *

Que encontro esse, o de hoje! Coisas do caminho, (mais) histórias para contar.

34ª etapa: Lausanne → Vevey (21+10 km)

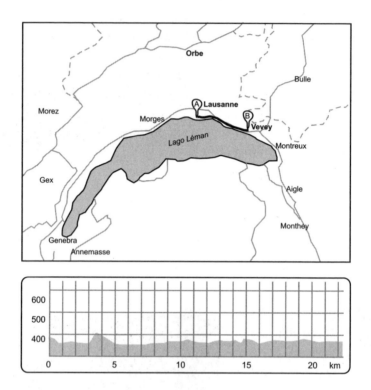

Saí do casarão pouco depois das dez, em direção ao lago Léman. A ideia era me aproximar do *centre-ville* — que não tive a oportunidade de conhecer ontem devido ao encontro com Antoine — do modo mais agradável possível.

Acontece que subestimei as distâncias. Foram 2,5 quilômetros apenas para chegar ao lago. Outros 3 quilômetros margeando o lago até uma placa indicando *"Centre-ville"*, e mais outros 2,5 quilômetros até a Catedral.

Com um detalhe: entre o lago e a Catedral, há uma forte subida — com variação altimétrica de cerca de 160 metros, equivalente a um edifício de cinquenta andares —, o que torna esse passeio bem mais cansativo, especialmente para quem traz uma mochila às costas.

Claro que valeu a pena, isso é inquestionável, e foi mesmo sorte ter deixado para fazer esse passeio hoje. Ontem, após 32 quilômetros (foram ainda outros 3 até o casarão), teria sido bem complicado ter energia para fazer esse circuito.

Hoje, mais descansado, pude certamente apreciar melhor a incrível vista da cidade lá do alto.

O lago Léman (CORBIS/LATINSTOCK)

De qualquer modo, essa bela visita teve seu preço: quase 10 quilômetros haviam sido percorridos antes mesmo de eu começar o trajeto rumo a Vevey, meu próximo destino.

Mas, no contexto do dia, isso será irrelevante. Daqui até Vevey são apenas cerca de 20 quilômetros, então mesmo com esse acréscimo imprevisto a jornada terá uma quilometragem bem aceitável.

Catedral de Lausanne (CORBIS/LATINSTOCK)

Além disso, o astral está altíssimo, estou em forma, e, não menos importante, o percurso é de tirar o chapéu, já que margeia em toda a sua extensão o belíssimo Léman.

Sim, que cenário.

E, não bastasse a beleza do lago em si, temos as pequenas enseadas, os barcos e iates que vão e vêm, as montanhas espreitando ao longe... É uma verdadeira sucessão de cartões-postais, com uma foto imperdível a ser tirada para qualquer lado que se volte o rosto.

Sim, o humor é hoje excelente, e nem o sol e calor conseguem mudar isso.

Enquanto isso, ao mesmo tempo em que aproveito a vista, sento-me em um banco, para relaxar e almoçar. Comprei meio frango assado, uma baguete e alguns pêssegos, um verdadeiro banquete. *Bon appétit!*

* * *

Os 10 quilômetros "extras" do começo do dia se fizeram sentir agora, ao final. A verdade é que cheguei a Vevey bem cansado. A primeira coisa que fiz ao chegar foi encontrar um lugar para sentar e dali mesmo liguei para a Paroisse Notre-Dame, indicada pelo guia.

Castelo de St. Maire

Na segunda tentativa, consegui falar com o padre responsável, que me deu o "sinal verde".

Encontrei-o na igreja — em reforma, mas com belos vitrais em seu interior —, de onde ele me levou até o prédio ao lado, que serve de centro de apoio à comunidade local. Fui instalado num salão com sofás, poltronas, mesa, tevê, aparelho de som e piano.

Na falta de um banheiro com chuveiro, porém, ele depois me acompanhou até uma grande casa, de três andares, onde além dele moram também outras pessoas, em geral idosos da comunidade local. O padre me mostrou as instalações, me deu uma grande toalha e, tendo um compromisso dali a pouco, me pediu desculpas e saiu.

Banho tomado, me deparei na saída com uma gentil surpresa. Na porta, ele havia deixado pendurada uma pequena sacola com um lanche completo — pão e queijo, suco e iogurte, bolo, além de maçãs, pera e banana —, o bastante para o jantar e o café da manhã.

Que hospitalidade maravilhosa venho encontrando na Suíça! Têm sido realmente dias especiais, com belas paisagens e grandes encontros.

* * *

Agora, revigorado após o lanche e o alongamento, não quero fazer outra coisa senão relaxar em frente à tevê. Por sinal, fazia tempos que não assistia. De fato, bastante tempo. O que é um bom sinal, porque, em termos de jornada, bastante tempo sem tevê significa bastante tempo sem quartos de hotel ou pousada. O último, aliás, foi em La Vrine, quase duas semanas atrás.

Depois disso, tive Pontarlier (três dias de albergue, com uma tevê na sala comum, mas que não cheguei a usar); Les Fourgs (dois dias na Granges Bailly, sem tevê); Genebra (na casa de Carlos e Lorraine: e só agora me dei conta de que a tevê foi ligada uma só vez em quatro dias — para assistirmos ao fantástico DVD *Paratodos*, de Chico Buarque —, e olha que eles têm um filho pequeno!); Orbe (fazenda) e Lausanne (no casarão de Antoine).

Mas a tevê me deu acesso à mais triste das notícias. Novos atentados em Londres, mais terror. Sem vítimas fatais, mas a sensação de desproteção certamente aumenta muito, já que a ausência de vítimas desta vez se deveu menos ao incremento da segurança do que ao fracasso intrínseco dos atentados... O preço da guerra infligida, da invasão imposta ao Iraque, como podemos ver, é alto... À onipotência e arrogância das nações, a impotência e o medo dos cidadãos...

35ª etapa: Vevey → Aigle (27+1 km)

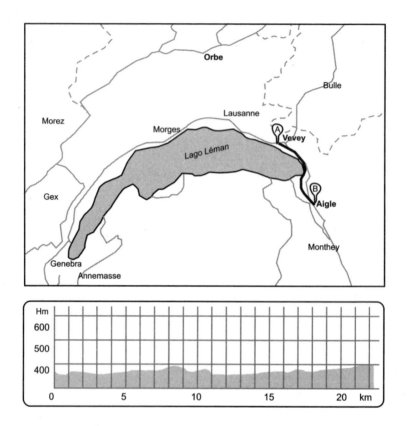

Acordei pouco depois das 8h e logo já estava pronto para sair. A missa — para a qual havia sido especialmente convidado pelo padre no dia anterior — estava marcada para as 8h30 e não cabia me atrasar. Depois da missa, pé na estrada, seguindo a trilha do lago.

* * *

Hoje, depois de dois dias muito intensos de caminhada, senti já na saída de Vevey que o ritmo teria de ser forçosamente mais lento. Acho que faltou uma horinha a mais de sono, talvez.

Lago Leman, ao fundo (GETTY IMAGES)

De todo modo, andar à beira do lago é sempre um prazer e fornece estímulo para a caminhada. Fosse hoje um dia de pura estrada e calor, o humor certamente não estaria tão bom.

Mas aqui, ao contrário, a beleza é intensa, a trilha razoavelmente sombreada, com muitas árvores, a brisa que vem do lago... Não havia mesmo do que me queixar.

E quando, depois da simpática Montreux (famosa por seu festival anual de jazz), me deparei com o Castelo de Chillon...

Sim, o Castelo de Chillon é qualquer coisa de sensacional. É um daqueles cenários tão perfeitos e marcantes que nem é preciso tirar fotos para ter uma boa recordaçao.

Mesmo hoje, passados vários anos desde que estive lá, sua imagem é tão vívida que basta eu fechar os olhos para ver o castelo, emoldurado pelo lago e por montanhas de neve eterna.

Aproveitei o pretexto para fazer uma pausa. Entre descanso e almoço, quis também saber um pouco mais desse lugar absolutamente especial.

> **Um pouco de história**
>
> O lago Léman — também chamado de lago Genebra — é um grande lago de origem glacial situado na fronteira entre a Suíça e a França. A fronteira passa bem no meio do lago, sendo que a parte norte do lago é suíça, enquanto a parte sul pertence à França.
>
> O lago, com seu distinto formato de "croissant", se originou durante o recuo do glaciar do Ródano (Rhône) após a última era glacial, há aproximadamente 15 mil anos. Seu nome, provavelmente de origem céltica, significa "grande (*lem*) água (*an*)" e chegou a nós através de sua variação latina (*lacus Lemanus*).
>
>
>
> *O glaciar do Ródano* (GETTY IMAGES)
>
> O lago, além de abrigar em suas margens cidades como Genebra, Lausanne e a charmosa Montreux, proporciona também — com suas águas, castelos e montanhas ao fundo — algumas das mais belas paisagens da Europa.

Ainda não há consenso sobre as partes mais velhas do castelo, mas especula-se que o lugar tenha abrigado uma antiga fortaleza romana, possivelmente construída em madeira, pois vestígios dessa época mais remota foram encontrados durante escavações arqueológicas feitas no século XIX.

Em termos mais "recentes", podemos seguramente remontar sua história até o século XII, quando o castelo se tornou uma das residências da Casa de Savoia. Mas é fato que ele sofreu múltiplos acréscimos, adaptações e restaurações ao longo dos séculos. Em resumo, uma visita imperdível, dessas que justificam qualquer alteração de roteiro ou desvio de rota.

* * *

A trilha margeando o lago, porém, não durou para sempre.

Tive de me despedir dele em Villeneuve, apenas alguns quilômetros depois do castelo. Dali a rota seguiria por entre as montanhas até Saint-Maurice, Martigny, Orsières e, finalmente, o Grand-Saint-Bernard, ponto de travessia dos Alpes em direção à Itália.

Lamentei deixar o lago para trás, claro, mas sabia que as montanhas seriam um substituto à altura em termos de beleza.

A perda maior, porém, pelo menos nos primeiros quilômetros, foi em termos climáticos. Sem a brisa e as árvores, mesmo ocasionais, o sol se tornou inclemente, deixando a caminhada bem mais difícil. Mas tudo bem, só o fato de estar cercado pelas montanhas já é o bastante para manter meu astral e disposição em alta.

No fim, o dia se revelou bastante duro no aspecto físico. Acabei chegando tarde a Aigle — depois das 18h30 — e vi minhas duas chances de hospedagem gratuita evaporarem.

Ninguém me atendeu na paróquia protestante, enquanto na Armée du Salut o único quarto disponível para hóspedes estava ocupado. Recorri então a uma pequena pousada (Auberge des Messageries), simples e não muito cara para os padrões suíços.

Também estava tarde para achar um mercado aberto, e me virei bem jantando num pequeno restaurante tailandês perto dali. Rolinhos como entrada e um frango com *noh mai (brotos de bambu)*. Com a fome que estava, comeria três pratos iguais a esse, mas a refeição foi suficiente.

De volta ao quarto, a rotina de toda noite — banho, lavagem de roupas, alongamento e anotações de viagem. E então cama — nesta noite, com um sabor de conquista muito simbólico: a marca de mil quilômetros foi atingida hoje!

36ª etapa: Aigle → Saint-Maurice (17+2 km)

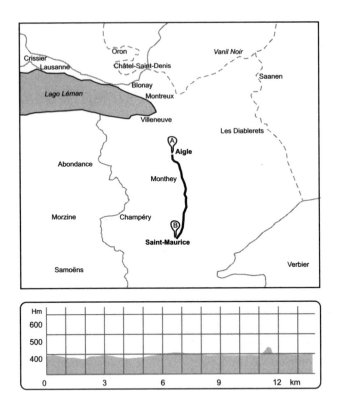

Dormi bem e terminei de recuperar minhas energias no bom e farto café da manhã, partindo logo em seguida.

    A jornada de hoje era relativamente curta, mas eu queria ver se, por isso mesmo, chegava mais cedo a Saint-Maurice. Logo à saída de Aigle, mais uma bela surpresa, mais um daqueles cenários que parecem saídos de filmes ou até de desenhos animados. Ontem mesmo pensei que ficar encantado com um castelo depois do Castelo de Chillon seria bem difícil ou levaria algum tempo. Nem um nem outro: eis-me aqui, com o mesmo queixo caído de ontem, diante do incrível Castelo d'Aigle.

Mas, apesar do estilo e beleza da construção, não posso nem mesmo dizer que vê-la foi, isoladamente, o ponto alto do dia. Realmente, o dia como um todo merece destaque, com subidas e descidas de colinas, por entre pequenas florestas, vinhedos e vilas. Com variação altimétrica bem acentuada, fui exigido fisicamente durante todo o tempo até chegar a Saint-Maurice.

Castelo d'Aigle

Uma vez ali, tratei de entrar em contato com os lugares onde poderia conseguir hospedagem. Mas meus três primeiros telefonemas não deram em nada.

Chegando a Saint-Maurice

No primeiro, o padre não estava; no segundo, fui atendido pela secretária... eletrônica; e, no terceiro, não havia lugar disponível. Era cedo ainda, porém, e não me dei por vencido. Afinal, duas das três possibilidades ainda estavam "vivas".

Aproveitei para dar uma volta pela cidade e depois procurar os endereços que constavam nos guias. Achei facilmente a abadia, que, embora não exatamente bela, impressionava pelo conjunto que formava com o imenso paredão de pedra logo atrás.

Entrei, assisti à missa que estava em andamento e, ao final, falei com o padre.

Identifiquei-me como peregrino e ele me disse que sim, que havia lugar disponível para me acomodar. Havia vários, na verdade.

O quarto oferecido ficava num anexo da abadia, no segundo an-

Abadia de Saint-Maurice (GETTY IMAGES)

197

dar. E, como é comum nesses casos, com o banheiro ao lado. Como eu estava sozinho nesse andar, a privacidade era máxima, tornando a hospedagem tão boa quanto num quarto de hotel.

Curtas

- A Suíça favorece incrivelmente o "turismo pedestre". Placas são vistas o tempo inteiro, dando indicações precisas de diversos percursos e suas respectivas distâncias. Fantástico.
- Se, a pé, a Suíça pode ser atravessada em cerca de sete a dez dias, de bicicleta, em dois a três dias o país pode ser inteiramente seu.

37ª etapa: Saint-Maurice → Martigny (16+8 km)
[→ La Sage]

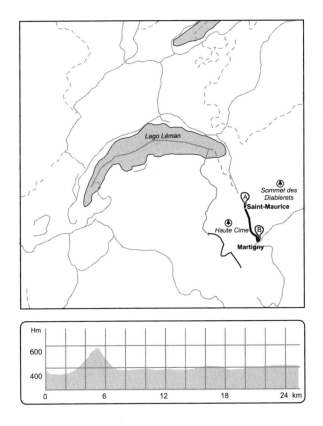

De pé às 7h30, a postos para o café às 8h, conforme previamente combinado com o padre. Ele, aliás, sentou-se à mesa comigo e tivemos uma conversa bem agradável e inteligente.

O tema que nos serviu de pretexto foi mais um ataque terrorista, desta vez no Egito, o que quase inevitavelmente nos levou a divagar sobre as pessoas em geral, suas crenças e culturas contrastantes e, naturalmente, os efeitos que o casamento entre fanatismo e intolerância pode causar nas relações entre os povos. E nele, como em mim, como em todos os demais "espectadores" dessa tragédia: a inevitável sensação de impotência...

Depois do café, subi ao quarto para pegar minhas coisas e às 9h já estava pronto para partir. Mas, como parecia muito "cedo" para começar a caminhar, e talvez porque estivesse estimulado pela conversa, me deixei devanear e escrever.

Agora, às 10h, posso finalmente partir.

* * *

A trilha de hoje teve novamente grandes variações altimétricas, mas, como sempre, isso só aumentou minha disposição. Sem dúvida, hoje, na forma em que me encontro, a jornada verdadeiramente cansativa é a jornada monótona, sem variação, interação ou beleza, e não aquela que demanda grande esforço físico. Porque, no primeiro caso, a mente abandona o corpo, que passa a acusar todo e qualquer desgaste.

Cascade Pissevache

No segundo caso, ao contrário, a mente se alia ao corpo, ocultando-lhe as dores e dando-lhe injeções extras de motivação e adrenalina.

Mas não foi só a altimetria do percurso que fez o dia de hoje especial. As trilhas que peguei e também a paisagem de montanha deram um verdadeiro show à parte.

Primeiro, quando eu menos esperava, depois de passar pelo povoado de Evionnaz, me deparei com uma imensa cachoeira, a Cascade Pissevache, uma impressionante queda d'água de mais de 100 metros de altura, simplesmente belíssima, daquelas que realmente povoam nossa imaginação. Sob o pretexto de tirar fotos de todos os ângulos, ali me deixei ficar um bom tempo, tentando talvez encontrar um defeito nessa pintura, mas em vão.

A Suíça é assim. Do nada, um castelo incrível ou uma cachoeira maravilhosa se apresentam à contemplação. O país às vezes parece de mentira, de tão bonito que é. Parece saído da imaginação de um artista, de um pintor inspirado.

Na sequência, cheguei a outro ponto marcante do dia: o desfiladeiro de Trient, "escavado" na rocha do Mont Blanc pelo rio de mesmo nome. Com uma profundidade de 200 metros, este desfiladeiro atrai amantes da escalada de toda a região.

Desfiladeiro do Trient (MARTA FILIPA BENTO)

A parte a que tive acesso, inteiramente preparada para a visitação de turistas de todas as idades, dá apenas uma breve mas impactante ideia do que se reserva ao "verdadeiro" e privilegiado aventureiro.

Só por esses acontecimentos, eu já havia dado o dia como "ganho". Mas Martigny ainda me reservaria outras boas surpresas.

A verdade é que Martigny é um charme. Cidade histórica e cultural, ela nos dá vivo testemunho de seu passado através de suas muitas ruínas romanas, entre as quais um anfiteatro em excelente estado de conservação. Não foi realmente difícil encontrar energia extra para um passeio mesmo com a mochila às costas.

Algo que também chama imediatamente a atenção do visitante são as instigantes esculturas de Michel Favre espalhadas pela cidade. O próprio escultor, aliás, eu tive a rara oportunidade de conhecer.

Foi um feliz acaso. Ao explorar a cidade, me deparei com um cartaz com a foto de uma de suas esculturas. Capturado por sua ideia, fiquei pensando em que lugar da cidade ela estaria, valia a pena vê-la pessoalmente.

Martigny e as montanhas

Nisso, vi um senhor, tranquilamente cuidando do jardim ao lado. Será? — pensei. Ele então veio em minha direção e se apresentou.

Perguntou se havia gostado da escultura. Naturalmente respondi

201

que sim, que gostaria muito de vê-la "ao vivo".

Gentilmente, então, ele me convidou a entrar em seu ateliê e ali tive o privilégio de ver a escultura que me fascinara, assim como muitas outras. E, como se precisasse de mais, me concedeu o especial privilégio de ver uma de suas obras ainda em fase de produção. Como disse, eis um feliz acaso.

Anfiteatro romano (CORBIS/LATINSTOCK)

* * *

A parada em Martigny atendia também a outro propósito. Em Genebra, Carlos havia me dito que passaria uns dias em seu chalé na montanha com a mulher Lorraine e os cunhados, Sylvain e Paula, e me convidaram a passar por lá.

Ao calcular as datas, vi que a viagem deles casava bem com minha chegada a Martigny, o ponto mais próximo onde eles poderiam me buscar. Acertamos então que eu telefonaria assim que chegasse à cidade, e foi o que fiz.

Como Carlos não pôde atender no momento em que liguei, aproveitei o pretexto para conhecer a cidade. Nisso já se vão duas horas, e o cansaço começa a pesar. Hora de fazer uma pausa e esperar.

Escultura de Michel Favre, Martigny

* * *

Carlos retornou a ligação minutos depois de eu ter me instalado confortavelmente num café, num dos cantos de uma agradável praça.

Ele me disse que estava a caminho, que chegaria por volta das 20h. Aproveitei para ler o jornal que havia comprado e pedi uma taça de vinho para relaxar.

* * *

Carlos não demoraria para me encontrar, e, após 60 quilômetros, muitos deles em sinuosa subida, atingimos o minúsculo povoado de La Sage, a mais de 1.600 metros de altitude. Como contraste, Martigny fica 1.200 metros abaixo.

O chalé está localizado numa colina, entre outros tantos chalés, com um córrego ao lado e uma vista absolutamente impagável para as chamadas "neves eternas". Destaque para a vista do pico La Dent Blanche, com cerca de 4.300 metros de altitude. "Imponente" seria eufemismo.

* * *

A acolhida foi simpática e calorosa, após cinco dias sem nos vermos. Nessa hora, pude perceber como a empatia entre nós foi grande, pois a impressão que tive foi a de que já nos conhecíamos de longa data. E, além da gentileza, fui recebido com um delicioso espaguete à bolonhesa, mais do que apropriado para o longo dia que havia tido.

Pausa — La Sage: 2 km

Apesar do cansaço acumulado do dia, acabamos indo dormir bem tarde ontem, por volta das 3h, colocando a conversa em dia, relaxando, jogando xadrez e bebendo vinho.

Hoje, apesar de ter levantado cedo (9h30), acordei revigorado. Acho que uma boa cama de vez em quando faz diferença. Depois, um farto café da manhã e o "planejamento" do dia: descansar muito, conversar, ler, escrever e, sobretudo, curtir esse sol de montanha.

* * *

Na estante, um livro captura minha atenção: o *Guide de Montagne*, de Andrée Fauchère. Algumas passagens me tocaram diretamente. Copio abaixo uma delas, apenas levemente modificada:

> Onde você queria que o homem de hoje — o empregado de escritório, o banqueiro, o professor ou operário — satisfizesse essa necessidade primitiva, esse gosto de aventura?
>
> (...) A montanha lhe fornece a ocasião de se manifestar, de se exercer. Vigor, resistência, vontade de superar os obstáculos, apetite de vencer, instinto de luta, tudo isso é despertado.
>
> Daí vem — no alpinista — essa deliciosa sensação de plenitude de vida que ele experimenta durante a subida.
>
> Uma vez que a vitória foi conquistada, o pico atingido (...) o alpinista se sente invadido por uma espécie de harmonia; ele sente que o equilíbrio se restabeleceu nas suas forças psíquicas.*

Quanto a mim, eu sei, estou longe de ser um alpinista em busca do topo do Everest. Mas posso igualmente perceber que, em momentos de grande intensidade física e mental, tudo ganha ares de vivência poética.

O pedaço de pão que lhe resta — após um mau cálculo do tempo e da distância para chegar à próxima cidade/padaria/mercado — se torna um banquete de sabor único. Come-se aquele pão, bebe-se aquela água e agradece-se por essa simplicidade do nosso corpo que precisamente aí se revela. Um pouco de pão e água. É, no fim, tudo aquilo de que precisamos. E, ao final de um dia exaustivo de caminhada, um banho e uma

---

*Andrée Fauchère. *Guide de Montagne*. Genebra: Slatkine, 1997. p. 13-14.

boa noite de sono. Diante disso, os outros problemas da vida se tornam inexistentes ou irrelevantes.

O fato é que esses dias de inigualável intensidade marcam uma pessoa, sua vida, seus pensamentos, seus objetivos, sua determinação, sua visão de mundo. Os traços dessas experiências ficam sobretudo na memória, mas se deixam entrever, se deixam revelar nesses olhos que viram "tanta beleza, tanta tempestade, tanta tristeza e dor", esses olhos que a aventura "tornava claros e vivos".

* * *

Após o almoço, uma pequena caminhada até um ponto de onde se tem uma privilegiada vista dos glaciares. Depois, volta ao chalé e relaxamento total. A chuva fina também não nos deu muita opção. Conversa, xadrez, jornal, música, jantar e cama. E já eram 2h.

Pausa — [La Sage →] Martigny: 3 km

Acordamos tarde — passava das 10h —, já em clima de partida.

Café da manhã, conversa com Paula sobre sua futura mudança para o Canadá, perspectivas, adaptação, a constatação de que "não existe lugar ideal para morar, apenas várias boas possibilidades" (frase dela, mas eu assino embaixo) e de que temos de fazer o melhor com as cartas à nossa disposição.

Mas não fomos muito ágeis para partir. Eram já 16h quando eles me deixaram de volta em Martigny, e, com isso, o dia ficou meio "perdido", sendo inviável seguir caminho até Orsières, próxima etapa.

Não fiquei muito satisfeito com isso, tenho de admitir. Contava em adiantar uma etapa ainda hoje, o que me deixaria em condições de "atacar" o passo do Grand-Saint-Bernard já amanhã.

Mas tudo bem. Martigny me agradou bastante, então aproveitarei para conhecê-la um pouco mais. A primeira coisa que fiz foi procurar o Posto de Informações Turísticas para descobrir minhas opções de hospedagem. Lá, me indicaram um lugar (Camping TCS) que me agradou bastante, bem localizado e com excelente estrutura. Deixei lá minhas coisas e fui dar uma volta.

Com isso, pude ver outras esculturas de Michel Favre, andar pelo centro e ter uma visão melhor do Castelo de Bâtiaz, um castelo-fortaleza construído por volta do século XIII, sem dúvida interessante, mas que "perdeu um pouco do impacto" devido a seus recentes "concorrentes", os castelos de Chillon e d'Aigle.

Antes do anoitecer, eu já estava de volta ao albergue, munido de comida suficiente para hoje e amanhã, quando começa o "ataque dos Alpes". Quanto mais descansado eu estiver, melhor.

Castelo de Bâtiaz (GETTY IMAGES)

Cruzando os Alpes:

Martigny → Grand-Saint-Bernard

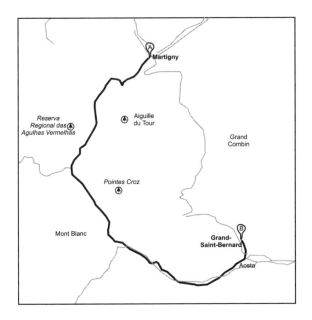

38ª etapa: Martigny → Orsières (21 km)

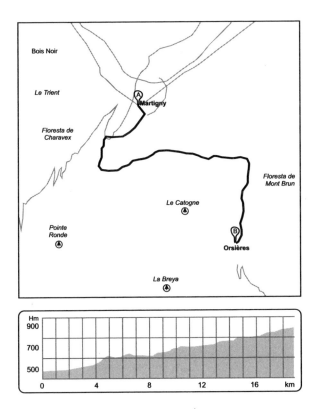

Creio que me esqueci de comentar. Quando Joe Patterson me deu os mapas em Londres, a parte referente à Itália estava faltando. Ele me disse então para contatar, quando chegasse à Suíça, um certo M. Moulin, que me daria as etapas restantes. Falei com ele alguns dias atrás, contei-lhe do meu cronograma de viagem e combinamos de nos falar novamente quando eu partisse de Martigny.

Logo antes de sair do camping, consegui falar com uma senhora, que me disse que ele retornaria perto de meio-dia e que me ligaria sem falta para combinar a entrega dos mapas. Confirmei que estava saindo de Martigny em direção a Orsières e desliguei.

* * *

Hoje começa a forte subida em direção ao Passo do Grand-Saint-Bernard. Saio de Martigny, a 470 metros de altitude, para Orsières, a 870 metros, e dali para o Grand-Saint-Bernard, a 2.470 metros! Serão dias difíceis em termos físicos, especialmente amanhã, e por isso mesmo tenho uma grande expectativa.

Em direção a Orsières

Adorei cada dia passado na Suíça, país de paisagens indescritíveis e hospitalidade enorme. Mas confesso que estou ansioso por cruzar mais uma fronteira, adentrar um novo país e, mais que tudo, entrar simbolicamente no que caracteriza a fase final da minha jornada: a Itália. Fase "final" é um modo (otimista) de falar, já que a Itália abrange metade da distância total do percurso, ou seja, cerca de mil quilômetros. Em termos de tempo, porém, creio que falta bem menos da metade. Foram muitos dias de pausa até aqui, sem contar que estou cada vez mais adaptado, física e mentalmente, às dificuldades inerentes a uma jornada dessa natureza e, por isso mesmo, capaz de ampliar minha quilometragem média diária.

* * *

O dia hoje não está muito fácil. Pelo menos esse início. O sol está fortíssimo e, após cruzar o simpático vilarejo Le Bourg (extensão de Martigny), perdi as indicações da trilha e me vi andando à beira de uma estrada muitíssimo movimentada. Espero retomar a trilha em breve, porém.

Agora estou no pequeno povoado de Le Borgeaud, onde fiz uma pausa, embora não para descansar, mas para encontrar M. Moulin, que de fato me ligou e combinou de me entregar aqui os mapas da parte italiana da Via Francígena.

* * *

M. Hubert Moulin é uma simpatia. Me trouxe os mapas e uma "credencial" extra, que veio em boa hora, já que os espaços disponíveis para os carimbos diários estavam quase acabando. Conversamos um pouco, ele me pagou uma cerveja e nos despedimos. Não sem antes me oferecer uma carona até a vila de Sembrancher, já bem perto de Or-  sières. *Até tu, Brutus?* Agradeci, mas recusei a gentil oferta. *Il faut tout marcher*, é preciso tudo caminhar — eu lhe respondi. Ele ainda insistiu, mas mantive a negativa. O que ele queria, testar minha resistência, minha "convicção de peregrino"? Certamente não, ele possivelmente não se importava muito com esse tipo de simbologia e quis apenas ser gentil.

* * *

Depois daí, felizmente o caminho ficou bem mais interessante. As placas indicativas voltaram e peguei as trilhas corretas, que seguiam por entre bosques, cortando grandes colinas e pequenos riachos. A vida selvagem ali deu hoje seu testemunho: dois cervos cruzaram meu caminho por breves segundos. O tempo apenas de nossos olhares se cruzarem e eles desaparecerem por trás das árvores.

Chegando a Orsières, não demorei a achar o albergue indicado. Estava vazio e, mais uma vez, tive toda privacidade possível. Mas confesso que preferia uma alternância nesses casos. Não me faria muito mal encontrar mais gente durante o caminho, para conhecer, conversar, trocar ideias.

Praça em Orsières

Dei uma brevíssima volta pela cidade, mais para comer e comprar mantimentos do que para conhecer a cidade. A verdade é que minha

211

cabeça já está inteiramente focada na "grande subida", de modo que prefiro armazenar o máximo de energia possível para amanhã.

Sim, amanhã é o grande e "temido" dia. O último dia em solo suíço, com a tão antecipada subida do passo do Grand-Saint-Bernard. Alguns depoimentos que li retratam a experiência quase como uma "escalada", já que são 1.600 metros de desnível entre o ponto de partida e o de chegada, distribuídos em 25 quilômetros de montanha. A estimativa é de cerca de oito horas de caminhada, não incluído aí o tempo para descanso. É preciso, então, acordar bem cedo amanhã e reservar pelo menos dez horas para cumprir esse percurso "épico".

Estou realmente animado para isso! É como se todos os elementos de aventura e novidade e beleza estivessem presentes. Não "como se": eles de fato estão presentes. O esforço, o desafio físico da subida, o percurso por entre trilhas, a beleza que a vista do alto vai propiciando, a montanha que acolhe o caminhante e propicia essa vivência e, ao final, a noite no famoso Hospice du Grand-Saint-Bernard.

Outro ponto não menos interessante para mim é o fato de o Grand-Saint-Bernard ficar praticamente na fronteira da Suíça com a Itália, já que literalmente a alguns metros da linha demarcatória entre os dois países. Tecnicamente, ainda durmo amanhã em solo suíço, mas apenas alguns minutos após o café da manhã já estarei pisando em território italiano. Mas devaneio: isso tudo, só amanhã.

* * *

Uma pequena observação.

Atravessei toda a Suíça, mas curiosamente só transitei pela parte de influência francesa. De fato, em todo o percurso, nada de alemão, em nenhum momento, ou italiano. Faz sentido. A observar o mapa, meu percurso segue sempre uma linha muito próxima da fronteira francesa. E mesmo quando acompanhei o lago andando em direção ao leste, e não ao sul, a fronteira franco-suíça também acompanhou o traçado. Mais do que isso, eu vim a descobrir depois, a metade sul do lago Léman pertence à França.

O mesmo acontece no percurso após o lago, nunca se distanciando muito da fronteira francesa. E um último detalhe: no passo do Grand-Saint-Bernard, onde a Suíça faz fronteira com a Itália, vale lembrar que a França dista dali não mais do que insignificantes 10 quilômetros, de modo que se trata praticamente de uma tríplice fronteira.

39ª etapa: Orsières → passo do Grand-Saint-Bernard (25 km)

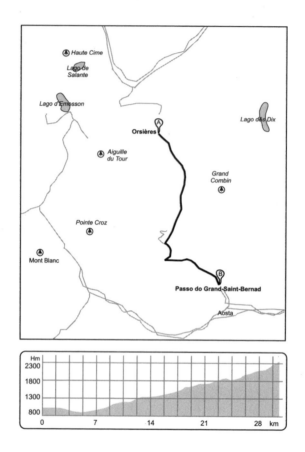

É hoje.

Acordei às 6h30, me arrumei e desci para tomar café.

Café da manhã maravilhoso, farto, diversificado, excelente para fornecer a energia necessária à empreitada de hoje. Por outro lado, fiquei pesado após comer e, com isso, não consegui sair antes das 8h30. Um pouco tarde para minhas pretensões iniciais, mas haverei de compensar o tempo perdido tentando imprimir um ritmo um pouco mais forte.

* * *

São 12h30 e já atingi quase dois terços do percurso. Preocupado por ter saído tarde, mantive meu plano de seguir um bom passo desde a partida, de modo que até agora, quatro horas depois, foram quase 16 quilômetros andados e mil metros subidos (870 metros → 1.830 metros). Além do ritmo forte — média de 4,6 km/h, surpreendente se considerarmos a inclinação e o relevo do terreno —, também reduzi as pausas ao mínimo, basicamente para olhar placas, decidir rotas e tirar algumas fotos. Agora, no entanto, mochila no chão, sentado sobre uma pedra, sinto o peso do ritmo que imprimi.

Suponho que o "fator altitude" também já deve estar começando a fazer efeito. É certamente difícil mensurá-lo, eu realmente não faço ideia de quando a rarefação do oxigênio começa a comprometer o desempenho físico.

Todavia, o que pude constatar na prática é que os passos foram ficando mais curtos e lentos, os metros sendo conquistados com mais dificuldade, especialmente a partir dos 1.500 metros de altitude.

Mas esse ritmo mais intenso compensou a preocupação em relação ao tempo total do percurso. De acordo com a última placa, são três horas de caminhada até o Hospice, então mesmo com pausas mais longas de agora em diante e num ritmo naturalmente mais lento, acho razoável estimar minha chegada para antes das 18h, talvez até mesmo antes das 17h.

* * *

Além da beleza, os abundantes rios e córregos que cruzo durante a subida cumprem outra "missão": fornecer água fresca e gelada. Pude oportunamente reabastecer meu cantil quando desejei, a ponto de nunca enchê-lo totalmente. Afinal, meio litro de água é meio quilo de peso...

* * *

São pouco mais de 14h e a simbólica marca dos 2 mil metros de altitude foi atingida. Pode ser besteira minha dar tanto valor a esses números e símbolos, mas creio que é mesmo inevitável. Porque, de algum modo, toda essa jornada vai ganhar uma conotação, digamos, "épica" justamente por causa dos números envolvidos: 2 mil quilômetros percorridos... três meses... 10 quilos às costas... dez horas por dia...

Outro modo de pensar é que os números fornecem uma espécie de "atalho" para dar uma dimensão mais aproximada do que foi ou está sendo vivido. Eles oferecem uma valiosa ajuda para se entender o que está em jogo quando se embarca numa aventura dessas.

E acho que isso é válido tanto para quem está ouvindo a história ser contada quanto para quem a está vivendo, no caso eu mesmo.

Para quem está de fora, por exemplo, pode-se pensar logo no tempo longe de casa, da rotina, dos hábitos e confortos do dia a dia. Ou ainda no espanto com os tantos quilômetros que se devem andar diariamente.

Para mim, de outro lado, os números que crescem a cada passo que dou me permitem, por exemplo, contextualizar as variações súbitas de humor que por vezes experimento, podendo passar da euforia ao pessimismo em apenas meia garrafa de vinho.

Mas me perco em digressões aqui... Cabe continuar a andar, quem fica parado não atinge o topo. Um último comentário, porém, antes de prosseguir: hoje está sendo tudo que pensei e mais um pouco.

Bosques, rios, pontes e travessias improvisadas; represas, vales, cachoeiras, montanhas... Incríveis paisagens, tornadas ainda mais espetaculares pela sensação de aventura e desafio físico. E de estar fazendo história. Minha história.

* * *

Após os 2 mil metros, a coisa ficou sensivelmente mais difícil. Tentei manter o ritmo forte, mas dava para perceber que o oxigênio disponível já não era o mesmo. Por sorte, havia disposição de sobra para compensar.

Disposição e belas surpresas. Quando já me aproximava do final do percurso, na marca dos 2.400 metros de altitude e faltando apenas cerca de 300 metros para o Hospice, eis que avisto... neve. Que visão. Emocionante, tenho de dizer.

Obviamente não resisti a um minidesvio de rota para uma foto sobre a neve em pleno verão europeu.

* * *

Cheguei. Estou no topo do Grand-Saint-Bernard, um dos pontos privilegiados para se cruzar os Alpes, havendo registros históricos de sua travessia que remontam a mais de 2 mil anos, o mais antigo deles (embora não tão confiável) fazendo referência à rota tomada por tribos célticas na invasão da Itália em 390 a.C.

De todo modo, trata-se de uma passagem conhecida tanto por Júlio César quanto por Otávio Augusto, e tão cara aos romanos que, em 43 d.C., uma boa estrada foi implementada, com direito a um posto-base e um templo dedicado a Júpiter estabelecidos no topo.

Napoleão cruzando os Alpes. Jacques-Louis David, 1801-1802. Museu de História da França. Versailles (CORBIS/LATINSTOCK)

Sigo também os passos ilustres de Napoleão Bonaparte, que realizou a travessia em maio de 1800, na companhia de mais de 40 mil homens e pesada artilharia, visando a surpreender o exército austríaco, que então cercava Gênova. Deu certo.

Despreparados para enfrentar o ataque iminente, os 140 mil soldados austríacos não conseguiram se reunir e organizar a tempo e acabaram sendo vencidos pelo compacto e eficaz exército francês.

* * *

Dei entrada no Hospice — trocadilho inevitável — às 16h40, tendo cumprido o percurso total em pouco mais de oito horas, algo bem surpreendente em face das previsões iniciais.

Fui muitíssimo bem recebido, com chá e biscoitos sendo oferecidos numa saleta logo após o "registro oficial" no livro de hóspedes.

Como muita gente se hospeda aqui, porém, de todas as procedências e com várias motivações, a atenção fica inevitavelmente dividida. São, em sua maioria, trekkers de montanha — há muitas trilhas na região —, mas há também muitos ciclistas e outros visitantes que aproveitam a ampla, e gratuita, hospitalidade. Perguntei por peregrinos da Via Francígena, mas a resposta foi negativa. O último havia passado fazia vários dias.

Bonaparte recebido pelos monges do Monte Saint-Bernard, maio de 1800 (CORBIS/LATINSTOCK)

Fui alocado num quarto com quatro beliches, mas apenas metade estava ocupada. Dois alemães e um casal de franceses serão minhas companhias.

Tendo chegado cedo, tive algum tempo antes do jantar para minha "rotina diária" de banho, alongamento etc. O jantar — servido em duas "rodadas", às 18h e 20h, para dar conta da quantidade de pessoas — teve sopa de legumes, pão e torta de ruibarbo. A sopa, aliás, fez particularmente bem, pois a temperatura havia caído bastante desde que cheguei. A noite, parece, vai ser bem fria.

Depois do jantar, fomos conduzidos a um pequeno auditório e convidados a assistir a um filme sobre a história do Hospice, bem interessante por sinal.

Entre os muitos fatos, ficamos todos espantados ao saber que, por conta da altitude e do

> **Um pouco de história**
>
> Fundado em 1049 por São Bernardo de Menton, então arquidiácono de Aosta, cidade italiana situada logo ao pé da montanha, o Hospice du Grand-Saint-Bernard foi construído com o propósito de fornecer ao mesmo tempo abrigo e segurança aos viajantes que por ali passavam, já que antigamente eram comuns os ataques de bandidos na região.
>
> O Hospice foi originalmente dedicado a São Nicolau, mas posteriormente renomeado em homenagem a seu fundador.
>
> Foi lá que a raça canina são-bernardo foi desenvolvida. Inicialmente, a ideia era que servissem como cães de guarda, mas em pouco tempo passaram a ser aproveitados como cães de resgate, para acidentados na montanha.

rigoroso inverno, o Hospice fica inacessível por estrada durante sete meses do ano.

Nesse período, só se chega aqui de esqui. "Nem por isso o Hospice deixa de servir de ponto de apoio para os viajantes e esquiadores mais intrépidos", o padre-anfitrião completou. E emendou: "Para quem acha que a vida de um monge é fácil... tente passar um inverno inteiro aqui."

Ao final, o padre respondeu a algumas perguntas e aproveitou para nos contar algumas histórias, em particular sobre o trabalho de ajuda e resgate a pessoas em apuros na região. Disse já ter tido de intervir pessoalmente em duas oportunidades em casos de avalanche — duas pessoas salvas, mas infelizmente duas vítimas fatais —, apesar das amplas advertências aos esquiadores para que não saíssem naqueles dias. Ele, aliás, é responsável pelo treinamento dos cães de resgate e não perdeu a oportunidade de fazer uma pequena exibição dos talentos do seu companheiro de trabalho, um lindo setter. Perguntado se o são-bernardo tinha perdido o "emprego", ele sorriu e disse que não, que apenas tinha arranjado outro, mais tranquilo, possivelmente se referindo ao canil de criação de são-bernardos ali existente, aberto à visitação pública (paga).

Vista logo à saída do Hospice du Grand-Saint-Bernard. Deste lado do lago, a Suíça; do outro, a Itália. O que dizer diante de um cenário desses?

"Reta final"

ITÁLIA

Aosta → Roma
958 km — 34 dias

44. Aosta 45. Chatillon 46. Pont-Saint-Martin 47. Ivrea 48. San Germano
49. Robbio 50. Garlasco 51. Pavia 52. Santa Cristina 53. Orio Litta
54. Fiorenzuola 55. Medesano 56. Cássio 57. Montelungo 58. Pontrémoli
59. Aulla 60. Sarzana 61. Luni 62. Carrara 63. Massa 64. Pietrasanta 65. Lucca
66. San Miniato Basso 67. San Giminiano 68. Siena 69. Buonconvento
70. Montalcino 71. Abadia San Salvatore 72. San Lorenzo Nuovo
73. Montefiascone 74. Viterbo 75. Sutri 76. La Storta 77. Roma

1.100 quilômetros até o Grand-Saint-Bernard:
Roma está ficando "perto"

40ª etapa: passo do Grand-Saint-Bernard → Aosta (28+1 km)

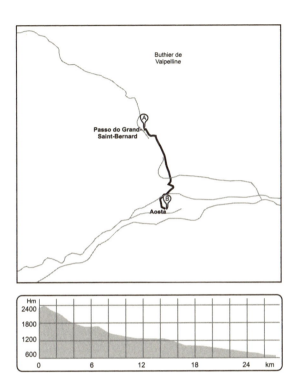

> He who binds to himself a joy
> Does the winged life destroy
> But he who kisses the joy as it flies
> Lives in eternity's sun rise...
>
> WILLIAM BLAKE

No café da manhã, um pequeno dilema: aproveitar a hospitalidade do local e ficar mais um dia ou seguir caminho? Hesitei um pouco, mas a vontade de seguir falou mais alto. Mas sem a pressa de partir do dia anterior. Aosta ficava a 27 quilômetros, mas de plena descida. Então, após o café da manhã, arrumei com calma minhas coisas e fui à biblioteca estudar os mapas recém-recebidos das próximas etapas.

Com tudo isso, parti quase às 11h. O tempo não estava muito bom, fazia mais frio do que à noite e havia uma forte neblina. Aproveitei para dar uma rápida passada no canil e ver os irresistíveis filhotes de são-bernardo.

Dizendo adeus à Suíça. Ao fundo, o Hospice

Foi o tempo de a neblina dissipar um pouco. A previsão era de chuva no final da tarde, mas entre a chuva e a neblina prefiro a chuva, ainda mais numa trilha de montanha.

A alguns metros do Hospice — literalmente —, cruzei a fronteira da Suíça com a Itália.

Desta vez, diferentemente da fronteira com a França, havia alguns guardas, mas estes só se preocupavam em monitorar os (poucos) veículos que passavam, não tomando conhecimento dos (muitos) pedestres que seguiam em ambas as direções.

* * *

E eis que aqui também a previsão do tempo falha. Menos de meia hora depois de ter partido e ainda antes do meio-dia, a chuva caiu. Felizmente, depois de eu ter deixado para trás uma íngreme e acidentada encosta, de onde se podia avistar um imponente aqueduto.

A chuva veio tímida no começo, torrencial em seguida, o que gerou um considerável desafio extra para essa forte descida de montanha.

* * *

Entro na Itália com um misto de expectativa e nostalgia. É que os dias de Suíça foram tão maravilhosos que é difícil não pensar que já atingi o ápice desta caminhada. Ainda mais quando esses dias são coroados de forma tão brilhante, como foi o caso da "escalada" do Grand-Saint-Bernard, com seus 2.500 metros de paisagens de tirar o fôlego (literal e metaforicamente). Sim, é difícil não pensar que os melhores dias talvez tenham ficado para trás... Mas acredito que a Itália haverá de me reservar também incríveis surpresas.

* * *

A chuva me acompanhou durante todo o dia. Bem forte na descida do Saint-Bernard, intermitente no resto do percurso, forte novamente na chegada à cidade de Aosta. Mas felizmente cedeu em seguida, me permitindo — após banho tomado e mochila no hotel — um belo passeio pela cidade, já decorada pela noite.

O cenário estava, aliás, perfeito, o que me incitou a completar o dia com uma total indulgência dos sentidos e a entrar no charmoso restaurante Vecchia Aosta.

Deixei o comedimento do peregrino de lado e me ofereci um jantar para lá de completo

Hôtel de Ville (GETTY IMAGES)

— e fantástico. Tartare de salmão com salada e queijo de cabra. Risoto de frutos do mar com lagostim. Truta com purê, espinafre, vinho. E quer saber? Foi até barato. Por 50 euros, adquiri uma memória que provavelmente me acompanhará para sempre.

* * *

Pergunta para Danuza ou Glória Kalil: é falta de educação se apaixonar pela garçonete mesmo quando ela é linda demais?

* * *

À saída do restaurante, um senhor veio falar comigo e se emocionou quando eu disse que ia a pé a Roma. Não entendi 80% do que ele disse, mas sua emoção ficou bem evidente. E a minha também, por consequência.

* * *

Satisfeito e cansado — já passa da meia-noite —, é hora de encerrar o dia.

41ª etapa: Aosta → Chatillon (25+3 km)

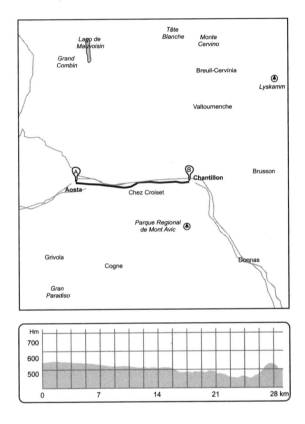

A refeição inabitual acabou revelando outro efeito, habitual: a insônia. Comi demais e, mesmo tendo andado uma boa meia hora antes de voltar para o hotel e esperado ainda outra hora antes de dormir, isso não foi suficiente para amenizar os efeitos desse excesso.

Na primeira parte da noite, dormi mal, na segunda simplesmente não dormi, e só fui pegar novamente no sono com o dia amanhecendo. E, ainda assim, às 8h estava de pé, com a sensação de ter acabado de comer.

Mas, olhando pelo lado positivo, acabei dando sorte, muita sorte.

Às 8h45, uma senhora (a dona?) bateu à minha porta querendo saber se eu sairia logo, dizendo que o quarto precisava ser liberado, do contrário outra diária seria cobrada. Fiz cara de quem não sabia, ela respondeu que estava escrito no mural, pedi mais cinco minutos, ela replicou "quatro", desnecessariamente rude e sem nenhuma paciência.

Como tinha acordado cedo, já tinha arrumado tudo, faltando apenas colocar algumas poucas coisas na mochila e escovar os dentes. Sem a insônia, fatalmente teria dormido até tarde e aí...

Parti na pressa e com ganas de xingar *la vecchia signora*, só recobrando a calma alguns minutos depois. Mas foi fácil esquecer o episódio. O dia estava lindo, as ruas cheias de gente bonita, a atmosfera perfeita para explorar alguns dos pontos-chave da cidade, como a Porta Praetoria, o teatro romano (infelizmente em reforma) e o Arco de Augusto.

Porta Praetoria (século I)
(CORBIS/LATINSTOCK)

Realmente, são muitas as ruínas remanescentes desse período de ocupação romana, tornando a visitação da cidade uma bela viagem ao passado. As muralhas da cidade antiga ainda estão bem preservadas, possuem mais de 6 metros de altura e quase 3 de espessura, cobrindo um perímetro de cerca de 2,5 quilômetros.

O próprio nome da cidade presta homenagem a essa época: *Aosta* é contração de Augusta Praetoria Salassorium, nome primitivo da cidade que faz referência, de um lado, ao imperador Otávio Augusto, e, de outro, aos Salassi, povo nativo, então conquistado pelos romanos.

* * *

Tributo prestado à cidade, descobri uma lan-house onde pude me atualizar das novidades, para só então pôr finalmente o pé na estrada. Já passava do meio-dia, e aí o sol, de abençoado, vira inimigo.

Agora, com apenas 14 quilômetros andados, o cansaço é bem desproporcional à distância percorrida. A água vira necessidade a cada metro, mas a cada metro ela fica mais quente na garrafa. Não há entretanto o que fazer, é preciso bebê-la assim mesmo. Ou aproveitar os "oásis" no meio do caminho, como esse bar, onde me reabasteci com água fresca e, não resistindo à tentação, pedi uma cerveja.

Arco de Augusto (25 a.C.)
(CORBIS/LATINSTOCK)

E na sombra ainda... Paraíso.

Mas é hora de voltar à estrada, ao asfalto, a esse "inferno cinza"... A sorte é que tenho a companhia sempre agradável das montanhas. E um ou outro castelo para compor a paisagem.

* * *

Hoje foi possivelmente o dia mais difícil de terminar. Talvez à frente mesmo de Chaumont. Não pela distância, tampouco pelo calor. Já andei mais quilômetros em dias mais quentes. De algum modo, porém, houve hoje certa combinação de fatores que deixou as coisas muito duras. Não é tão difícil assim de explicar. Quarto dia forte de caminhada, uma sequência de noites maldormidas, as dores musculares provenientes da descida acelerada do Grand-Saint-Bernard... Tudo isso fornece uma precária base a que o calor só vem se acrescentar.

* * *

229

Chatillon impressiona desde a chegada, mas o cansaço não me permitiu prestar muita atenção em suas maravilhas. Eu queria apenas parar em algum lugar, largar minhas coisas e relaxar. Por isso mesmo, foi com mau humor que encarei as instruções confusas para chegar à Ordem dos Franciscanos. Depois de me bater um pouco e andar aqueles infinitos e desnecessários metros, consegui achá-la. Toquei e, após alguns instantes, um frade veio me atender.

Trocamos algumas palavras, e tive de fazer um esforço considerável para entender o que ele dizia. Ainda assim, pude compreender que minha chegada era "inesperada" e isso trazia algum problema de organização. Desculpei-me, é claro, e então ele me perguntou se eu pretendia passar a noite e me deixou entrar. Em seguida, disse para eu deixar minha mochila numa pequena sala e, enquanto eu fazia isso, desapareceu escada abaixo.

Dispus minhas coisas, desci as escadas até um belo claustro, mas não vi sinal de ninguém. Esperei um pouco e voltei à sala onde havia deixado a mochila. Puxei uma cadeira e sentei-me, mas, nesse preciso momento, o cansaço é tanto que nem assim consigo relaxar. Sinto uma necessidade imperiosa de tirar minhas botas, tomar um banho, me esparramar numa cama qualquer... Mas, em vez disso, essa espera interminável — já se passaram vinte longos minutos — e, pior, essa indefinição. Será que entendi corretamente, será que havia mesmo lugar para mim?

Trinta minutos e nada... Se em qualquer circunstância essa espera já é desagradável, no caso em questão são meus limites físicos que estão sendo desafiados. O que fazer? O cansaço é tanto que a inércia ainda fala mais alto. Continuo esperando. Mas já preparando mentalmente os passos da minha "fuga".

Quarenta minutos sem qualquer resposta, sem qualquer sinal de vida. Chega de esperar. Resolvi deixar um bilhete agradecendo — e me desculpando — e saí. Quisera ter feito isso antes, bem antes.

Desci a ladeira e achei um pequeno hotel a 30 euros. *Va bene.*

* * *

Cama de casal, ducha no quarto: hoje, para mim, isso é como um hotel cinco estrelas. Botas tiradas (ufa!), pés destroçados, a vontade que dava era jogar as pernas para o alto e assim ficar por horas. Mas não podia. Não sem um banho; não sem comer. Nessa ordem.

Fui então ao restaurante do hotel, não gostei muito e arrisquei uma breve volta pelo quarteirão. Como tudo era mais ou menos a mesma coisa, acabei voltando ao hotel e pedindo um calzone, na falta de opção mais tentadora. Diferentemente de ontem, estamos operando na esfera da necessidade, não do desejo.

* * *

Como eu já imaginava, o calzone está longe de maravilhoso. Mas é quente e farto. É o bastante.

* * *

Esqueci de carimbar minha credencial ontem! Vou, assim, improvisar e substituir o carimbo por um recorte da foto do anfiteatro romano com o nome "Aosta" destacado. Por pura sorte — quase joguei fora o panfleto — terei alguma coisa genuinamente local. Vai destoar um pouco do resto, mas valerá pelo toque de criatividade.

42ª etapa: Chatillon → Pont-Saint-Martin (29 km)

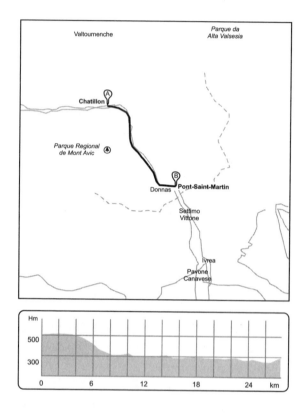

Agora, de dia e propriamente repousado, posso desfrutar do que ontem tinha meramente constatado: Chatillon é realmente bela. Trata-se de uma cidade incrustada na montanha, e seus abruptos desníveis causam impacto pelo modo como a arquitetura tem de se desenvolver para fazer face às limitações/imposições da natureza. Aliás, o vale d'Aosta como um todo é lindo, trata-se realmente de uma região a explorar, voltar outras vezes, conhecer a fundo.

* * *

Quase vizinha a Chatillon, achei outra belíssima cidade, Saint-Vincent. Bela, agradável, charmosa, simpática. Viva.

É quase irresistível andar por seu calçadão e parar em algum de seus inúmeros cafés e restaurantes. É realmente uma pena que eu tenha chegado aqui agora, tão no início do dia. Fosse já perto do almoço e sem dúvida aproveitaria o pretexto para passar mais tempo aqui.

Não posso deixar de lamentar também não ter dormido aqui ontem, essa atmosfera teria sido perfeita para elevar meu abalado mau humor. Ficará para uma próxima oportunidade, tenho certeza.

* * *

Imprimi um ritmo incrível hoje. O que uma boa noite de sono não faz para o corpo! Foram 5,8 km/h de média até aqui (recorde), sendo que só comecei a "acelerar" a partir da segunda hora de caminhada. E, quando enviar a Roma minhas "roupas de inverno", ficarei ainda mais leve, o que me permitirá tornar as jornadas ainda mais "físicas". E já penso em me livrar até mesmo do saco de dormir. Tendo a Suíça ficado para trás, a tendência da temperatura é subir e não parece mesmo haver razão para carregar um "pesado" (cerca de 1,5 quilo) saco de dormir resistente a -10 graus... Um pequeno jogo de lençóis pode muito bem dar conta do recado. Se fizer isso, ficarei realmente bem leve. Era até o caso de mandar também as botas, comprar um par de tênis e correr...

Essa "parte atlética" da peregrinação me faz pensar: o que motiva um peregrino? Ou melhor, o que o impede de tomar um ônibus, um trem, pegar carona num dia de intenso calor ou simplesmente tedioso?

Determinação e motivação semelhantes poderiam ser pensadas para um maratonista amador. De fato, o que o motiva a correr uma maratona, a vencer seus 42 quilômetros?

Não é a busca por um estilo de vida saudável, pois lhe bastaria correr 10 quilômetros diários para atingir esse objetivo. Por que, então, tantos amadores buscam correr uma maratona? A única resposta que encontro é: eles o fazem pelo desafio, pelo indescritível prazer pessoal de vencer essa distância simbólica, de pôr o corpo — e a mente — à prova. E não importa tanto se o percurso foi cumprido em seis, quatro ou três horas (abaixo disso, não seria realmente um "amador"...). Desde que ele complete a prova, tudo está perfeito, pleno. Correr uma maratona é como plantar uma árvore, escrever um livro, ter um filho: seus efeitos na natureza/cultura/memória são permanentes.

O mesmo vale, acredito, para este tipo de peregrinação. Tive de responder algumas vezes à pergunta: mas por que decidiu andar de Londres a Roma, percorrer seus quase 2 mil quilômetros? Amigos, parentes e uma infinidade de desconhecidos me fizeram a mesma pergunta. Dei também, a cada momento, uma infinidade de respostas, mas, em geral, sempre tentava "sofisticar" um pouco as razões: para meditar; colocar os pensamentos em ordem; reganhar perspectiva sobre minha vida; enfim, um modo especial de viajar, conhecer pessoas, paisagens, culturas etc.

É claro que todos esses aspectos são parte da resposta, mas o que percebo também é que uma das grandes motivações para andar esses 2 mil quilômetros, atravessar esses quatro países, foi o amor pela aventura, o desafio. Tal como um maratonista ou alpinista, fui também movido pela ideia de realizar um grande feito atlético, algo grandioso sob qualquer ponto de vista e, ainda assim, viável para minhas condições pessoais. Um modo privilegiado, enfim, de prestar um grande tributo ao esporte.

* * *

E, por falar em "alpinismo", recebi ontem um convite altamente tentador: me juntar a um grupo de amigos e escalar o topo do Kilimanjaro! Eles querem fazer isso no ano que vem e, levando em conta meu perfil, pensaram imediatamente no meu nome para fazer parte do grupo. É difícil saber o que me reserva o ano que vem — trabalho, pós-doutorado etc. —, mas o pretexto não poderia ser melhor. São, afinal, pessoas de que gosto bastante e com quem seria bem especial compartilhar essa experiência. Não dei muita certeza, afinal ainda há muita indefinição para o ano que vem, mas fiquei de pensar com carinho na proposta.

Ponte romana em Pont-Saint-Martin (CORBIS/LATINSTOCK)

* * *

Castelo de Montjovet (GETTY IMAGES)   Bourg-Montjovet (CORBIS/LATINSTOCK)

Pont-Saint-Martin. Eis mais uma bela cidade, com seu castelo e igreja em elevados picos, ponte romana, belas casas. Vila pequena e agradável. Tão pequena que, ao seguir as indicações para o hotel, acabei passando dos limites da cidade.

A nota chata é que isso me levou para uma parte não tão simpática da cidade.

Mas tudo bem. Amanhã, como pretendo ir ao correio antes de seguir para Ivrea, aproveito e dou uma geral nas suas pequenas ruas.

Curtas

- Amanhã, saio do vale d'Aosta e entro na região do Piemonte.
- A região do vale d'Aosta é realmente pródiga em castelos. De Aosta a Chatillon foram quatro, e desta até Pont-Saint-Martin avistei outros cinco. Vale mencionar ainda (mais) uma ponte romana, do século I a.C., e o aqueduto no belo povoado de Bourg-Montjovet.
- Pés constantemente inchados, mesmo na manhã seguinte, mesmo com alguns dias de descanso.
- Pizza também hoje. Mas bem melhor do que o calzone de ontem.

43ª etapa: Pont-Saint-Martin → Ivrea (20 km)

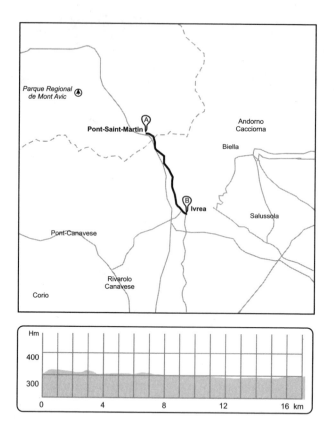

Estamos em agosto.

Quando saí de Pont-Saint-Martin, o relógio já marcava 10h. Não querendo, porém, me desgastar com um passeio nas enladeiradas ruas da cidade, desisti de ir ao correio e parti direto para Ivrea.

Comecei o dia meio lento, me sentindo um pouco pesado do café da manhã, mas logo depois fui ganhando ritmo e, mesmo sem forçar ou premeditar, acabei superando a média do dia anterior e estabelecendo um novo "recorde" (5,9 km/h).

Com isso, cheguei cedo, muito cedo, a Ivrea, pouco depois das 13h, o que me dá bastante tempo para uma calma visita à cidade.

Apesar de seu imponente castelo, datado do século XIV, não achei a cidade muito acolhedora. Gosto das cidades com um centro bem definido, com suas ruas estreitas, praças e construções principais ao redor de um mesmo ponto, quase sempre a catedral.

Castelo de Ivrea (DE AGOSTINI/GETTY IMAGES)

Gosto disso não só pelo ambiente criado, mas também pela facilidade de adquirir informações, sem esforço, sem muitas perguntas. No contexto do desgaste físico de um andarilho, isso é bem importante.

Ivrea, ao contrário, embora aparentemente não muito grande, é "dispersa". Primeiro achei seu castelo, depois algumas simpáticas ruas com bares e restaurantes, ali e acolá outros estabelecimentos, praças, bares. E sempre pouca, pouquíssima gente nas ruas. É verdade que é cedo, comparado ao meu horário habitual de chegada, mas mesmo assim.

O mais chato, porém, é que não estou conseguindo achar indicações para os lugares mencionados no guia e as pessoas que parei para pedir informações nada sabiam... Diante disso, resolvi parar um pouco de procurar. Achei um pequeno barzinho numa área simpática e arborizada, onde pedi um *panino* e uma cerveja. Essa pausa sem dúvida me cairá bem.

* * *

Tenho a nítida sensação de que algo mudou de hoje para os dias na França. Sim, agora me sinto mais leve. Literalmente, claro (perdi pelo menos 3 quilos), mas sobretudo mentalmente. De algum modo, minha relação com os problemas que eu tinha antes de partir mudou. Isso não quer dizer que eu tenha achado soluções para eles, longe disso. Mas, se é verdade que minhas questões ainda hoje obtêm respostas apenas provisórias, não é menos verdade que as "nuvens" que as cercam parecem menos densas, as dúvidas parecem menos "dramáticas". Terá ocorrido, afinal, uma gradual e imperceptível mudança de perspectiva? Não sei especificar exatamente o quê ou por quê, mas tenho uma sensação de saber melhor o que realmente quero, de que saberei discernir o que é realmente  central, crucial, nas próximas decisões a tomar.

* * *

Hoje sou apenas sombra do que já fui um dia. Se talvez menos nítido, seguramente muito mais leve.

* * *

Acabei achando um hotel, mais caro do que a média (37 euros), porém bastante bom e confortável. Isso vem bem a calhar, já que com toda essa demora e procura não creio que terei muita disposição para sair mais tarde. Assim, aproveitei que passei em frente a um mercado e já fiz o check-in munido de mantimentos para o jantar e o dia de amanhã.

44ª etapa: Ivrea → San Germano (35 km)

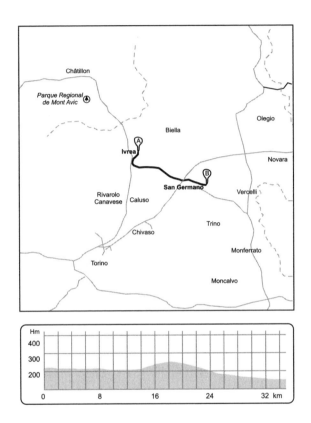

De fato, aproveitei ao máximo o hotel e de lá só saí realmente na hora de voltar a caminhar. Aproveitei sobretudo a tevê, que deixei ligada o tempo todo para ir me habituando à língua. Ler italiano é realmente fácil, a compreensão é bem direta e imediata. Mas a palavra falada é outra coisa. Em várias pequenas conversas, entendo nada ou quase nada, no máximo palavras isoladas. A comunicação é efetiva apenas quando uma informação muito específica está em jogo, caso em que posso formular a pergunta e entender parte suficiente da resposta.

Mas faz apenas três dias que estou aqui... Estou curioso para saber o que um mês de aprendizado, de imersão na língua, pode fazer. Preciso, porém, ajudar esse processo e voltar a consultar meu livro de italiano. Não o abro há muitos dias, confesso que tem faltado energia para estudar à noite. Mesmo num dia como ontem, em que andei pouco e cheguei cedo, me surpreendi pegando no sono pouco depois das 21h. E, apesar disso, só fui abrir os olhos hoje às 7h30! Pelo visto, aquelas noites maldormidas ainda se fazem sentir.

Pensei em aproveitar esse fato para sair cedo — tenho hoje uma jornada longa, de 35 quilômetros —, mas acabei "detido" por um programa na RAI sobre o fim da Segunda Guerra, muito interessante, com imagens de pleno combate, camicases, bomba atômica etc.

Depois, veio o café da manhã, arrumação, esses breves escritos... E eis que já passa das 9h. E se ainda for ao correio... Bem, pelo menos nesse caso já andaria bem mais leve, uma vez que pretendo mandar todas as minhas roupas de frio para Roma. Talvez mantenha uma peça, como garantia, mas é verão e não acho que seja necessário.

* * *

Acabei não indo ao correio...

* * *

Nessa caminhada, não há lugar para arrogância, pressa ou excesso de otimismo quanto à boa forma, ao bom preparo físico. Se ontem eu parecia que podia voar, andar 40 quilômetros num dia, hoje me sinto pequeno, meus passos parecem arrastados e Roma parece infinitamente longe...

* * *

E se a gente se amasse à distância
e cultivasse a saudade como uma flor no deserto
fazendo do amor um Oásis
onde matamos a sede mais bruta
onde nenhuma rotina se produz
onde todo encontro é fundamental
toda separação excessiva é fatal
um amor sem o qual, em última instância,
nenhuma sobrevivência é possível...*

---

*Interessante... Ao rever minhas notas de viagem, eu simplesmente não me lembrava de ter escrito esse poema...

Pouco antes de atingir San Germano, na meia hora final de percurso, caiu uma chuva incrível, um verdadeiro temporal, o que, tenho de dizer, foi ótimo para me dar um ânimo extra. A parte desagradável, como sempre, foi ter de enxugar as botas. De tão encharcadas, precisei de jornal velho para apressar a secagem, procedimento repetido duas vezes. Depois do banho, porém, experimentei uma recuperação bem melhor do que pensava. Me senti até bem-disposto. Mas, com a chuva e num pequeno vilarejo, não havia outra opção a não ser ficar quieto e jantar mesmo no hotel. O menu fixo trazia nhoque e vitelo, ao que acrescentei uma taça de vinho. Razoável.

* * *

Definitivamente, a filosofia puramente especulativa, "não aplicada", não me interessa mais. Só quero aquela que possa servir de base à construção de uma teoria em algum sentido voltada para o mundo exterior, isto é, tocando em pontos concretos da realidade que nos cerca, influenciando nossa visão de mundo, nosso modo de interagir com o mundo, com as pessoas. Uma espécie de retorno aos gregos, que sabiamente não separavam a filosofia da busca por uma vida melhor e mais feliz.

* * *

Meu pai, Mario Nascimento, é muito como meu amigo sul-africano David Jordan: sua obra está na sua vida, e ambos deixam como principal rastro um mundo mais feliz para aqueles que os cercam, de maior tolerância, amor, acolhimento, sabedoria. Ambos são um pouco como Sócrates. A palavra que transforma é a palavra falada, a palavra ouvida, não tanto a escrita.

* * *

Detendo-me um pouco sobre o projeto de transformar esta experiência em livro, me pergunto mais uma vez que tipo de livro é este. Sim, porque embora trate da Via Francígena, ele definitivamente *não* é um guia, nem é sua pretensão dar dicas e informações exaustivas sobre como perfazer esse mesmo percurso (embora, obviamente, acabe fornecendo uma boa dose de ambas).

Quer dizer, é claro, que este livro trata da Via Francígena, mas sobretudo no que diz respeito aos impactos que ela pode ter sobre um peregrino, sobre uma mente errante, esses dias sem fim de caminhada, o constante enfrentamento corpo *vs.* mente, mente *vs.* mente. Ele diz respeito a como uma peregrinação tão longa quanto esta pode afetar uma pessoa, seus pensamentos, suas reflexões, seu modo de ver a si mesma; como essa pessoa vai lidar com seus fantasmas, seus medos, seus planos, inseguranças, (in)decisões; como suas reações e pensamentos se desenvolvem e mudam no curso do tempo e do trajeto, ganhando ou perdendo intensidade, mantendo sua opacidade ou adquirindo clareza; como alguns problemas encontram solução ou, ainda melhor, *dissolução*, e deixam mesmo de ser vistos como problemas.

Para quem se interessar por um trajeto desse tipo, por conhecer as íntimas relações entre físico/corpo e mente — ou como certas condições-limite impostas ao primeiro têm influência forte e direta sobre a segunda —, este é definitivamente *o livro* sobre a Via Francígena. E esse leitor talvez então se dê conta de que ela é apenas um pretexto, um belo pretexto, um meio para se atingir um certo fim, que não é Roma. O corpo anda 2 mil quilômetros para que a mente possa ir ainda mais longe... A Via Francígena é, desta forma, o cenário mutante de uma grande e ininterrupta meditação, tempo em que as paisagens, obras, pessoas e conversas tornam-se importantes enquanto e na medida em que despertam novas reflexões/conexões, aguçam certos estados mentais; enfim, servem de matéria-prima para recriar velhos pensamentos e ideias...

45ª etapa: San Germano → Robbio (31 km)

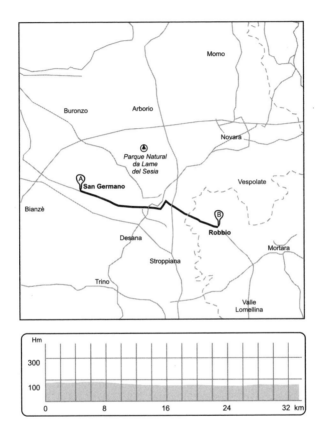

Consegui dormir bem até as 3h. Depois, forte insônia. Tentei de tudo. Li um pouco, assisti a tevê, mas só fui dormir novamente perto das 6h. Às 9h, já estava de pé, e, às 10h, na rua.

* * *

Perto da hora de almoço, encontrei um grande Carrefour na região de Vercelli.

Aproveitando a oportunidade, além dos mantimentos, comprei também um cartão de memória extra para a câmera — já estava correndo o risco de ter de apagar fotos para liberar espaço — e um lençol, dando sequência ao plano de enviar também a Roma, junto com as roupas de frio, meu saco de dormir. Afinal, passada a fase de montanhas e em pleno verão, nada mais é preciso para as situações de albergue, monastério etc. Ali mesmo achei um correio e enviei mais esse "peso morto".

Agora, sem o saco de dormir e as roupas de inverno, estou quase 3 quilos mais leve! É verdade que já andei mais de 1.200 quilômetros com todo esse peso, mas quanto mais leve melhor, e antes tarde do que nunca. Afinal, andar mais leve implica também uma maior autonomia: ser capaz de andar mais quilômetros por dia e mais dias consecutivos, com menores chances de contusão.

* * *

Hoje, outra jornada acima dos 30 quilômetros. E o sol voltou a ficar inclemente. Com o calor, e incômodas dores no joelho direito, acabei parando para descansar de meia em meia hora, algo bem incomum aliás, já que normalmente paro a cada hora e meia ou mesmo a cada duas horas.

* * *

Em Robbio, outro evento marcante, excelente para aumentar minha motivação.

Desta vez, achei facilmente o endereço indicado pelo guia, da família Pozzato. Tentei ligar antes, sem sucesso, então arrisquei bater à porta. A recepção não poderia ter sido mais calorosa. Fui acolhido pela adolescente Marta, e depois sua mãe, que me deram as boas-vindas e me convidaram a entrar.

A casa era grande e bem bonita. Fui alojado no escritório, onde já havia uma cama montada para hóspedes, que ficava convenientemente ao lado do banheiro. Tomei um bom banho, lavei as roupas do dia e, quando me preparava para tomar algumas notas, chegou o patriarca Giuseppe, um senhor muito gentil, que me mostrou alguns livros da Via Francígena e em seguida me convidou a dar uma volta de bicicleta pela cidade.

Ele me mostrou especialmente duas igrejas. A primeira, praticamente ao lado de sua casa, do século XII porém recém-restaurada, e uma outra, a Igreja de San Pietro, que tive o privilégio de conhecer por dentro, já que ela geralmente fica fechada à visitação, só abrindo para cerimônias ocasionais, como casamentos.

Igreja de San Pietro

Aliás, o próprio Giuseppe ali havia casado, numa pequena cerimônia conduzida pelo pároco Gian Maria, que havia se tornado amigo da família e, por isso, não viu problema em lhe emprestar a chave para essa exclusiva visita.

A atmosfera dessa pequena igreja é realmente especial. Ali, pude apreciar belos afrescos de São Pedro, Sant'Ângelo, Maria, Jesus e a trindade.

Ainda demos uma volta por outros quarteirões, e Giuseppe me contou um pouco da história da cidade, de algumas de suas construções. Seu italiano era claro e pude acompanhar suas explicações com alguma facilidade, embora meu parco vocabulário não me permitisse interagir muito.

Voltamos então à casa, era hora do jantar. O "clássico" italiano: espaguete ao sugo. Pasta ao dente, claro, molho de tomate fresco, vindo da horta cuidadosamente mantida no quintal. Estava bem saboroso, embora talvez um pouco salgado para meus hábitos. Depois, opção de pizza ou bisteca. Segui a maioria, fui na pizza. Margherita, com a variante de um queijo semelhante ao gorgonzola, levemente picante. Salada e um minicorneto.

Mais tarde, chegou o pároco Gian Maria, sob o pretexto exclusivo de carimbar minha credencial. Sentamos todos à mesa e conversamos, conversa que se estendeu além das 23h, um pouco tarde para minhas pretensões iniciais de me recolher um pouco mais cedo. Mas isso certamente é menos importante do que aproveitar esses momentos de sociabilidade, momentos especiais que engrandecem a viagem e sedimentam a memória do caminho.

O interessante dessa conversa é que, para uma primeira interação intensiva, a comunicação foi até bastante bem-sucedida. Segui de perto as explicações de Giuseppe em sua tarefa de cicerone, assim como as conversas mais breves, à mesa. Nas discussões após a chegada do pároco, me perdi um pouco mais, mas também prestei muito menos atenção. Cansado como estava, aproveitava para "desligar" um pouco quando percebia que a conversa "fugia" um pouco da Via Francígena.

No geral, consegui me fazer entender, embora ainda tenha que me limitar a frases mais curtas e objetivas, não tendo ainda condições de articular grandes raciocínios. Falta ainda vocabulário "ativo", mas já posso notar um grande progresso. Quanto mais ouço, mais vocabulário adquiro para usar nas conversas do dia a dia, especialmente alguns verbos e conjugações que meu pequeno dicionário/guia de conversação não abarca.

Resumindo, foi uma troca muitíssimo mais produtiva do que eu esperava, o que me anima ainda mais para os dias que virão.

* * *

Perguntado a que horas partiria, respondi "8h, 8h30", meio que me comprometendo a acordar cedo... Esta seria uma boa ocasião para acordar mais tarde, devido à insônia de ontem, mas não havia realmente como.

Curtas

- Além de mim e outros eventuais peregrinos, a família Pozzato hospedava também dois garotos (8 e 10 anos) que vieram da Bielorrússia para passar um mês aqui. É a segunda vez que eles vêm. Como se adivinhassem meu espanto, contaram-me que milhares de bielorrussos atravessam as fronteiras italianas para essa espécie de intercâmbio, com o objetivo de desintoxicar o organismo. São pessoas — crianças em geral — vindas da região próxima ao acidente nuclear de Chernobyl, e assim lhes convém, de tempos em tempos, mudar de ares, de alimentação, para reduzir os riscos de doenças geradas pela radioatividade. Parece que somente a Itália acolhe 6 mil pessoas por ano nessas condições.
- Comecei hoje meu terceiro caderno de anotações.

46ª etapa: Robbio → Garlasco (33 km)

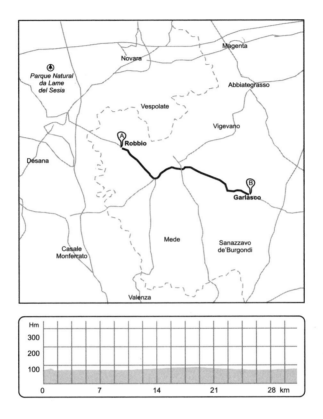

Tive uma bela noite de sono, infelizmente curta demais. Às 7h30 estava de pé. Café da manhã tomado, breve arrumação final e pé na estrada.

Sabendo que havia ambiguidades na sinalização para sair da cidade, Giuseppe gentilmente se propôs a me acompanhar até o começo da trilha. Foi uma ajuda providencial. Realmente, só um habitante local conseguiria diferenciar a trilha da Via Francígena das inúmeras estradinhas de barro/cascalho que conectam as pequenas fazendas da região. Agradeci-lhe novamente por tudo, pela imensa generosidade com que me havia recebido, e parti.

* * *

A emoção da primeira parte do trajeto veio por conta de um erro de rota.

Mesmo após a ajuda inicial de Giuseppe, o trajeto nas proximidades da cidade incluía ainda muitas bifurcações e caminhos alternativos. Devo ter feito algo errado, porque em determinado momento me vi obrigado a andar literalmente sobre os trilhos do trem para retomar a trilha em outro ponto adiante.

Era um trajeto curto — cerca de 500 metros —, e o silêncio era tanto que eu me perguntava se aqueles trilhos eram efetivamente usados. Mas a resposta veio logo. Quando já podia ver o trecho onde sairia dos trilhos, eis que avisto um trem vindo em minha direção.

Nesse ponto, o acostamento era precário ou inexistente e sair imediatamente dos trilhos implicava entrar num mato não muito "amigável". Decidi então permanecer nos trilhos e apressar o passo até o ponto previsto de saída.

Apesar da razoável distância que havia entre mim e o trem, e da possibilidade de ir para o acostamento a qualquer instante, a adrenalina subiu às alturas, especialmente após o trem emitir seu "persuasivo" apito a me dizer "saia da frente agora!". Com o "susto", ensaiei uma pequena corrida e saí dali em questão de segundos.

* * *

Com 15 quilômetros andados, parei em Mortara para almoçar e passar uma hora na internet, usando a "desculpa" de escapar um pouco do calor. Foi uma boa decisão.

Após essa longa pausa, em que aproveitei para fazer uma breve visita ao *duomo* da cidade, voltei a andar bem mais animado e pude cumprir sem grandes dificuldades os 18 quilômetros restantes até Garlasco.

Duomo dedicado a San Lorenzo (século XIV)

Curtas

- Ultrapasso aqui a marca dos 200 quilômetros na Itália, percorridos em uma semana. Nada mal como média.
- O Projeto Kilimanjaro vem ganhando força! Tem sido estimulante ver o comprometimento do pessoal, que tem dado muita força para eu me juntar ao grupo. Diante de minha hesitação, aliás, um amigo me replicou com um argumento que até agora ecoa na minha cabeça: "Você quer ajustar o Kilimanjaro a seu pós-doutorado? Não deveria ser o contrário?"

47ª etapa: Garlasco → Pavia (27+3 km)

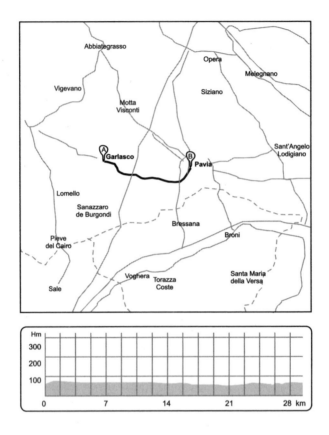

Como nos dias anteriores, o sol forte fez sentir seu impacto, e não perdi a oportunidade de parar num bar aberto próximo à estrada para descansar um pouco, relaxar e tomar a já tradicional cerveja Moretti. Nessa pausa, tive mais uma chance de interagir com o povo local e testemunhar sua gentileza.

Quem me atendeu foi o próprio dono do bar, que conversava com três amigos, mas não conteve a curiosidade e logo puxou conversa. "Para onde vai?" "Roma." "A pé?" "Sim..."

Normalmente, esses diálogos são bem curtos e vão pouco além dessas tradicionais perguntas e ainda mais tradicionais reações de espanto.

Desta vez, porém, o interesse prosseguiu e os quatro me cercaram e bombardearam de perguntas.

A tudo fui respondendo, e me espantei com meu progresso no italiano desde aquela noite com a família Pozzato. É claro que não entendia tudo o que eles falavam, mas na filtragem creio ter captado o essencial. Arrisquei também respostas mais longas e até piada fiz — perguntado pelas razões de andar 2 mil quilômetros, respondi que tinha muitos pecados para expiar...

Enfim, desta vez senti que meu parco conhecimento da língua não se fez grande impedimento para conversarmos sobre basicamente tudo o que cerca a minha viagem. Desde as coisas práticas (o que carrego, quantos quilômetros ando por dia, onde me hospedo) até questões mais amplas (que trabalho tenho no Brasil, se deixei namorada/esposa/filhos; razões para fazer a viagem; se enfrentava solidão, falta de sexo e assim por diante).

Confesso que fiquei realmente entusiasmado, e isso mostra que os silenciosos diálogos que tento travar comigo mesmo em italiano durante a caminhada — consultando sempre meu dicionário de bolso — estão dando resultado.

Durante esse papo amigável, Antêmo (dono do bar) me ofereceu primeiro um licor, que eles estavam bebendo, e depois pediu à esposa para preparar um lanche (panino com queijo, presunto, tomate) para eu levar comigo, além de uma garrafa de água mineral. Muito simpático, para dizer o mínimo.

Fiquei uma boa hora lá com eles e depois parti. Já eram 15h, mas não havia — pelo menos era o que eu pensava — mais do que 4 quilômetros para andar até Pavia.

Foram, no entanto, 6 quilômetros até a praça Minerva, no começo da Cidade Velha, e outros 6 ainda seriam andados, em parte para conhecer a cidade, em parte numa ida malsucedida à (distante) paróquia onde deveria encontrar hospedagem.

A velha ponte coberta em Pavia (GETTY IMAGES)

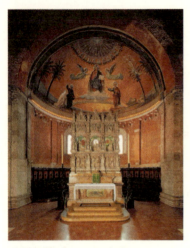

"Il Ciel d'Oro" e a Arca de Santo Agostinho (GETTY IMAGES)

Sim, para meu azar, descobri que o pároco "oficial" estava de férias, e seu substituto me disse que nada podia fazer por mim, não tendo autonomia para tomar as providências necessárias à minha acomodação. Paciência.

O chato mesmo desses quilômetros extras foram os joelhos, que me incomodaram desde o começo da jornada de hoje. Realmente, já comecei o dia sentindo o peso dos quilômetros acumulados. Logo nas primeiras horas senti uma leve pontada no joelho, algo que normalmente só ocorre após a marca dos 30 quilômetros. Não dei muita bola, já que a etapa prevista era curta, mas, no final, depois que os 22 quilômetros inicialmente previstos "viraram" 30 quilômetros, a dor já estava bem incômoda e tirar as botas era tudo o que eu queria.

Valeu a pena, pelo menos, para dar uma boa volta pela cidade, da qual não se pode deixar de mencionar a Basílica de San Pietro in "Il Ciel d'Oro" (século XII).

Ela já chama a atenção por sua imponente fachada com elevado pé-direito, mas é em seu interior que encontramos seus verdadeiros tesouros, particularmente a cúpula (*Il Ciel d'Oro*) e a Arca de Santo Agostinho, datada de 1362 e ornada com cerca de 150 estátuas e relevos.

Tumba de Boécio

Nela se encontra ainda a tumba de Boécio, à qual Dante Alighieri faz referência em sua *Divina comédia* (*Paraíso*, canto X).

* * *

> **Um pouco de história**
>
> Boécio foi um importante filósofo, estadista e teólogo romano dos séculos V-VI. Ele é particularmente conhecido por seu livro *A consolação da filosofia*, sem dúvida uma das obras mais influentes da Idade Média. Este livro, escrito na prisão enquanto aguardava julgamento — ele fora acusado de traição (e injustamente condenado à morte) pelo rei ostrogodo Teodorico, o Grande, devido a suas fortes conexões com Roma —, traz inspiradas reflexões sobre como pode haver o mal num mundo governado por Deus e como a felicidade pode ser alcançada em meio aos altos e baixos que a vida inevitavelmente nos reserva.

Sem a paróquia como opção, não me restava senão procurar uma pousada. Para evitar novas procuras em vão, fui direto ao Posto de Informações Turísticas, que me informou só haver dois hotéis com vaga. Escolhi um deles — eram ambos caros — e chorei um "desconto para peregrino", que me foi simpaticamente concedido. De 40, ficou por 35 euros.

Banho, lavagem de roupas, alongamento, algumas breves notas e já são 21h... Agora, é comer um pouco e relaxar em frente à tevê, o que não deixa de ser também uma forma de melhorar meu italiano.

48ª etapa: Pavia → Santa Cristina (27 km)

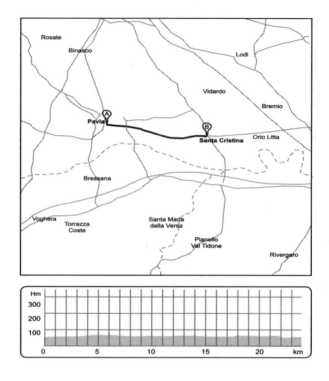

Breve café da manhã e pé na estrada.

* * *

Estou com o moral baixo... Sei que já cumpri 2/3 do trajeto total, mas hoje Roma parece infinitamente longe. O problema é que essa relação 2/3 feitos para 1/3 faltante é ambígua.

Se de um lado o orgulho de já ter passado dos 1.300 quilômetros me impulsiona, de outro lado os cerca de 700 quilômetros que faltam são vistos como praticamente mais um "Caminho de Santiago" pela frente! E se o corpo está preparado, muito bem preparado, de outro lado é praticamente inevitável experimentar um forte cansaço mental...

É claro, os bons momentos, as grandes memórias não deixam de acontecer, e isso dá um grande incentivo para prosseguir. Mas até mesmo isso pode funcionar de modo paradoxal, abrindo espaço para o mais insidioso dos pensamentos: será que os grandes momentos vividos e as inesquecíveis experiências já não são o bastante?

Mas logo consigo afastar esses pensamentos "negativos" ou, pelo menos, colocá-los no devido "contexto": afinal a dificuldade é parte intrínseca de uma aventura desse porte, e quem pensa realmente que um alpinista que conquistou o Everest teve apenas momentos de prazer em todo o seu trajeto até o topo está certamente muito enganado. Exageros de analogia à parte, chegar a Roma é, nesse momento, o meu Everest ou, trazendo a analogia mais para o "terreno", a minha maratona... Que ainda hei de correr um dia.

* * *

Sei inclusive que me repito aqui nessas reflexões, e se não as suprimo é justamente para me manter fiel ao propósito de dar uma visão global do que representa esta caminhada. E repetição, meus caros, em seus vários sentidos, alguns literais e outros metafóricos, é parte integrante desta aventura. Cabe aprender a lidar e conviver com isso, de modo a encontrar a força e determinação necessárias para superar as dificuldades e continuar a jornada.

Longas digressões à parte, hora de voltar à estrada. Nesses momentos, é fundamental recorrer ao velho (mas eficiente) "mantra": "Um dia depois do outro, um dia depois do outro..."

* * *

Humm... acabo de descobrir que peguei a estrada errada (SS235 *vs.* SS234).

* * *

Roteiro ajustado e tentando ver pelo lado otimista das coisas, percebo que o erro poderia — para uma pessoa a pé — ter tido consequências muito mais graves. Por sorte, descobri uma via terciária ligando as duas estradas, e calculo que o "prejuízo" tenha sido de "apenas" 6 quilômetros.

Ainda tentando pensar pelo lado positivo, não deixa de ser uma sorte que esse aumento inesperado de quilometragem tenha acontecido numa etapa mais curta e num dia em que o sol deu uma considerável trégua.

De qualquer modo, e otimismo à parte, eu bem que dispensava esses quilômetros extras...

* * *

Santa Cristina não tem hotel, então a paróquia era a única chance de hospedagem. Felizmente, ao contrário de ontem, havia gente para me receber, gente simpática e acolhedora. Dom Antonio, o responsável pelo lugar, e seus alunos. Ou melhor, alunas. Sabrina e uma amiga ficaram encarregadas de me mostrar onde eu dormiria, o banheiro e a ducha.

Elas pareciam animadas com minha presença e até pediram para tirar uma foto minha. "É para o jornal da escola", justificaram.

Eu fiquei alojado numa espécie de escola, numa sala de aula que servia improvisadamente de alojamento e onde havia duas camas. O lugar estava um pouco bagunçado, mas limpo, e os colchões, apesar de bem desgastados, eram confortáveis.

* * *

Hospedagem garantida, banho etc., hora de comer. Lembrando, porém, que amanhã é domingo, resolvi me precaver e ir ao mercado antes mesmo do jantar. Foi realmente a coisa certa a fazer, pois pude confirmar que nada abrirá amanhã.

Depois, descobri uma pequena e simpática pizzaria, praticamente ao lado da paróquia. Justamente o que precisava, algo "substancioso", quente. Pedi uma pizza quatro queijos e meia garrafa de vinho da casa. Naquele momento, um jantar dos deuses.

O vinho fez um efeito incrível, levando-me àquele ponto onde, nem sóbrio nem ébrio, sensibilidade e criatividade estão em seu máximo. Mas, como eu não tinha papel e caneta, meus pensamentos "brilhantes" ficaram mesmo perdidos entre uma e outra fatia de pizza.

* * *

A companheira ideal? Uma pessoa intensa, e sobretudo capaz de enxergar a metade do copo cheia, mesmo quando é óbvio que a outra metade está vazia.

49ª etapa: Santa Cristina → Orio Litta (14+3 km)

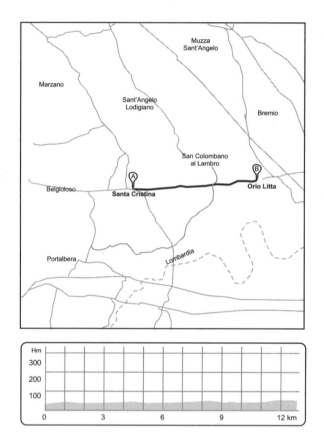

Tive uma agradável noite de sono, apesar dos mosquitos. Com o vinho e o cansaço acumulado, dormi logo depois das 21h. Desta vez, porém, mesmo tendo acordado no susto com o celular tocando no meio da noite (não atendi), só fui me levantar às 7h.

Às 8h, estava pronto para sair, mas gastei ainda um bom tempo tentando achar um carimbo à vista para que eu não precisasse chamar o padre. Em vão. Logo em seguida, porém, eu o encontrei na casa ao lado e ganhei mais uma estampa em minha credencial. *Grazzie mille*; e parti.

Na verdade, eu nem precisava me preocupar com horário, porque a etapa prevista para hoje é curtíssima — cerca de 15 quilômetros. É algo que normalmente evito fazer, mas hoje é o caso de abrir uma exceção. Afinal, Orio Litta é uma cidade recomendada por dez entre dez peregrinos. Não tanto pela cidade em si, mas pela hospitalidade. E, como as dicas recebidas até aqui têm sido boas, vou aceitar esta também.

* * *

Tendo saído sem café da manhã (estava sem fome alguma), não demorei muito para fazer a primeira pausa. Aproveitei um espaço mais amplo ao lado da estrada para descansar e comer.

* * *

A temperatura, como ontem, está excelente para andar.

* * *

Pois bem, saída cedo e etapa curta, eis que cheguei pouco depois de meio-dia à casa dos Cappelletti, mais uma família italiana comprometida com a Via Francígena.

A Sra. Cappelletti — Daniela, jovem, bela e, sobretudo, muito simpática — me atendeu e disse que o marido, Pier-Luigi, havia saído, mas retornaria em seguida. Eu disse que aproveitaria para dar uma volta pela cidade, que já voltava. Retornei menos de meia hora depois (não havia muito o que ver, para falar a verdade), e ele realmente já estava lá.

Conversamos um pouco, e ele então me conduziu a um ginásio esportivo, onde iria me alojar. Me mostrou as instalações, onde estavam os colchões e disse que voltaria em breve para me trazer algo para comer. Agradeci e ele partiu.

Eu ainda estava dispondo minhas coisas e fazendo um "reconhecimento" do lugar quando ele voltou com uma marmita — um prato farto de coelho, batata e macarrão. Disse-me para almoçar com calma e descansar, e então se ofereceu para me pegar mais tarde, lá pelas 18h, caso eu quisesse acompanhá-lo à missa. Naturalmente, concordei. Afinal, além da oportunidade única de conhecer mais sobre o povo e costumes locais, é uma ótima chance de melhorar meu italiano.

* * *

Lá pelas 16h, tive a gentil surpresa de um telefonema de Carlos, que ligou para saber como andava minha empreitada. Simpático.

* * *

Pier-Luigi passou aqui por volta das 18h, como havia prometido, mas, contrariamente ao plano original, descobrimos que a missa hoje seria às 20h30, e num vilarejo vizinho. Ele me explicou que é comum, no caso de povoados pequenos e relativamente próximos uns dos outros, haver alternância na celebração das missas. Segundo ele, isso não apenas promove a integração entre as pessoas dos diferentes vilarejos, mas também minimiza o risco de missas serem celebradas para pouca gente. E, como se adivinhasse minha próxima pergunta, ele completou dizendo que a diminuição recente de católicos praticantes em toda a Itália era algo muito preocupante, objeto de longos debates tanto nas comunidades quanto na alta cúpula romana.

Aproveitamos esse "tempo extra" para fazer um pequeno tour pela região.

Ele me levou primeiro ao Corte Sant'Andrea, a cerca de 5 quilômetros dali, por onde devo passar amanhã. Mostrou-me a trilha que devo pegar e fez uma breve descrição do que me aguardava. Minha rota para Piacenza faz um grande "S", seguindo o curso do rio Pó, o que torna a trilha mais longa, porém bem mais agradável, segundo ele. Sua empolgação me deixou animado.

Ainda nesse trajeto seguindo o rio até Piacenza, há duas possi-

Rio Pó (GETTY IMAGES)

bilidades. Uma inteiramente a pé, pela margem esquerda e cruzando o rio por uma ponte já perto de Piacenza, e a outra fazendo um trecho de barco, subindo o rio por cerca de 4 quilômetros e então retomando o percurso a pé, já na outra margem.

Pier-Luigi me recomendou vivamente a segunda opção, dizendo se tratar de uma belíssima experiência, e, antes mesmo de eu concordar, pegou o telefone para obter informações mais precisas sobre o traslado. Infelizmente, porém, as recomendações de nada adiantaram: descobrimos que a barca estava em reparo.

Resta, assim, forçosamente, a primeira opção. É realmente uma pena, mas creio que Pier-Luigi ficou mais desapontado do que eu.

Tiramos uma foto de lembrança (com sua câmera, porém, a minha ficara no ginásio) e rumamos de volta para a cidade. Como havia ainda bastante tempo antes da missa, fizemos uma breve parada num bar local, e só depois seguimos para sua casa, onde jantaríamos.

Era um bar bem típico desses pequenos povoados, onde todos se conhecem, se cumprimentam, perguntam pelas respectivas famílias. Pier-Luigi me apresentou a algumas pessoas e depois conversamos um pouco sobre o Brasil, o que eu fazia, qual tinha sido minha formação. Mesmo ainda com pouco vocabulário, consegui dar conta das respostas. É claro que a proximidade do italiano com o português ajuda muito, então quando não sabia uma palavra arriscava dizê-la em português (ou espanhol) e na maioria das vezes funcionava. Simpaticamente, Pier-Luigi sempre aproveitava para me dar a versão correta da palavra ou verbo em italiano, e assim vou fazendo progressos.

Não nos demoramos muito — foi apenas o tempo de terminar minha cerveja — e fomos para sua casa.

Chegando lá, ele me apresentou o "livro de ouro" — um belo livro/ caderno de couro —, onde registra a passagem de todos os peregrinos desde 1999. Dei uma olhada nele e confirmei a suspeita de ser o primeiro brasileiro a fazer o caminho. Deixei o registro de minha passagem por lá, bem como da minha gratidão, e subimos para jantar.

Jantamos na cozinha mesmo, onde a sempre amável Daniela nos esperava. O jantar, delicioso — quiche, risoto de abobrinha, coelho assado e salada —, teve de ser um pouco corrido por conta do horário avançado e logo saímos para a missa.

Depois de um breve trajeto de carro, chegamos ao vilarejo vizinho. Lá chegando, uma surpresa.

Era dia de São Lourenço, então após a missa estava prevista uma procissão, em que a imagem de São Lourenço seria carregada pelas ruas da cidade.

Além das pessoas que estavam na missa, outras se juntavam a nós à medida que o cortejo passava.

O percurso era curto — cerca de 1 quilômetro —, e calculo que tenha reunido uma boa centena de pessoas, todas carregando velas, propiciando um belo cenário nessa noite estrelada.

À frente do cortejo, num passo lento e constante, ia o pároco puxando pai-nossos e ave-marias, intercalando pequenos discursos e algumas canções.

De tanto ouvir as ave-marias, acabei decorando a reza inteira em italiano.

> *Ave Maria piena di grazia, il Signore è con te,*
> *Benedetta sei Tu fra le donne e benedetto è il frutto del tuo*
> *seno, Gesù.*
> *Santa Maria, Madre di Dio, prega per noi peccatori,*
> *adesso e nell'ora della nostra morte, Amen!*

Ao final do percurso, congraçamento ao lado da igreja, com comes e bebes. Mas destes não participamos propriamente. Pier-Luigi pareceu adivinhar meu cansaço (já era tarde, passava das 22h) e, após uma breve palavra ao padre e um pequeno pedaço de torta — uma simpática velhinha não aceitou minha polida recusa —, fomos direto ao ginásio.

* * *

Pier-Luigi fez bem em me aconselhar a levar um agasalho. Apesar de pleno verão, fazia frio à noite, creio que uns bons 18 graus.

* * *

Chegando ao ginásio, despedida, agradecimento, troca de e-mails, votos de um bom final de percurso. O que não gostei, à entrada, foi de ver um grupo de garotos (em seus 15-16 anos) reunidos, conversando alto. Iria dormir sozinho ali e, embora houvesse chave para trancar o ginásio por fora, não havia meios de trancá-lo por dentro.

Nessas horas, é praticamente inevitável não bater uma certa insegurança. Para piorar, já na cama, fazendo as últimas anotações do dia, ouvi um barulho, como se alguém tivesse entrado no ginásio. Pensei que podia ser apenas impressão, barulho do vento, algo assim, mas logo percebi que não, pois pude ver em seguida um rosto por trás do vidro da porta que separa a quadra da ala dos vestiários, onde eu estava. Adrenalina na estratosfera, perguntei quem era, e em seguida ouvi passos apressados e uma batida de porta.

Era, provavelmente, um dos jovens que vira lá fora, querendo sondar o terreno após descobrir que a porta estava aberta, mera curiosidade adolescente, suponho. Mas o fato é que essa entrada sorrateira não ajudou em nada a minha noite. Sei que não havia nada a temer, mas nem sempre a racionalidade consegue calar o instinto de preservação.

50ª etapa: a "Maratona": Orio Litta → Fiorenzuola (48 km)

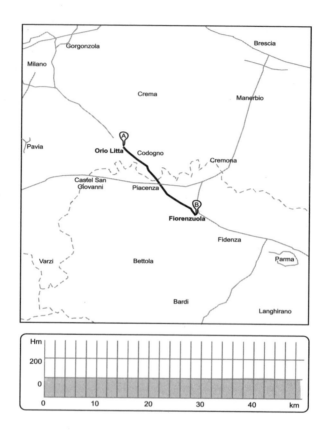

Ontem, acabei pegando rápido no sono, mas depois do episódio da "invasão" qualquer barulho me fazia despertar. Bem, nem tudo é perfeito nessas hospedagens gratuitas, sendo outra desvantagem o fato de viajar sozinho... Mas tudo conta como experiência.

Momentos mágicos do caminho

Depois da maravilhosa acolhida pela família Cappelletti, segui curso até Piacenza, suposto destino do dia. Sem fome, acabei partindo sem comer nada e assim decidi parar no primeiro vilarejo simpático (Senna

Lodigiana) que encontrei para um breve descanso e um tardio café da manhã.

Achei uma praça arborizada e aproveitei para relaxar num banco à sombra.

Nisso, passa uma senhora, puxando um daqueles carrinhos de compras, possivelmente em direção ao mercado. Ela me vê, sentado com a mochila ao lado, para diante de mim e puxa conversa.

— Para onde vai, *bambino*, está fazendo a Via Francígena?

— Sim.

— Ah, que belo, que coragem... Ir a Roma, a pé... Está gostando da Itália?

— Claro, muito bonita, os italianos sempre muito gentis...

E estende o rol de perguntas: "de onde é, onde dorme, onde vai parar hoje etc. etc." A conversa ainda dura alguns minutos, então ela me deseja boa sorte — *tanti auguri* — e parte, me contagiando com seu entusiasmo e alegria.

Minutos depois — eu ainda terminava meu sanduíche —, eu a vejo voltar. Sorrio ao reencontro e, antes mesmo que possa dizer algo, ela retira do carrinho uma sacola, cheia de mantimentos, e me dá.

— Para você, *bambino*, um presente e mais desejos de boa sorte...

Emocionado e quase engasgado com o choro que me esforcei para prender, agradeci por esse imenso gesto de carinho. Momentos assim são simplesmente mágicos, impagáveis, valem toda a viagem...

Realmente, essa chance de, caminhando, descobrir ou redescobrir a generosidade das pessoas, essa generosidade simples e descompromissada, de uma pessoa que nunca me viu mas, ainda assim, decide estabelecer um contato, uma cumplicidade... Como ficar indiferente a essa mensagem, a esse carinho, a essa troca de sorrisos? Sim, vale o superlativo: é mágico!

* * *

Na sacola, mantimentos básicos: pão, queijo, três caixinhas de suco de pera, uma garrafa (1,5 litro) de *thé al limone* e uma caixa de biscoitos. Um peso extra que carregarei com imenso prazer!

* * *

Não tendo podido cruzar o rio Pó de barco, tive mesmo de seguir ao longo de sua margem esquerda durante todo o tempo até as imediações de Piacenza, quando finalmente o cruzei, andando no acostamento de uma ponte muitíssimo movimentada. Com o astral elevado, foi um percurso bem agradável, mesmo eu tendo caminhado pelo asfalto durante praticamente todo o trajeto.

Assim que cruzei a ponte e entrei na cidade, achei um banco numa rua arborizada e ali mesmo parei, para novo descanso e pausa para o almoço.

Piacenza me agradou como cidade, mas eu tinha muita energia ainda para terminar o dia aqui, tão cedo e tendo andado tão pouco (22,5 quilômetros). A jornada de ontem já foi curta, o tempo de descanso longo, então quero aproveitar para adiantar o passo.

Assim, depois de comprar um mapa da Europa — com a ideia de

Piazza Cavalli (CORBIS/LATINSTOCK)

pintar todo o trajeto andado até aqui e daqui até o final — e de passar pela bela Piazza Cavalli, segui meu rumo.

* * *

Na saída de Piacenza, experimentei na pele as consequências do medo generalizado do terrorismo. Eu andava tranquilamente pelas ruas quando policiais me pararam, perguntaram o que eu fazia, aonde ia e pediram para ver meus documentos.

Mas não se contentaram em ver meu passaporte ou saber que eu fazia a Via Francígena. Depois de dizer quando eu tinha chegado à Itália e quanto tempo ainda pretendia ficar, foi ainda preciso explicar, mais de uma vez, que fazia uma peregrinação até Roma, mostrar mapas, bem como minha credencial de peregrino, repleta de carimbos, antes que eles resolvessem me liberar. Chato, certamente, mas ainda assim menos do que a tradicional revista nos aeroportos.

* * *

No vilarejo de Pontenure, um "dilema".

São 33 quilômetros andados até aqui. Se "dobro à direita", ando mais três e chego a La Bellotta, onde posso me hospedar. Se, porém, sigo adiante, tenho mais 12 quilômetros até Fiorenzuola, quebrando assim a simbólica marca dos 42 quilômetros da maratona.

Faz calor, mas não tanto, e estou em surpreendente disposição física para esse momento do dia. O astral continua bem elevado e venho, além disso, de uma etapa bem curta, o que parece oferecer condições ideais para forçar um pouco e conhecer mais sobre meus limites.

O risco? Uma bela contusão. Já aconteceu antes — no Caminho de Santiago, após andar quase 40 quilômetros, fui obrigado a ficar três dias de molho por conta de uma tendinite —, e poderia se repetir agora, embora, desta vez, eu esteja num nível de condicionamento claramente superior.

Hesito ainda em dar o veredito final, mas acho que é apenas um último apelo à "prudência" e ao "bom senso". No fundo, sei que a decisão já foi tomada. Vou para o recorde pessoal. Vou para o desafio. Na analogia do atleta amador, é hora de tentar superar os próprios limites. *Alea jacta est*, a sorte está lançada.

* * *

São 19h32 e faço uma breve pausa, em pleno acostamento, apenas para escrever estas linhas: acabo de completar a minha primeira maratona!

O GPS agora marca a distância de 42,2 quilômetros percorridos, com uma média de 5,6 km/h. Foram quase sete horas e meia caminhando e mais duas de descanso. E me sinto bem, muito bem.*

* * *

It's done. Todos os recordes anteriores viraram pó.

Acabei de fazer check-in num pequeno hotel nas imediações de Fiorenzuola, e o GPS registra incríveis 47,5 quilômetros caminhados.

---

*No ano seguinte, tive também a chance de vencer o desafio de *correr* uma maratona. Em junho de 2006, corri e completei a maratona de São Paulo, em 3h49.

E, como o sinal sumiu por vários minutos logo após a entrada da cidade, é garantido que a marca dos 48 quilômetros tenha sido atingida e muito provavelmente superada.

Quarenta e oito quilômetros andados, mochila às costas... Estou realmente orgulhoso... Mas cansado demais para continuar escrevendo qualquer coisa. Agora, só quero relaxar, ver um pouco de tevê e dormir.

* * *

Não, não resisto em começar hoje mesmo a fazer um relato do ocorrido, ainda que breve. Minha mente está simplesmente febril com tudo o que aconteceu durante o dia.

Algumas breves notas então.

Em primeiro lugar, não era minha intenção andar tanto hoje.

De fato, a ideia inicial era dormir em Piacenza, depois em La Bellotta. E, mesmo após ter decidido seguir até Fiorenzuola, tudo que queria era ultrapassar a marca da maratona, e não muito mais do que isso.

Ao chegar à Fiorenzuola, porém, talvez por já ser bem tarde, tive dificuldades em achar informações sobre as pousadas disponíveis e assim me vi obrigado a andar cerca de dez minutos apenas para conseguir indicações de onde poderia dormir.

Depois de duas dicas que não deram em nada e já com medo de ter de seguir até a próxima cidade ou mesmo dormir na rua, consegui de um senhor a desejada informação. Expliquei-lhe a situação e ele me garantiu que não havia erro, que eu encontraria um hotel logo na saída da cidade.

Felizmente, ele estava certo. Mas esse "logo na saída" virou 2 longuíssimos quilômetros, um absoluto excesso diante dos 46 quilômetros que já tinha percorrido. Assim, foi com ansiedade que me aproximei do hotel, preocupado se haveria vagas, e com imenso alívio que recebi em mãos a chave do meu quarto. O relógio marcava 21h: era o fim dessa longa "odisseia".

* * *

Como o hotel não dispunha de restaurante e já era bem tarde, tive de me contentar com os mantimentos que ainda trazia comigo. Mas, nesse momento, qualquer pedaço de pão com queijo era um banquete, e era exatamente isso que eu tinha.

* * *

Uma promissora constatação: apesar de tudo, apesar de ter sentido que estive hoje muito próximo do meu limite físico, após essa pequena pausa já não me sinto tão cansado quanto imaginei que ficaria. No dia de Chatillon, por exemplo, a necessidade de descanso, de um banho, foi muito mais urgente. Sinto, claro, os músculos latejarem um pouco, mas nada fora do normal. Agora é esperar que uma boa noite de sono faça sua "mágica" e amanhã eu acorde inteiro para uma nova etapa.

* * *

Olhando em retrospecto, vejo que houve uma combinação muito favorável para essa marca ter sido atingida.

- Uma etapa curta ontem (15 quilômetros), com quase vinte horas de descanso.
- Temperaturas razoavelmente amenas durante o dia, evitando um desgaste precoce das reservas físicas e mentais.
- O forte estímulo moral, recebido tanto do hospitaleiro casal Cappelletti quanto da gentil e inesquecível senhora desconhecida.
- Incidentalmente, o próprio lanche que me foi oferecido por essa senhora, que serviu como verdadeiro "pacote energético" para me manter no pico da forma.
- Não negligenciável tampouco foi contar com múltiplas opções de dormida (Piacenza a 23 quilômetros; La Belotta a 36 quilômetros e Fiorenzuola a 45 quilômetros), o que me permitiu adiar ao máximo a decisão de ir até o limite e, consequentemente, avaliar minhas condições físicas e mentais em estágios crescentemente avançados do percurso.

Tudo isso, somado aos imprevistos 3 quilômetros extras para achar um hotel, e temos a "receita" de uma marca inédita e praticamente insuperável. Não que ela não *possa* ser superada. Mas é altamente improvável que eu *queira* fazê-lo, tão difícil é imaginar que uma combinação tão favorável de fatores/pretextos se reúna novamente.

Resumo do dia

Percurso: Orio Litta → hotel pós-Fiorenzuola

Partida às 10h, chegada às 21h; oito horas e meia de caminhada (média de 5,7 km/h); 48 quilômetros andados (47,5 quilômetros aferidos pelo GPS + acréscimo por perda de sinal).

* * *

Comecei a pintar o mapa, começando em Canterbury, Inglaterra, até aqui, Fiorenzuola. Tenho de dizer que é fascinante ver destacada no mapa toda a extensão percorrida em tinta azul...*

* * *

Bem, realmente por hoje chega. Agora é ligar a tevê, na tentativa de me desligar, "zerar" a mente e poder ter uma merecida noite de sono.

---

*Infelizmente, o mapa não resistiu ao tempo...

51ª etapa: Fiorenzuola → Medesano (32 km)

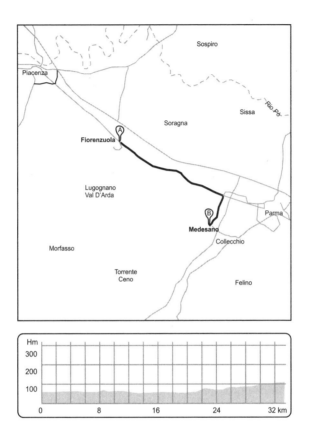

O dia seguinte

Dormi razoavelmente bem e, apesar de todo o esforço/cansaço e dos músculos latejando um pouco, não acordei muitas vezes durante a noite. Levantei pouco antes das 9h e me arrumei com calma até liberar o quarto, logo após as 10h30.

Comecei a andar devagar, sentindo os músculos, o cansaço, sem muita pressa. Hoje, deixaria o corpo falar e, se ele reclamasse por qualquer motivo, não hesitaria em parar. Mas ele não reclamou. Pelo menos, não muito.

Sim, à medida que fui andando, fui vendo que o excesso de ontem não tinha causado grandes danos. Eu continuava podendo manter um bom ritmo e, à parte o calor e certa vontade de parar cedo (pura autoindulgência), me sentia bastante bem.

Assim, após 14 quilômetros, em Fidenza, experimentei a primeira hesitação. Parar ou não parar? Mas a falta de maiores atrativos da cidade, o dia inteiro pela frente e a própria vontade de avançar falaram mais forte.

Uma jornada curta hoje certamente cairia bem, mas, na ausência de qualquer dor mais relevante, achei que ela não precisava ser tão curta assim. Deste modo, e com Costamezzana a 11 quilômetros dali, resolvi ir adiante.

* * *

Continuei o dia sempre atento a qualquer sinal de esgotamento físico, mas, mesmo com o passar das horas, simplesmente não parecia que eu tinha exagerado no dia anterior.

Foi assim que, ao chegar a Costamezzana e confirmar que me sentia bem, dei mais uma olhada nos mapas e vi que Medesano se afigurava como uma boa pedida para hoje, fechando uma etapa de mais de 30 quilômetros e me permitindo, no dia seguinte, não ser forçado a uma etapa nem curta nem longa demais.

* * *

Eis-me em Medesano. Foram 32 quilômetros até aqui, totalizando 80 quilômetros em dois dias, também um novo recorde.

Check-in feito numa pequena pousada, mochila no chão, uma feliz constatação: me sinto realmente bem. Do ponto de vista físico, o corpo parece ter assimilado bem o esforço acumulado; do ponto de vista mental, ainda estou bebendo da satisfação das marcas atingidas.

De fato, na grande forma em que me encontro e nessa fase da travessia, tenho sempre aproveitado para extrair motivação não apenas das paisagens e encontros inusitados do caminho, mas também desses pequenos e grandes "feitos numéricos": desde superar minha marca pessoal de quilômetros andados até reduzir o tempo de descanso por hora andada. A Via Francígena está sendo, em certo sentido, minha "ultramaratona", e Roma será minha "linha de chegada".

Acredito que a metáfora é boa em mais de um sentido.

Tentando dar novas cores às analogias já feitas, tenho gostado de pensar na "peregrinação" como um tipo especial de modalidade esportiva. Um esporte em vários sentidos radical, que leva ao extremo o já consagrado trekking e cujo principal desafio é não uma trilha de 10-20-50 quilômetros, mas 800-1.200-2.000 quilômetros!

Sim, é um esporte tão radical quanto a mudança que sofremos.

Partimos pesados, cheios de quilos, problemas, dúvidas e remorsos às nossas costas.

Centenas de quilômetros depois, contudo, pousada a mochila no solo, tiradas as botas dos pés, não podemos senão constatar a transformação experimentada.

Não vou dizer que encontrei solução para todos os meus problemas/dilemas, mas percebo (bem mais) claramente em que consistem e, sobretudo, constato que eles perderam grande parte da "carga dramática" que tinham antes. Em certos aspectos, permanecem os mesmos. Mas seu peso, sua dimensão, seu poder de mobilizar equivocadamente grandes quantidades de energia diminuíram enormemente.

E isso parece mesmo ser a consequência necessária de todo o processo.

Desabrigados de nossas referências, desobrigados de nossas rotinas, somos praticamente forçados a nos reinventar. E, aos poucos, vai predominando aquela inusitada — e agradável — sensação de que a vida é bem mais simples do que supúnhamos.

* * *

E, por falar em "radical", decidi dizer "sim" ao Projeto Kilimanjaro! Sei que há um considerável risco em me comprometer com essa antecedência, dadas as tantas indefinições do ano que vem, mas um amigo me fez ver que a única questão a que eu realmente tinha de ser capaz de responder é a seguinte: quão forte é o meu desejo de participar de um projeto como esse? E a resposta a essa pergunta é clara e cristalina... *Estou dentro!*

* * *

Desci ao restaurante para comer algo quente. Estava bem movimentado, mas felizmente consegui uma mesa. O atendimento, porém, estava perto do caótico. Havia apenas um garçom para todas as mesas, e ele parecia inteiramente perdido em meio a tantos pedidos. Diante disso, resolvi simplificar e fiz minha escolha sem nem mesmo ver o cardápio: pedi uma pizza margherita, não poderia haver erro. Afinal, eram quase 22h, a fome era grande, e eu queria apenas comer, subir, ler um pouco, relaxar e dormir.

Já são 22h30 e até agora nada de pizza, e minha meia jarra de vinho acabou...

* * *

Após 45 minutos de espera, finalmente a pizza chegou... humm... deliciosa...

52ª etapa: Medesano → Cássio (29 km)

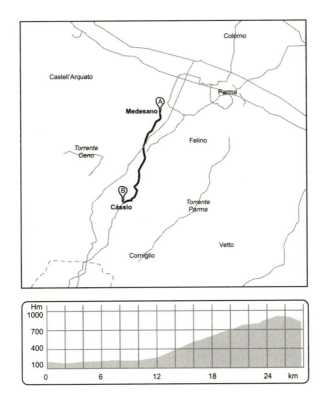

Comecei o dia meio desanimado, mas pouco depois, já em Fornovo di Taro (10 quilômetros), dei uma examinada nos mapas e vi que hoje começa a subida dos Apeninos, porta de entrada da desejada Toscana. E eu simplesmente adoro as etapas de montanha.

A subida se fez em grande parte pela estrada, mas o trajeto haveria de me reservar uma trilha mais do que especial justamente no seu trecho final. E acho que, por isso mesmo, pelo contraste, essa última parte ganhou um brilho único.

Eu acabava de atingir os 900 metros de altitude quando avistei uma placa indicando um pequeno caminho na lateral da estrada.

Não recusei o convite e, em poucos metros, me vi dentro de um denso e belo bosque, numa "perfeita trilha de aventura", com suas subidas íngremes e descidas irregulares, bifurcações ambíguas, exigindo constante atenção, o cheiro dos pinheiros... Um lugar de onde se podia, enfim, contemplar a grandeza e beleza dos vales que se exibiam abaixo, trazendo realmente todos os elementos para dar à trilha, nesse momento, carga máxima de emoção.

E, chegando a Cássio, a "cereja do bolo".

Uma bela cidade, erigida numa encosta, com suas construções, casas, igrejas e ruas todas em pedra, como tanto gosto. E o acolhimento hospitaleiro do povo local, da gente simples e simpática, sempre disposta a ajudar e interagir... Perfeita coroação para o dia.

E haveria ainda o jantar. Primo e secondo piati — tagliatelli ao funghi, seguido de javali ao Chianti com polenta — e meia garrafa de Chianti para acompanhar. Para bem pensar, para bem dormir.

Cássio e arredores

Assim, do desânimo do começo do dia só permanecem fracas lembranças, o restante tendo se encarregado de renovar, mais uma vez, o prazer do caminho.

* * *

Acho que a coisa de que mais preciso, que mais prezo, é a liberdade, liberdade de movimento. De ir e vir. De mudar. De país, de profissão. E com isso mudar a mim mesmo, mudar meus pensamentos, minhas crenças, sentimentos. Experimentar, conhecer, aprender... eis os verbos que mais me definem. Um título para minha biografia? O curioso.

53ª etapa: Cássio → Montelungo (26 km)

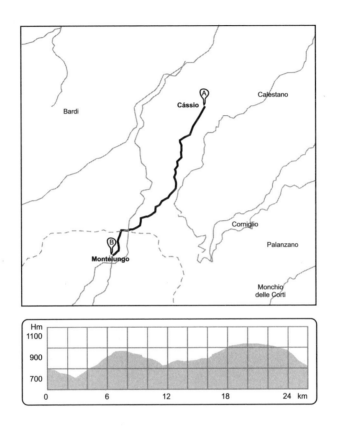

O dia começa bem, com chuva e trovões!

O dia pode ser dividido em três etapas:

(a) Cássio → Bercetto
Muita chuva, raios e trovões, grande variação altimétrica (800-1.000-800 metros). Caminhando pela estrada e sem muito a ver por conta da chuva densa, nada a fazer senão apressar o passo.

(b) Bercetto → Passo della Cisa

Em Bercetto, a chuva cedeu. Aproveitei o pretexto para trocar de camisa e colocar meias secas. Como as botas estavam encharcadas, improvisei e calcei-as sobre sacos plásticos. A tática deu certo. Daí em diante, praticamente só trilha, com subidas íngremes, bem duras devido ao terreno acidentado. E também bem mais belas. Nesse trecho, atingi o topo do Monte Valoria, a 1.229 metros, o pico mais alto da região.

Santuário à Madonna della Guardia

Depois, rápida descida até o Passo della Cisa, a 1.041m, que cruza os Apeninos e funciona como marca divisória entre a Ligúria e a Toscana. Ali encontramos um belo santuário, dedicado a Madonna della Guardia, que atrai peregrinos de todas as regiões vizinhas.

(c) Passo della Cisa → Montelungo

Quando saía da igreja, porém, a chuva retornou. A ideia era continuar seguindo pela trilha — que funcionava também como um atalho — mas, por conta do mau tempo, fui aconselhado a evitá-la, pois a visibilidade estava ruim e a sinalização não era inteiramente clara. Apesar de chateado por não poder aproveitar esse trecho tão belo de montanha/floresta, aceitei naturalmente o conselho e segui mesmo pela estrada.

Mas foi um conselho sábio. A chuva, que havia recomeçado fraca, virou uma autêntica tempestade, com trovões de doer o ouvido, com pingos tão grandes e pesados que quase doíam. Com esse tempo, descartei uma jornada mais longa e resolvi parar no primeiro lugar com hospedagem, no caso Montelungo.

Ao chegar à cidade, pude perceber o olhar espantado das pessoas, possivelmente se perguntando quem em sã consciência andaria debaixo de tanta chuva.

Já na pousada, um pequeno suspense. Na recepção, pergunto se há vagas e o senhor que me atende diz não saber: "Quem sabe é a minha mulher, porque haverá um casamento depois de amanhã, não sei como estão as reservas." Momento tenso. *Tem* de haver algum quarto disponível.

A espera é longa em cada um de seus dez minutos. Com a parada, os pés encharcados incomodam mais, a temperatura do corpo baixa, a expectativa e necessidade de um banho quente e roupas secas aumentam incrivelmente.

Finalmente a mulher chega e sim, há um quarto disponível. Por uma noite apenas, ela me diz, mas eu não pretendia mesmo passar mais tempo aqui.

Preço acertado, subo e entro na merecida ducha, que só não foi mais agradável porque havia uma tonelada de roupa para lavar — na verdade, praticamente *toda* a roupa que eu carregava: as três camisas, os quatro pares de meia e até mesmo as toalhas, usadas para enxugar os pés na troca de meias em Bercetto —, o que me deixa apenas a malha térmica para dormir.

Uma boa hora transcorreu nisso, antes que eu pudesse finalmente descer para o jantar. À luz de velas, diga-se, porque logo depois de me sentar houve uma queda de energia e todo o vilarejo ficou no escuro.

O menu (fixo) me brindou com uma espécie de panqueca ao pesto (deliciosa), vitela com batatas ao forno, torta de limão e vinho tinto. Para o contexto, não poderia ter sido melhor.

A luz voltou entre a sobremesa e a conta, o que me permitiu aproveitar a tevê no meu quarto.

* * *

Insônia recorde. De 1h30 às 6h30. Não desagradável, porém. Ao contrário. Bons pensamentos, leituras e tevê.

* * *

A solidão permite que certos pensamentos — que em condições normais certamente se perderiam entre os tantos outros do dia a dia — ganhem o tempo necessário para maturar e virar escrita.

* * *

Engraçado. Porchat — mestre e amigo — me disse que desde sempre quis ser professor. E eu, querendo sempre ser apenas aprendiz, acabei me vendo na posição de ensinar.

* * *

Curtas

- Um caderno e uma caneta são excelentes companhias para o jantar. Distraem, entretêm, alongam o tempo e o prazer das garfadas, a degustação da comida.
- A redundância de sempre: não há nada melhor do que os dias de montanha.
- A marca de *1.500 quilômetros* foi hoje atingida!

54ª etapa: Montelungo → Aulla (36 km)

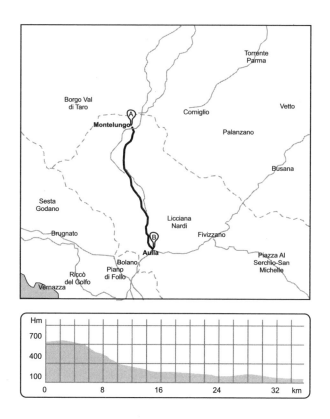

Toscana!

Passamos de um extremo a outro. Se ontem chuva, vento e frio; hoje sol, clima seco e quente. Muito quente. Mas, pelo contraste e sobretudo pela lembrança ainda viva dos pés encharcados de ontem, não dá para deixar de dar as boas-vindas ao amigo sol. E pedir que ele se esconda um pouco, mas apenas um pouco, amanhã e nos próximos dias.

* * *

Almoço em Pontrémoli, simpaticíssima cidade, minha primeira pausa na região da Toscana.

* * *

Apesar da noite maldormida, o cansaço ainda não se fez sentir. Ao contrário, ando em ritmo bem forte, bem próximo dos 6 km/h.

Breve pausa em Vilafranca, uma das potenciais paradas de hoje (24 quilômetros). Mas são ainda 15h30, me sinto bem e vou encarar mais 12 quilômetros até Aulla.

* * *

Valeu a pena ter continuado. Cheguei a Aulla bem-disposto e, tirando Pontrémoli, quando era muitíssimo cedo para parar, nenhuma cidade no caminho me chamou grandemente a atenção.

Consegui hospedagem na Paróquia S. Caprasio, mas, estando as instalações normais em obras, fizeram de uma grande sala, onde colocaram duas camas, um alojamento provisório. Sem problema, ótimo como em qualquer lugar.

O problema viria na hora do banho. Não havia chuveiros nem equivalentes. Acontece que, depois de um dia quente como hoje, não era possível eu dormir suado como estava. Tive de improvisar e tomar o famoso "banho de gato". Não tão agradável quanto um banho verdadeiro, mas quase tão eficaz quanto no quesito limpeza.

Um pouco de história

Em 1808, Napoleão ordena a estratégica construção de uma nova estrada ("la route n. 213") a fim de tornar mais veloz e operacional a ligação entre o norte e o centro da Itália, substituindo em alguns pontos a milenar (e relativamente decadente) Via Francígena. Como é comum acontecer, essa antiga rota foi quase toda assimilada pela malha viária contemporânea, à exceção de alguns vestígios, como nos dá testemunho a Ponte de Mignegno.

Ponte napoleônica de Mignegno

O banheiro ficou, claro, "inundado", mas pus o pano de chão em ação e em cinco minutos tudo estava como antes, seco e limpo.

Para o "verdadeiro andarilho", não há tempo ruim nem instalações desconfortáveis. Pelo menos, foi o que tentei repetir a mim mesmo...

Curtas

- Pizza na esquina, com direito a desconto para peregrino.
- A chuva de ontem causou certo estrago em meus pés. Molhados durante boa parte da etapa, eles não resistiram ao esforço contínuo e uma pequena bolha se formou na parte baixa do calcanhar. Nada grave, porém. Ela deve curar-se sem a necessidade de maiores cuidados.
- Com o dia de hoje, são 17 dias sem pausa (e quase 500 quilômetros andados). Como comparação, a segunda melhor sequência foi na França, com 11 dias sem pausa (e cerca de 320 quilômetros).
- Breve estudo dos mapas para o trajeto de amanhã e cama.

55ª etapa: Aulla → Sarzana (16+3 km)

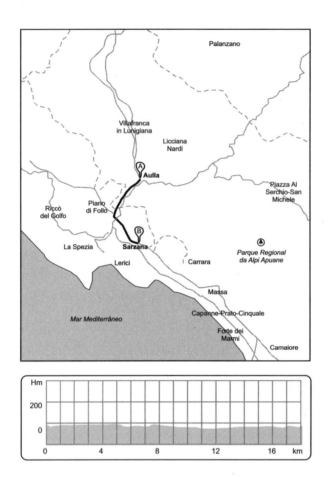

Dia quente...

A bolha/calo atrás do calcanhar incomodou um pouco mais do que o esperado e convém não deixar o problema se agravar. Resolvi dar ouvidos a esse sinal do corpo e fazer hoje uma etapa curta, uma ideia que se provou ainda melhor ao constatar que Sarzana, o destino de hoje, é bem acolhedora e parece ter bastante a oferecer, vários lugares a visitar.

Aqui, consegui hospedagem no Convento San Francesco, um grande complexo que ocupa quase um quarteirão.

Fui instalado num amplo quarto, com várias camas, sugerindo que eles estão preparados para abrigar vários visitantes ocasionais, inclusive nós, peregrinos.

Cidadela de Sarzana (GETTY IMAGES)

Dispus minhas coisas numa das camas e, apesar de cansado, saí para dar uma volta. Era bem cedo e cabia aproveitar o tempo para conhecer a cidade.

Gostei bastante de sua atmosfera, com suas ruas arborizadas e agradáveis praças, mas o ponto alto mesmo é a Cidadela, uma dessas fortalezas que povoam nossa imaginação, com imponentes muralhas, fossos e pontes, ainda em impecável estado de conservação.

A fortaleza original foi construída pelos pisanos, no século XIII, mas completamente destruída pelos florentinos, no século XV, durante a Guerra dos Serrezzana.

A Cidadela atual foi construída sobre as ruínas da anterior, por ordem de Lourenço de Médici, que não poupou recursos e engajou para o trabalho os melhores arquitetos militares da época.

Ainda no século passado, o complexo serviu como prisão, mas atualmente é usado apenas para eventos culturais e exposições.

* * *

Nesse breve passeio pela cidade, pude comprovar que eu realmente precisava de uma etapa mais curta, e talvez mesmo de um dia de repouso. Estou exausto, meus pés estão desconfortavelmente inchados, as unhas destruídas, e, ao contrário da maioria das vezes, eu não estava me sentindo leve por andar sem mochila.

Com isso, resolvi encurtar o passeio, comprar uma pizza para viagem, na intenção de voltar ao meu quarto, comer, colocar as pernas para cima e dormir cedo. Entre essa ideia e meu quarto, porém, há uma igreja, e agora, 18h, é hora da missa... Até pensei em assistir à celebração, mas, com uma caixa de pizza na mão, não achei conveniente.

Sendo inevitável a espera, uma simples solução: um banco de praça, metade da pizza e algumas notas no caderno.

* * *

Chegando ao quarto, encontro a porta... trancada! Procuro o padre, mistério resolvido.

Três peregrinos haviam chegado (iam de bicicleta para Lourdes, mas não tive chance de encontrá-los) e fui transferido de quarto. Para um melhor, aliás. Além de individual, era mais confortável, com direito a uma escrivaninha e, sobretudo, uma *bela vista*.

Igreja de San Francesco

* * *

Um insight terapêutico, ou: O melhor para si mesmo pode ser também o melhor para todos?

Parece inquestionável que uma pessoa mais tolerante, mais flexível, se estressa menos e é frequentemente menos infeliz diante de acontecimentos imprevistos do mundo, daqueles eventos que lhe escapam do controle. Não menos importante, em geral uma pessoa assim torna o ambiente onde ela está mais leve, e consequentemente mais harmônico, por ser uma fonte a menos de exigência e desequilíbrio para os outros.

O intolerante, de outro lado, não apenas sofre mais — encontra mais situações que o descontentam —, mas também faz os outros sofrerem mais, constantemente reprovando-lhes gestos e comportamentos.

Ora, essa ideia (de adaptação, flexibilidade e tolerância) acaba por se tornar, então, um princípio *terapêutico* — pela maior potencialidade de bem-estar pessoal — e, incidentalmente, um princípio *moral*.

Os dois, com efeito, convergem.

Enquanto *terapia*, a ideia favorece a circulação de energia psíquica (de pensamentos, valores, desejos) e com isso tende a impedir, a evitar estagnações, bloqueios da mesma: isto é, *recalques*.

Ora, precisamente ao favorecer uma circulação mais livre, maior flexibilidade é gerada, o que contribui potencialmente para o indivíduo ficar mais aberto às diferenças, ao que lhe é estranho, favorecendo por sua vez uma convivência mais suave com os outros, minimizando, por exemplo, conflitos de valores e culturas. De fato, assim que o indivíduo percebe a vantagem que há em ser mais adaptável e flexível, ele pode, sem perda, desapegar-se de uma noção que lhe é tão preciosa, a saber, a de *controle*, a de querer o mundo de um modo determinado, específico, rígido.

Na verdade, o que se pode vislumbrar é que o controle das situações lhe retorna à mão ainda com mais força, no momento em que mais situações lhe são desejáveis/favoráveis. E assim, ainda nessa perspectiva algo renovada, ele atinge com mais facilidade sua ideia preliminar de querer o mundo do *seu* modo. Sim, porque agora, assumindo esse mundo formas (potencialmente) mais variadas, ele amplia suas possibilidades de realização, de satisfação.

Não se trata mais, portanto, daquela ideia de que "feliz é quem deseja pouco e consegue esse pouco", noção que desagrada devido à sua limitação intrínseca.* Por que (necessariamente) desejar pouco? Por que abdicar, na fonte, de toda a riqueza do mundo, estética, cultural, afetiva, e até mesmo material? O indivíduo pode desejar amplamente, se quiser, e, na medida em que não mais se apega a valores/objetivos/objetos (excessivamente) específicos de desejo como condição de sua felicidade, ele pode também ser mais feliz, viver com mais leveza, já que pode ser feliz com diferentes ventos e paisagens.

Ora, o que podemos ver aparecer também, subjacente a essa noção de circulação de energia e ampliação potencial das redes de satisfação, é uma espécie de — na falta de expressão melhor — "princípio moral".

---

*Pelo menos a nós, membros da civilização (capitalista-consumista) ocidental.

Note-se, porém, que não se trata de um princípio moral "clássico", que nasce ou precisa ser justificado por um *dever ser* (imposto de fora para dentro); é um "princípio" que deriva antes e sobretudo do *desejar ser* (gerado, portanto, de dentro para fora). É algo que favorece antes e diretamente o indivíduo; e apenas *depois*, como desejado "efeito colateral", favorece também e grandemente as demais pessoas que o cercam.

Esse "novo" indivíduo, mais flexível e tolerante, não acha que deve ser ou se comportar de tal modo porque o mundo dos "seres racionais" assim o exige, como quiseram Kant e outros. Antes, ele deseja ser de tal modo pois, ao desenvolver essa capacidade, esse *estilo,* é imediatamente — e independentemente de (diretas) consequências nos outros — mais feliz.

Naturalmente — e por isso ganha cores de um "princípio moral" —, esse novo modo de viver e estar no mundo também gera benefícios imediatos para o resto da comunidade, nos permitindo pensar num harmônico mundo dos "seres tolerantes/flexíveis/adaptáveis".

Assim, do ponto de vista individual, torno-me tolerante/flexível porque quero, porque isso é o melhor para mim. E, do ponto de vista social, reforça-se o fato de que, incidentalmente, o que é melhor para mim é também melhor para a sociedade.

* * *

Seria esse o melhor dos mundos? Conseguir agir no melhor interesse de si mesmo e, ainda assim, contribuir para o melhor interesse da comunidade como um todo?

Parece que sim, que essa tríade "flexibilidade/adaptabilidade/tolerância" pode ter esse efeito.

Portanto, de um lado, esse "princípio da tolerância" pode ser justificado e incentivado como uma prática terapêutica não mais vinculada ou constituindo uma imposição arbitrária dos valores pessoais seja do analista, do psicólogo ou mesmo do amigo. A tolerância é uma arma terapêutica porque ela propicia a circulação de ideias e dos circuitos psíquicos, promovendo assim a revitalização e eventualmente a ampliação dos circuitos de satisfação.

De outro lado, esse mesmo "princípio da tolerância" pode ser incentivado e justificado como um "princípio moral", já que tende a beneficiar a convivência pacífica e harmoniosa entre as pessoas, desta maneira potencialmente mais capazes de assimilar e aceitar o estranho, o diferente, o imprevisto.

Sim, essa parece ser uma ideia filosófica e psicologicamente atraente, altamente conectada às necessidades do mundo de hoje. E com o bônus de ser também altamente assimilável, em suas linhas gerais. Sim, eis algo que merece ser repensado e desenvolvido.

To be continued...

56ª etapa: Sarzana → Luni → Carrara → Massa (30 km) [→ Pontrémoli]

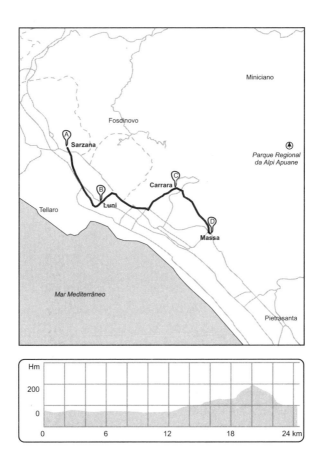

A etapa curta de ontem aliada a uma boa noite de sono fizeram sua mágica, e acordei bem mais disposto hoje, algo importante porque o dia será longo, com paradas previstas em Luni e Carrara, antes da parada final em Massa.

* * *

Ruínas do antigo anfiteatro (CORBIS/LATINSTOCK)

Luni (ou Luna, na época romana) foi fundada pelos romanos em 177 a.C., com o propósito de servir de base militar para as campanhas contra o povo da Ligúria.

Tomei conhecimento de sua existência através de um folheto que vi em Sarzana e não resisti ao pretexto de fazer um pequeno desvio de rota para visitar essa importante zona arqueológica, onde encontramos ruínas da antiga cidade fortificada bem como de seu anfiteatro.

Uma vez lá, fiz o "pacote completo": visitei as escavações, o museu e o anfiteatro, alongando minha permanência bem mais do que previra.

Mas valeu a pena, sem dúvida.

E aproveitei o bom humor do momento para fazer algo que não me permiti nesses quase dois meses e meio: parar num restaurante e ter um almoço decente, completo, no meio da jornada. Com direito a vinho e tudo.

Sei que não vai ser muito fácil retomar o ritmo depois de uma bela refeição como essa, mas há muitas opções de parada para hoje. De fato, posso dormir em Avenza (a 7 quilômetros daqui), em Carrara (11 quilômetros) ou em Massa (16 quilômetros), como previsto inicialmente.

A vantagem de ir até Massa, além de avançar um pouco mais, é contar com potencial hospedagem em um mosteiro local e também ter acesso à internet. Já faz alguns dias que não me conecto.

De qualquer modo, dadas as múltiplas opções, não há motivo para preocupação com o impacto do almoço. Mais vale curtir o momento. *Carpe diem.*

* * *

Estou com aquela difusa sensação de bem-estar, aquela vontade de ficar num parque, sentar na grama, deixar o tempo passar sem pressa, ler um livro, ver pessoas ou ficar de conversa fiada.

Sei que não é exatamente o que vai se seguir após o almoço, mas encontro um bom substituto nesta refeição sem pressa, nestas notas despretensiosas, nesta silenciosa interação com as pessoas à volta que almoçam com suas famílias e me olham com disfarçada curiosidade.

* * *

Como ainda me perdi em mais escritos e devaneios após o almoço, a transição para a volta à estrada foi tranquila, sem maiores resistências, deixando um saldo totalmente positivo dessa parada.

Na verdade, voltei com tanta disposição que mantive a ideia de passar por Carrara — implicando novo desvio — antes de seguir até Massa. Um desvio razoável, o segundo do dia, mas a fama de Carrara a precede e não cabia desperdiçar a oportunidade.

Afinal, com o humor em alta, toda beleza é recompensada, e vi o bastante em Carrara. Seu belíssimo *duomo* de mármore bicolor já vale, por si só, a visita, mas merecem também destaque o Palazzo Cybo Malaspina, da época renascentista, bem como — um espetáculo à parte — as imensas *pedreiras* da cidade, de onde se extrai o inigualável mármore carrara, matéria-prima de tantas obras de arte imortais.

Diante disso, pensei até mesmo em dormir ali, mas, ao pedir informação num Posto de Informações Turísticas, soube que a cidade estava lotada e não me restou alternativa senão seguir até Massa.

* * *

Nesse primeiro momento, não vi problema algum. Havia disposição de sobra para essa "esticada" até Massa. Lá chegando, porém, por volta das 20h, o "panorama otimista" mudou um pouco.

Ninguém no mosteiro indicado atendia minhas ligações (mesmo eu tendo começado a telefonar bem antes de chegar), mas esse se revelou o menor dos meus problemas.

Ao procurar pousadas ou hotéis para ficar, fui recebendo negativas uma após a outra, e pude confirmar em seguida, no Posto de Informações Turísticas local, que a cidade também estava lotada. Pior ainda, fui informado de que havia um importante congresso de medicina acontecendo na região e que, nesses casos, os hotéis se tornam escassos para tamanha demanda. Diante disso, a alternativa mais óbvia — a de seguir adiante até a Marina de Massa (a 5 quilômetros) — ficava bem comprometida. Realmente, não seria inteligente andar até lá sem saber da disponibilidade de vagas. Abusando então da gentileza do pessoal no Posto de Informações, consegui ligar para alguns hotéis de municípios vizinhos — inclusive de cidades por onde já havia passado — apenas para descobrir que não havia vagas em nenhum deles.

Vendo minhas opções se esgotarem, fui até a estação de trem olhar destinos ainda possíveis para as horas seguintes. Peguei meu guia novamente e fui ligando para todos os números ali disponíveis, em todas as cidades mais próximas, uma a uma, já sem me importar se eram cidades "passadas" ou "futuras".

Pietrasanta, Avenza, Vilafranca: lotadas. Luni, Pontrémoli, Aulla, sem resposta.

E agora, o que fazer, onde dormir? Seria hoje, afinal, que precisaria dormir ao "relento", escolher um banco de praça e esperar amanhecer?

Voltei então a insistir nos lugares que não me tinham atendido até que, finalmente, descobri uma vaga em Pontrémoli. Ufa!

Agradeci imensamente, expliquei que estava em Massa e que pegaria o próximo trem. Corri para a bilheteria, felizmente havia um partindo dali a menos de meia hora (20h54), com chegada prevista para uma hora depois.

* * *

Já no trem, num misto de exaustão e alívio, fiz a comparação quase inevitável. Estava agora percorrendo de trem, em uma hora, o trajeto que me havia tomado três dias para completar a pé. E não estamos falando de nenhum TGV de altíssima velocidade...

* * *

O "grande detalhe" ou a grande sorte.

Quando consultei os números disponíveis no meu guia, devido à hora avançada, só liguei para os hotéis e albergues, achando que seria inconveniente ligar para monastérios ou paróquias e pedir abrigo àquela hora da noite.

Acontece que, quando cheguei a Pontrémoli e pedi informação sobre como chegar ao hotel Cappuccini, o senhor com quem falei me perguntou: "Você certamente quis dizer Convento dei Cappuccini, não? Siga mais uns 100 metros e suba aquela ladeira à direita."

Fiquei com cara de interrogação, mas logo caiu a ficha. Estava então explicada a existência de vaga, estava então esclarecida a razão de me terem perguntado se eu era peregrino e dizerem que "se daria um jeito"... E eu que perguntei por um "quarto vago", que indelicado... Mas algo que, imagino, pode ser facilmente perdoado e colocado na conta de meu precário italiano.

O que é digno de registro é a imensa *sorte* desse meu equívoco — na verdade um equívoco do guia, que imprimiu um "O" (indicação para albergues ou campings com leitos) ao lado de "Cappuccini", em vez de "O.R." (indicação para "ordem religiosa", caso dos conventos, paróquias, monastérios etc.). E foi tão somente por essa razão que eu liguei para aquele número e acabei conseguindo essa acomodação de ultimíssima hora.

Mas a sorte foi ainda maior do que "apenas" não ser forçado a dormir num banco qualquer de praça. Sorte mesmo *foi ter retornado a Pontrémoli*.

Realmente, Pontrémoli foi a primeira cidade que me impressionou na Toscana, onde parei para almoçar logo depois que completei a descida dos Apeninos e entrei na região. Uma cidade incrivelmente encantadora, mas que — pela hora um tanto precoce em que lá cheguei — acabei não me dando a oportunidade de visitar a contento. Fato é que, agora, com esse retorno mais do que inesperado, tenho a chance de revisitá-la com calma, podendo explorar melhor suas ruelas, praças e construções.

De qualquer modo, fica a advertência. Com a entrada na Toscana, uma região bem mais turística e em pleno agosto, época de férias, devo ser mais cuidadoso no planejamento das minhas dormidas e reservar os lugares com a maior antecedência possível, sejam eles hotéis, albergues ou ordens religiosas.

* * *

Uma vez no convento, fui recebido por um monge, que me mostrou onde eu dormiria. Pedi-lhe desculpas, tentei explicar todo o ocorrido, mas ele não deu muita bola. Acho que também estava cansado e só queria dormir.

Bem, com tudo isso e após banho, alongamento e estas poucas notas, eis que soam as doze badaladas da meia-noite, mais do que hora de dormir. Mas ainda estou muito desperto, acho que resultado de toda a adrenalina, de todo esse suspense. Troquemos então a escrita pela leitura e vejamos se com isso consigo desacelerar, relaxar e dormir.

Pausa — (Excepcionalmente) Pontrémoli: 9 km

Acordei cedo e logo depois do café da manhã fui à estação checar os horários de trem para Massa.

A ideia era visitar com calma a cidade pela manhã, talvez almoçar e seguir para Massa, retomando a caminhada pela tarde. Chegando à estação, vi que o primeiro trem para Massa partia às 13h30. Um pouco mais tarde do que pensava (isso significava começar a caminhar lá pelas 14h30 ou mesmo 15h), mas ainda assim um horário aceitável.

Quando me dirigi à bilheteria, porém, vi um cartaz anunciando o "dia do 1 euro": hoje se pode viajar para qualquer destino nacional — desde que pelo chamado trem regional (isto é, excluindo o TGV) — por apenas 1 euro.

Eis um belo pretexto, uma bela ocasião para ir a Pisa, não tão distante daqui. Eu já havia inclusive me informado de que era novamente possível subir ao topo da famosa torre, um desejo que tenho desde pequeno.

Alguns problemas logísticos precisam, porém, ser resolvidos. Indo a Pisa hoje, não teria como voltar a Massa e recomeçar a caminhar. Tenho que descobrir antes, então, se consigo passar mais uma noite aqui ou se desta vez consigo hospedagem em Massa.

* * *

Primeira parte resolvida. Voltei ao Convento, falei com o monge responsável e ele me disse que não haveria problema algum em passar mais uma noite. Mais um dos privilégios de ser peregrino, conseguir hospedagem quando todos os hotéis estão lotados.

O dia perfeito então se configura.

Manhã livre em Pontrémoli, tarde em Pisa, subida na Torre Inclinada, tentando retornar lá pelas 20h, bem a tempo da apresentação de *Il Trovatore*, ópera de Giuseppe Verdi cujo cartaz vi nesse último trajeto e cuja performance será na bela Piazza Repubblica, a céu aberto, aproveitando a noite de lua (quase) cheia... De fato, não se pode pedir mais do que isso para um único dia.

* * *

Bem, o "dia perfeito" vai ter de encontrar outra configuração. A ida a Pisa se revelou inviável. Pelo trem regional, são duas horas e meia para ir e outras tantas para voltar. Na minha imensa vontade de finalmente subir na Torre Inclinada, me esqueci de contabilizar o (longo) tempo gasto no deslocamento até lá. Vou ter mesmo de esperar chegar a Lucca, bem mais próxima de Pisa, para fazer esse desvio de rota.

Pontrémoli

Mas, para falar a verdade, não cheguei nem mesmo a ficar frustrado. Há muito a ver em Pontrémoli e, agora que vou passar mais uma noite aqui, posso curtir ainda mais relaxadamente a cidade.

Sim, foi até melhor não ter podido ir hoje a Pisa. Pontrémoli é realmente muito charmosa e, com o dia inteiramente livre, tive a chance de andar por becos e praças aonde não tinha ido, entrar em igrejas que não havia visto, além de subir no campanário e ter uma bela visão do conjunto da cidade. E o clima, que já estava bem agradável, em torno dos 25 graus, ficou ainda melhor com 2 graus a menos. Excelente.

295

Um dos muitos becos de Pontrémoli

Para o almoço, escolhi a simpática Trattoria Norina. Tagliatelli e scallopini ao funghi, vinho e café. Ah, se eu pudesse almoçar bem assim todos os dias...

Depois do almoço, escolhi uma praça mais recolhida, bem arborizada, para relaxar e fazer a digestão. Fazer nada, aqui em Pontrémoli, é também um belo programa.

Curtas

- Talvez devido a Valentino Rossi, as motos de alta cilindrada são uma verdadeira paixão entre os italianos.
- O ciclismo é também incrivelmente praticado, tanto como meio de transporte básico (por homens, mulheres, crianças, jovens e idosos) quanto como esporte. São literalmente *dezenas* de ciclistas que encontro *todos* os dias na estrada, enquanto caminho. Isso é, para mim, algo incrível, algo a ser desejado, imitado. O não sedentarismo, uma vida em que o esporte faz parte do cotidiano das pessoas, por prazer e utilidade. A Europa, lugar de espaços reduzidos e culturas diversas, é linda também nesse aspecto. Bravo!

Campanário de Pontrémoli

* * *

Depois de uma tarde passada lentamente, é noite de ópera, de *Il Trovatore*. E que noite! Céu claro, estrelas começando a aparecer nesta praça que é também qualquer coisa... Verdi certamente aprovaria.

E começa...

* * *

Achei a ópera excelente, cenário bem montado para o contexto, uma atmosfera contagiante, com bons cantores, boa orquestra.

Claro que há inconvenientes de se realizar uma ópera numa praça, a céu aberto. Dois cafés nas cercanias geravam inadequados barulhos de pires, xícaras e pratos batendo, cadeiras arrastando etc. Com isso, o público fica inevitavelmente mais disperso, menos concentrado, e se permite até mesmo empreender pequenas conversas paralelas.

Aqueduto de Pontrémoli

Castelo Piagnaro, em Pontrémoli

O saldo, porém, é bastante positivo. Aliás, creio que qualquer espetáculo nesta magnífica praça já começa com uma nota excepcional.

Ah, e não nos esqueçamos da lua, que subiu ao céu, bela, crescente, durante o espetáculo.

* * *

Desnecessário dizer, mas digo: que dia maravilhoso!

57ª etapa: [Pontrémoli →] Massa → Pietrasanta (22+2 km)

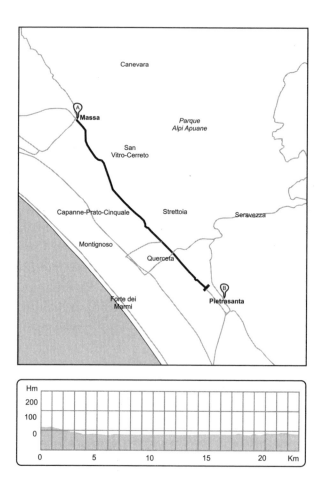

Depois de uma boa noite de sono, hora de dar adeus à bela Pontrémoli, agora mais do que nunca inesquecível. É hora de pegar o trem de volta a Massa e retomar a caminhada de seu ponto original. Partida às 10h, chegada às 11h. Com isso, acabei deixando para tomar o café da manhã em Massa, na praça em frente à estação. Depois, uma rápida volta pela cidade para conhecer seu *duomo* e pé na estrada.

Duas opções para seguir até Pietrasanta: ir por "dentro" — opção indicada pelo guia e mais curta (14 quilômetros) — ou fazer um belo desvio e seguir pelo litoral, ampliando a jornada em cerca de 8 quilômetros.

Novo em folha com o dia de descanso e com muita vontade de rever o mar — não estaria tão próximo dele em nenhum outro momento até Roma —, resolvi fazer o desvio.

* * *

Chegando ao litoral, não me contentei em andar na estrada à beira-mar e ter apenas uma vista ocasional da praia, entre um bar e outro (nessa região, o acesso à praia é, com honrosas exceções, inteiramente feito via bares, o que acho lamentável).

Entrei, assim, por um dos bares, andei até a beira d'água e por ali segui, todo o tempo, sentindo o gosto do sal que a brisa me soprava.

Foram cerca de 10 quilômetros de caminhada sobre a areia, sob um sol bem forte. Mas, para mim, foi um dia de recreio. É nessas horas que percebo como o humor altera a sensação do esforço feito.

Andando quase o tempo todo sobre areia fofa, mochila nas costas e sob um calor de mais de 35 graus, nenhum sinal de cansaço foi sentido.

Naturalmente, eu era um personagem estranho àquele ambiente e atraí assim vários olhares curiosos e espantados. Várias pessoas não resistiram e me pararam para perguntar o que estava fazendo, aonde ia.

A maioria se contentava com respostas curtas, fazia cara de espanto e eu continuava a andar. Outras vezes, a curiosidade era maior e a conversa se estendia por alguns minutos.

Mas interessante mesmo foi a abordagem do dono de um dos bares, que passava no momento em que eu conversava com um grupo de italianos e ouviu o final da conversa.

— Peregrino, a Roma? Vai encontrar Ratzinger? Venha comigo, vamos beber algo.

Sempre receptivo a esse tipo de encontros, segui atrás dele. Fomos primeiro à sua casa, onde ele me apresentou à mãe, que mal teve tempo de dizer "oi" e já foi requisitada para nos trazer uma cerveja e em seguida me preparar um *panino*.

O nome dele era Marco Velásquez. Sua "rotação" era altíssima, não parava um minuto. Passava de um assunto a outro com grande velocidade, interrompia uma frase no meio para falar com pessoas que passavam, se ausentava por minutos e retornava.

Uma conversa normal com essa figura era algo impossível, mas, de "fragmento" em "fragmento", uma imagem foi se montando.

De cabelos ruivos e longo bigode, era um tipo que chamava logo a atenção. Trazia uma bandeira alemã ao ombro e inclusive falou alemão comigo nos primeiros momentos. Assim, apesar do sobrenome espanhol, tomei-o por um alemão radicado na Itália, mas não, ele se disse italiano e que o alemão e outras línguas — e falou várias frases em vários idiomas — foram aprendidos dos clientes ao longo dos anos.

Entre idas e vindas, falou que era comunista, que havia conhecido nomes importantes do partido comunista italiano e disse que tinha livros para me mostrar. Quando retornou, trouxe cerca de vinte livros, nenhum deles relacionado a comunismo. Viu que eu carregava um dicionário de italiano comigo, insistiu para que trocássemos, que me daria um em alemão. E sem que eu tivesse tempo nem de respirar, quanto mais de dar uma resposta, lá foi ele buscar uma caneta para que lhe escrevesse uma dedicatória.

Sem jeito e sem desculpa, comecei mesmo a esboçar uma dedicatória quando o vi sumir mais uma vez, desta vez por vários minutos. Terminei minha cerveja e o sanduíche e, quando já pensava em partir, ele retornou. "Venha, venha, vamos tomar um café." Peguei minhas coisas, ainda com o dicionário na mão, dedicatória pela metade, mas ele jamais retomaria o assunto.

Fomos ao bar, ele despejou várias moedas no balcão, me apresentou a uma (linda) garçonete, disse para ela tomar conta de mim e então desapareceu mais uma vez. Pedi o café e esperei ele voltar, como das outras vezes. Algumas pessoas puxaram conversa, Roma, quantos quilômetros, espanto etc. Café tomado, conversa-fiada com outros estranhos, até que a garçonete, percebendo que eu ainda estava esperando, me disse: "Olha, o Marco não volta mais, pode partir tranquilo." Ah, bom! *Grazie mille, arrivederci...* e parti.

Realmente uma figura rara.

* * *

Como se pode ver, desvio e esforço extras inteiramente recompensados.

Na verdade, eu estava tão tranquilo e relaxado que passei do ponto onde deveria sair da praia e ainda tive de retornar uns bons minutos pelo calçadão.

* * *

Com tudo isso, cheguei a Pietrasanta por volta das 18h. Achei logo o Posto de Informações Turísticas e peguei instruções sobre onde ficava o convento onde queria me hospedar. Desta vez, naturalmente, para evitar riscos, já havia ligado com a devida antecedência.

Pouco depois de pegar as informações necessárias, passei por uma simpática praça, onde vi, surpreso, uma estátua do *Mágico Senna*. Sim, era ele mesmo, o nosso Ayrton, celebrado naquele pequeno povoado italiano, mostrando que seu carisma não tem fronteiras.

Mágico Senna, de Richard Brixel

* * *

Já nesse primeiro passeio, adorei a cidade. Aconchegante, bem arborizada e com uma magnífica praça, onde está sediada sua bela catedral.

Decorada com várias estátuas e cercada por imponentes casas, tem-se dali também uma privilegiada vista dos muros medievais que cercam a cidade.

Perto deles, aliás, mais ao fundo e no alto da colina, ficava a Casa de la Rocca, convento onde fiquei hospedado.

A nota interessante dessa hospedagem foi o primeiro encontro com um peregrino que também fazia a Via Francígena. Espanhol de Valencia, Miguel Castello me disse estar fazendo o trecho italiano da travessia.

Ele, que se autointitulou "caminhante do tipo madrugador", havia chegado bem cedo e me disse estar fazendo hora até o jantar. "Bem, eu estou morrendo de fome, que tal agora?", perguntei. Saímos juntos e logo achamos uma simpática pizzaria, bem em frente à estátua de Ayrton Senna.

Aproveitamos a espera para conversar e trocar informações sobre o caminho e compartilhar experiências.

Ele me contou que saiu de Bourg St. Pierre, uma vila situada pouco antes do Grand-Saint-Bernard, na fronteira da Suíça com a Itália, no último 31 de julho, e dali segue até Roma.

Confidenciou-me, porém, que tem sofrido seguidos problemas no tornozelo, tendo feito alguns trechos de trem para se poupar. Amanhã mesmo, ele teme não estar ainda recuperado do último inchaço e talvez recorra uma vez mais ao trem. Apesar desses percalços, disse que estava sendo uma grande experiência.

De minha parte, disse que tinha saído de Canterbury, na Inglaterra, que estava na estrada há mais de dois meses e que agora começava a me sentir "pertó" de Roma.

Para meu espanto, ele disse que já tinha ouvido falar de mim, do "brasileiro peregrino que vem desde a Inglaterra", e me explicou que a notícia de quais e quantos peregrinos estão fazendo a Via Francígena circula pelos conventos e mosteiros.

Comentei que realmente soubera de outros peregrinos em marcha, mas sempre de pessoas que *já* haviam passado por determinado lugar. Me mostrei surpreso, assim, que ele tivesse sabido de mim *antes* que eu chegasse ali. Mas ele me esclareceu que apenas recentemente havia me "ultrapassado", com o último trem que pegou.

Depois da pizza e principais informações trocadas, a conversa meio que parou de fluir. Não tanto a ponto de gerar aquele "silêncio cons-trangedor", mas o bastante para que nenhum de nós sugerisse que dali fôssemos a outro lugar para, digamos, tomar uma cerveja. Sem dúvida uma conexão bem diferente da que imaginaria ter com outro andarilho.

De qualquer modo, isso acabou sendo de menor importância diante do fato de encontrar, pela primeira vez em mais de dois meses, um outro peregrino da Via Francígena. Que diferença para o Caminho de Santiago, onde, mesmo sendo quase inverno, contei com companheiros constantes de caminhada durante todo o trajeto.

Conta paga e achando ainda cedo, fui dar uma volta pela praça. Miguel, querendo preservar o tornozelo e ter mais horas de sono, voltou direto ao convento. E assim nos despedimos, sabendo que dificilmente nos encontraríamos no café da manhã.

Com a noite agradabilíssima — céu claro e estrelado, temperatura amena —, me deixei ficar nas escadarias da Catedral, relaxando e observando as crianças brincando e alguns artistas de rua que ainda tentavam defender uns trocados.

Perto das 22h, achei que era tempo de me recolher e subi.

58ª etapa: Pietrasanta → Lucca (31+5 km)

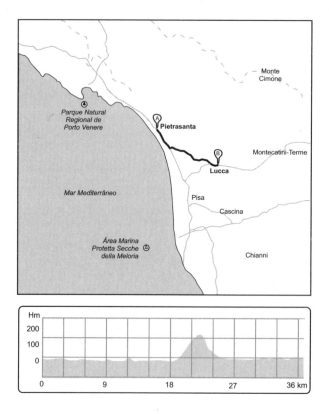

O cara é realmente do tipo madrugador. Às 4h ele estava de pé e antes das 5h já havia partido. Acabei acordando com a movimentação dele, e, vendo que não conseguia cair no sono de novo, resolvi levantar e partir também cedo. Só não fui tão ágil como Miguel. Entre arrumação, uma breve lida no jornal e outros afazeres, só fui sair por volta das 7h. Ainda assim, um recorde, nunca antes havia começado a jornada tão cedo.

Com isso, antes mesmo das 9h, eu já tinha 12 quilômetros andados, às 11h cerca de 20 quilômetros, e às 14h completava os 31 quilômetros do dia!

Em Lucca, achei um superalbergue da juventude, daqueles preparados para receber centenas de jovens de todo o mundo. Vários andares, com quartos de todos os tipos (para duas, quatro, oito... trinta pessoas) e preços. Mas tudo muito bem organizado e, importante, limpo.

Querendo conhecer Lucca com mais calma e, além disso, dar um pulo em Pisa amanhã, paguei logo por dois dias de estada.

Passeio pela Muralha de Lucca (CORBIS/LATINSTOCK)

Check-in feito, banho tomado, tive tempo de sobra para checar meus e-mails e dar uma boa volta pela cidade.

* * *

Já num primeiro passeio por suas ruas, Lucca impressiona pela quantidade de igrejas de grande porte concentradas num espaço tão restrito, tendo merecidamente recebido o apelido de "cidade das cem igrejas".

Piazza dell'Anfiteatro

Como explicar essa incrível opulência e ostentação? A explicação talvez seja a "de sempre": excesso de vaidade da nobreza/clero, frequentemente fascinada por projetos megalomaníacos, aliado à abundância tanto de matéria-prima (mármore) quanto de mão de obra baratas.

Mas a riqueza arquitetônica da cidade impressiona como um todo, sendo um prazer andar por suas charmosas ruas "intramuros", que transpiram história em cada uma de suas partes.

Particularmente bela é a Piazza dell'Anfiteatro, construída sobre as ruínas do antigo anfiteatro romano que aqui existia.

Fundada pelos etruscos, Lucca tornou-se uma colônia romana no século II a.C. e é hoje uma das principais *città d'arte* da Itália, exibindo suas muralhas intactas do século XV-XVII, com perímetro de pouco mais de 4 quilômetros em torno do núcleo histórico da cidade.

Seguir esse trajeto, aliás, é um dos mais belos passeios que se pode fazer pela cidade, ainda mais em uma noite de lua cheia, como hoje.

Por tudo isso, por toda sua riqueza histórica e arquitetônica, me parece mais do que justa a aprovação de sua recente candidatura a Patrimônio Mundial da Unesco.

* * *

Aqui em Lucca, vemos todas as nacionalidades representadas. Muito bem representadas, diga-se.

* * *

E nisso o dia se foi, o cansaço chegou e acho que vou dormir cedo para fazer o dia de amanhã render. Afinal, amanhã é dia de Pisa.

Pausa — (Excepcionalmente) Pisa: 10 km

Acordei cedo e fui direto à estação. De lá, trem para Pisa!

Não importa quantas vezes eu venha a Pisa, acredito que minha reação de espanto e deslumbramento diante da Piazza del Duomo será sempre e inevitavelmente a mesma. Como é possível tamanha beleza, tamanha monumentalidade, reunidas numa só praça?

A incomparável...   Piazza del Duomo

É certo que a Torre Inclinada é sua "peça-chave", a construção que mais cativa o interesse e a imaginação do visitante, mas não menos belos e impressionantes são seu *duomo* (catedral), o batistério e o camposanto. Não à toa, esse incomparável conjunto arquitetônico passou a ser referido, desde o século passado, como Piazza dei Miracoli, num poético modo de dizer que tal realização humana realmente excede todas as expectativas.

A famosa Torre de Pisa

Passei, é claro, um dia excepcional, visitei todos os monumentos e museus a que tinha direito, deixando para o final do dia a subida ao topo da torre, algo que me fascina desde a infância, desde que vi fotos dela pela primeira vez.

Foi um momento tão mais aguardado pelo fato de em duas ocasiões eu ter chegado bem perto, sem sucesso.

Bem, a primeira oportunidade não foi bem uma oportunidade, nem cheguei assim tão perto. Eu ainda era garoto quando vim à Itália pela primeira vez com meus pais, e, apesar de meus protestos, o roteiro não incluiu Pisa. Mas já com 27 anos e na companhia de um amigo, garanti que Pisa estaria em nosso roteiro.

Entretanto, nessa época, a Torre não estava permitindo visitações, devido a obras para recuperação de sua estabilidade. Que frustração! Apenas depois eu soube que a torre estava e permaneceria fechada por anos, criando a dúvida de se algum dia reabriria à visitação.

Mas desta vez ela não haveria de me escapar. É certo que a Via Francígena não passava por ela, mas achei perto o bastante. Estando ciente de que a torre estava mais uma vez aberta à visitação, eu sim-

> **Curiosidades**
>
> - A famosa Torre de Pisa tem cerca de 60 metros de altura e trezentos degraus. Ao longo dos anos, a torre cedeu 2,8 metros (ou 5,5 graus), o que gerou a necessidade de trabalhos para impedir a progressão de sua inclinação e possível queda. Hoje essa inclinação está em "apenas" 4 graus, sentido sul.
> - Embora o começo de sua construção remonte ao século XII (1173), ela teve de esperar quase duzentos anos até ser finalmente concluída (1360).
> - Reza a lenda que Galileu teria deixado cair dali duas balas de canhão, de tamanho e peso diferentes, para demonstrar que a velocidade de queda de um objeto independe de seu peso.

plesmente tinha que fazer o desvio. Valeu a pena. E como!

Marquei minha subida para as 20h30, na tentativa de que coincidisse com o pôr do sol. Ansioso, cheguei uns 15 minutos antes, e pontualmente começava a famosa subida em caracol.

Isso, aliás, merece uma nota à parte. Com seus degraus gastos pelo tempo (leia-se: sapatos) e mais a espiral da subida, já se experimenta uma certa vertigem antes mesmo de se chegar ao topo.

Ali, a vertigem apenas se acentua, especialmente quando se chega perto das grades no lado inclinado.

Mas vertigem mesmo causa a vista lá de cima. E o *timing* da chegada ao topo não poderia ter sido mais perfeito.

Cheguei ainda com luz, a tempo de acompanhar, numa rara sincronia, o sol descendo de um lado e a lua subindo, de outro. Cheia, redonda, imponente, tendo a troca de posições durado os exatos e preciosos minutos a que tinha direito lá em cima...

Eis um dos raros momentos em que a realidade supera a fantasia...

Quando me despedi, a lua estava a meio céu, ainda grande, embelezando a cidade recém-iluminada. Do lado oposto, o céu em dégradé, com o *duomo* e o batistério para completar o cartão-postal. Melhor

(CORBIS/LATINSTOCK)

308

cenário, impossível. Para ficar na memória... Afinal, câmera nenhuma é capaz de registrar, à altura, momentos como esse.

* * *

Retorno no último trem do dia, às 21h40, chegando a Lucca uma hora depois.

59ª etapa: Lucca → San Miniato Basso (41 km)

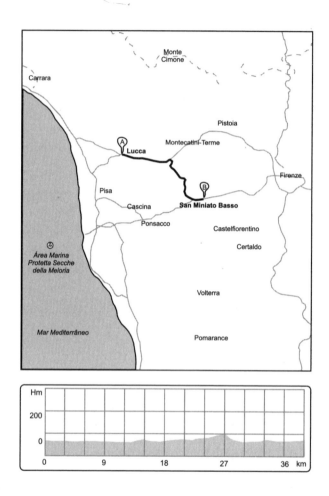

Depois de um dia como o de ontem e com pouco, ou nada, a ver no trajeto de hoje, só havia uma coisa a fazer: andar bastante, avançar caminho. E foi o que fiz, apesar das altíssimas temperaturas que tive de enfrentar — cheguei a presenciar, registrado no termômetro, 43°C.

Imbuído desse espírito, totalizei 41 quilômetros andados até San Miniato, isto é, praticamente percorri as duas próximas etapas do guia em apenas um dia.

Aqui — e novamente ligando antes —, consegui hospedagem na Fraternità di Misericórdia, que me ofereceu uma simpática acolhida.

Cansado, após deixar minha mochila no quarto, saí rapidamente apenas para comer uma pizza, retornando logo em seguida. Cabia economizar bastante energia, já que planejo para amanhã outra grande esticada, desta vez até San Gimignano, cidade que tem a reputação de deslumbrar todos que a visitam.

Quando comentei isso com meu anfitrião, porém, ele me disse para estar preparado para andar 44 quilômetros... Mostrei-lhe então os mapas que eu tinha comigo, que diziam ser essa distância de "apenas" 38 quilômetros. Ele me disse ter feito esse percurso de carro ontem mesmo e que os guias infelizmente às vezes erram. E eu bem sei disso! Hoje mesmo, eu previa andar 36 quilômetros para chegar até aqui. Sei que cometi um pequeno erro na altura de Altopescio, mas não acredito que ele me tenha custado mais de 2 quilômetros de rota...

Enfim, cabe rever meus planos para amanhã, embora seja uma pena não dormir em San Gimignano, não havendo nenhuma outra cidade até lá que possua nem metade de seu apelo. A ver...

Curtas

- Simpática e simbolicamente, meu anfitrião me deu ainda um "pergaminho" como testemunho de minha passagem por ali.

311

60ª etapa: San Miniato Basso → San Gimignano (41 km)

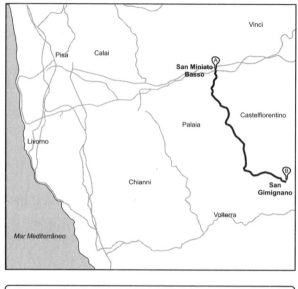

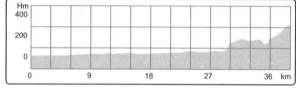

Nem 38, como informava o guia, nem 44, como me alertou o pároco. Ficamos no exato "meio-termo", repetindo os 41 quilômetros da jornada anterior. A diferença — crucial — entre as duas etapas é que desta vez eu estava preparado para andar *mais*, e não *menos*.

Sim, eu acordei cedo e saí de San Miniato disposto a me testar, a ver se conseguiria chegar ao desejado destino. O ponto que pesou na balança foi que, ao olhar meus mapas e opções de hospedagem, percebi que não dormir hoje em San Gimignano afetaria negativamente todo o planejamento dos dias seguintes. Preferi, então, usar isso como pretexto e fazer (o que seria) minha segunda "maratona". Mas não precisei chegar a tanto.

* * *

O dia de hoje foi bem parecido com o de ontem. À parte a bela cidade de San Miniato Alto, por onde passei pela manhã e aproveitei para tomar café, o dia merece sua lembrança mais pelo esforço físico, pela marca dos 40 quilômetros sendo novamente atingida, do que pela paisagem vista.

San Miniato Alto

De fato, com esse "duplo 41", estabeleço um novo recorde, superando até mesmo os 80 quilômetros do dueto Fiorenzuola-Medesano (48+32 quilômetros), que supunha imbatível.

* * *

Construída no alto de uma colina, San Gimignano é uma cidade medieval toda murada, que pode ser avistada muitos quilômetros antes de chegarmos lá.

San Gimignano, ao longe (CORBIS/LATINSTOCK)

Embora fundada no século III a.C., pelos etruscos, ela só ganhou notoriedade a partir da Idade Média e principalmente do Renascimento, quando se tornou um ponto de parada e referência para os peregrinos que iam até Roma seguindo a então movimentada Via Francígena.

Hoje um polo turístico importante, San Gimignano se destaca em relação a outras cidades medievais por ter conseguido — apesar das guerras, catástrofes ou mesmo renovação urbana — conservar 14 de suas torres de diferentes alturas, que vieram a se tornar seu símbolo internacional.

Mas não será ainda hoje que a verei como se deve.

O cansaço era grande, então preferi ir direto ao Convento dos Agostinianos, onde recebi guarida. Um acolhimento, aliás, digno da melhor nota. Quando cheguei, numa hora já um pouco avançada — passava das 18h —, o jantar já havia sido servido, mas nem minha inesperada e algo inoportuna chegada diminuiu a gentileza de meus anfitriões. Ao contrário, fui recebido com sorrisos abertos e, após breves boas-vindas, convidado a me sentar e jantar com eles.

Éramos oito à mesa, de seis nacionalidades diferentes — Holanda, Espanha, Escócia, Indonésia e Brasil com um representante cada, além da Itália, com três —, e, apesar do italiano um pouco precário de alguns de nós, isso não impediu que travássemos uma ótima conversa. Todos estavam curiosos a respeito de minha trajetória até ali, e isso dominou os tópicos da conversa durante praticamente toda a refeição.

Isso foi ótimo para que eu pudesse testar meu italiano numa conversa mais prolongada e ganhar um pouco mais de confiança. Perguntado onde havia aprendido a língua, eles pareceram impressionados quando lhes disse que comecei a estudar durante a caminhada, através de meu pequeno livro e da troca diária com as pessoas que encontrava. Eles não resistiram, inclusive, em brincar com o holandês, que mesmo depois de três meses ali continuava a falar como um completo iniciante. Percebendo que o holandês havia ficado sem graça, tentei "confortá-lo", dizendo que eu levava clara vantagem devido à semelhança entre o português e o italiano.

Enfim, fiquei orgulhoso, naturalmente, mas sobretudo satisfeito por conseguir participar ativamente da conversa. Depois do jantar, a oração da noite, e apenas então me foram mostrados meus aposentos.

Um quarto bem confortável, diga-se de passagem. O banho, momento sempre aguardado do dia, era excelente, com ducha quente e forte, num grande contraste com o de ontem, quando a água mal conseguiu "quebrar o gelo". Depois disso, ainda pensei em sair para dar uma volta na cidade, mas acabei desistindo. Já venho de duas intensas jornadas e, com os tornozelos um pouco doloridos, convém repousar ao máximo. O passeio terá de ficar para amanhã.

E com isso a ideia de chegar a Siena ainda nesse domingo ganha ares ainda mais improváveis. De acordo com o guia, são 44 quilômetros — possivelmente 40, se seguir o tempo todo pela estrada —, e normalmente uma jornada assim tão longa pede uma saída cedo, algo inviável se eu quiser conhecer a cidade. Deste modo, Abadia Isola, a cerca de 25 quilômetros daqui, é o destino mais provável para amanhã, deixando os

314

quilômetros restantes até Siena para segunda-feira. Mas tudo bem. Nesse caso, teria uma jornada curta até lá, o que me daria tempo e disposição extras para um belo passeio pela cidade.

Curtas

- Minutos depois de eu ter desistido de sair, começou a chover. E forte.
- Se ontem precisei de nove horas e meia para cumprir os 41 quilômetros, hoje precisei de quase uma hora a mais para perfazer a mesma quilometragem.
- Mais um caderno de notas se acaba.
- Os tornozelos doem...

61ª etapa: San Gimignano → Siena (36 km)

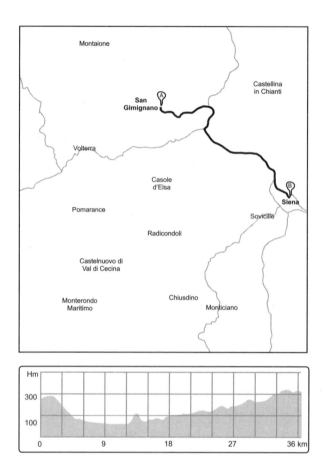

Após o *colazione* (café da manhã), Dario, um dos italianos, se ofereceu para me acompanhar num pequeno tour por San Gimignano, o que aceitei com prazer. As cidades ditas "intramuros" são fantásticas e sempre me despertam muitíssimo interesse. É sempre uma atmosfera especial, com a inescapável sensação de voltar no tempo.

Foi um passeio de pouco mais de uma hora, onde, além de uma agradável conversa, pude também usufruir do conhecimento de Dario sobre a cidade.

Ciceroneado por ele, pude ir diretamente a seus pontos de maior interesse, particularmente a Piazza della Cisterna e a Piazza del Duomo, onde fica a principal igreja da cidade, a bela Collegiata. Esta era antigamente a catedral da cidade, mas, desde que San Gimignano foi desprovida de um bispo, ela teve seu

Piazza della Cisterna (CORBIS/LATINSTOCK)

status "rebaixado" a "igreja colegiada". Sua beleza, porém, não sofreu qualquer arranhão.

Satisfeito com o passeio, fiz menção de seguir meu caminho, mas Dario logo recusou: "Não sem antes ver a vista do principal mirante da cidade." Foi a cereja do bolo.

Piazza del Duomo e a Collegiata (CORBIS/LATINSTOCK)

Em mais cinco minutos de caminhada por ruelas e becos, além de vários degraus — afinal, não esqueçamos que eu já carregava minha mochila —, eu estava diante de uma vista absolutamente privilegiada não apenas da região como um todo, mas também da própria cidade.

Com uma amplitude de quase 360 graus, essa vista é nada menos do que extraordinária.

Depois disso, era finalmente hora de partir. Faltavam então alguns minutos para as 11h quando passei pelo arco de saída dos muros de San Gimignano.

Não muito após cruzar seus muros, começou a chover. Chuva fraca a princípio, torrencial em seguida, ameaçando ainda mais meu (tímido) plano de chegar a Siena hoje e realizar o "triplo 40".

No decorrer do dia, porém, reavaliei minhas condições e decidi

San Gimignano vista do alto (CORBIS/LATINSTOCK)

continuar. Um fator importante na decisão foi ter avistado, na altura de Monteriggioni, uma placa indicando que Siena estava a apenas 14 quilômetros.

Eu já tinha andado cerca de 25 quilômetros, mas era ainda relativamente cedo (16h15), o que me permitia estimar minha chegada para não muito depois das 19h.

Muros de San Gimignano

A chuva, além disso, tinha parado, melhorando um pouco as condições da caminhada.

No fim, acabei chegando a Siena às 18h30, com mais 36 quilômetros registrados no GPS. Bem, na verdade, não fui até Siena propriamente.

Monteriggioni ao longe (CORBIS/LATINSTOCK)

Tendo achado um albergue da juventude, com vaga, a convenientes 3 quilômetros de lá, decidi parar ali mesmo, me poupando do desgaste extra.

Deixarei para fazer esses quilômetros amanhã, e sem mochila, já que optei por um dia de pausa depois de 118 quilômetros percorridos em três dias, outra marca inédita.

Curtas

- Distante da cidade, jantei no albergue mesmo. Optei pelo menu fixo, com penne ao molho de tomate, scallopini com espinafre, pão e vinho, bem apropriado para repor minhas energias. Depois, algumas notas e cama.
- Me sinto bem, até melhor do que ontem à noite, sem nenhuma dor digna de nota. Ótimo. Com o dia de descanso amanhã, devo ficar "zerado".

- Com essa "esticada" dos últimos dias, Roma está agora a "vizinhos" 240 quilômetros... Uau. Para quem partiu da Inglaterra, isso é *muito* perto... Aliás, contas feitas, já percorri mais de 1.800 quilômetros, equivalentes a dois Caminhos de Santiago!

Pausa — Siena: 9 km

Acabei dormindo muito mal essa noite, com direito a um longo período de insônia. Nem comi tanto ontem, mas acabei adormecendo muito próximo ao jantar...

Com isso, acordei meio letárgico e mais letárgico ainda fiquei após o café da manhã. Se estivesse num hotel, correria sérios riscos de enrolar e passar o dia no quarto.

Duomo de Siena (GETTY IMAGES)

Num albergue da juventude, porém, a "inércia" acaba levando a gente para a rua, e, quanto antes, melhor. Assim, antes mesmo de 9h30, eu já estava a caminho do centro da cidade.

Andei os 3 quilômetros até o centro sem a mochila, mas sentindo bastante o peso dos quase 120 quilômetros dos últimos dias.

Foi com custo e vagar que fiz o tour preliminar pela cidade — *duomo*, San Domenico e Piazza del Campo —, antes de retornar e me instalar confortavelmente nessa maravilhosa praça, que é mesmo o ponto-símbolo de Siena.

Que incrível projeto arquitetônico, que agradável é simplesmente estar aqui. Centenas de pessoas por aqui circulam, sentam, deitam, leem... eu entre essas tantas. O sol, além disso, brilha, eliminando qualquer pressa que se possa ter para sair daqui.

Igreja de San Domenico (CORBIS/LATINSTOCK)

319

Sim, pressa era tudo o que eu não tinha. E não apenas por ser bom o bastante estar aqui — e era —, mas também por me sentir esvaziado de forças, de energia, para continuar a explorar as ruelas da cidade e descobrir outros tantos monumentos e construções que, tenho certeza, aqui existem. Enfim, o importante nessas horas é ajustar o humor, canalizar a disposição do melhor modo possível. E essa praça me dava, hoje, tudo o que eu queria, tudo de que precisava. Além disso, num sentido muito peculiar, essa praça *é* a cidade. Que o resto da bela Siena fique para amanhã, ou mesmo para uma outra viagem.

Piazza del Campo (CORBIS/LATINSTOCK)

* * *

Um pouco de história

Na Piazza del Campo realiza-se a famosa corrida de cavalos chamada Palio di Siena. Numa tradição que remonta ao século XVII, o Palio ocorre duas vezes por ano — em julho e agosto — em homenagem a Nossa Senhora (um terceiro Palio é excepcionalmente realizado nos anos de Jubileu).

Nesse evento, cavalos e cavaleiros desfilam pela praça portando bandeiras e trajes tradicionais, cada par representando seu bairro (*contrada*).

A corrida propriamente dita consiste em três voltas ao redor da praça, e ganha o cavalo que chegar primeiro, mesmo que o jóquei já tenha caído, o que, aliás, não é nada incomum.

Nesses dias de grande festa, habitantes locais e turistas disputam um lugar no centro da praça, enquanto os *contradaiole* — espécie de torcida oficial — entoam entusiasticamente os hinos de sua respectiva *contrada*.

Voltei ao albergue no final da tarde, exausto como se vindo de uma longa jornada. Meu corpo realmente precisava desse descanso. Só saí do quarto para jantar, novamente no restaurante do albergue. Recorri ainda uma vez ao menu fixo, com meia jarra de vinho. Refeição completa, suficiente, restauradora. E não cometerei o mesmo erro de dormir em seguida...

62ª etapa: Siena → Buonconvento (28 km)

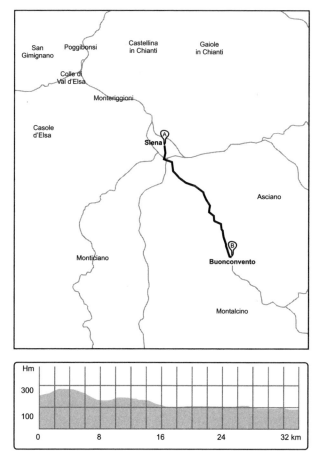

Ontem, até cogitei passar mais um dia aqui. Descansar mais, ter tempo para explorar alguns de seus museus, conhecer melhor suas ruas. Mas hoje acordei mais no clima de andar e seguir adiante. Roma está perto, mas é preciso andar para chegar até lá. Além disso, se partir hoje, tenho alguma chance de chegar a Bolsena no dia 25 e lá comemorar meu aniversário. É, segundo o guia, a próxima cidade interessante e/ou com estrutura razoável. Mas fica a longos 113 quilômetros e não sei se quero fazer outra tríade de longas jornadas.

Mas, vamos com calma, um dia de cada vez. Vamos ver onde eu paro hoje, depois repenso a etapa de amanhã. Hoje, por exemplo, tenho múltiplas possibilidades de hospedagem: a 19, 28, 37 ou 43 quilômetros. O tempo está mais para chuvoso, mas, se não chover e a temperatura estiver baixa, fica ótimo para andar.

* * *

Porta romana em Siena

Mais descansado, o reencontro com a cidade me fez experimentar nova hesitação em ficar ou partir, sobretudo depois que visitei o interior da igreja de San Domenico. Será que não valeria a pena dedicar mais um dia extra para realmente conhecer a cidade?

Mas a vontade de seguir caminho venceu. Saída pela imponente porta romana e de volta à estrada. Com tudo isso, já passava das 13h e as opções mais longas foram descartadas. A ideia, então, é ir até Buonconvento, a 28 quilômetros.

* * *

Realmente não choveu e a temperatura se manteve ótima para caminhar durante todo o tempo.

O ponto de "tensão" do dia disse respeito à hospedagem. Durante toda a tarde, tentei ligar para o convento e o melhor que consegui, após várias tentativas, foi "o responsável pela paróquia não está". Tendo chegado a Buonconvento após as 18h, não perdi tempo e fui direto à igreja, onde pensei poder obter melhores informações. Nada. Agora, a opção era tentar um albergue ou pousada (sem indicações no guia) ou — alternativa não desejada — seguir viagem.

Eu já contornava a muralha da cidade, ainda sem saber bem o que fazer, quando um carro reduziu a velocidade e parou a meu lado. "Você é peregrino? Sou Don Cláudio, me desculpe não estar disponível antes, acabei de chegar de viagem. Procura hospedagem?"

Resposta positiva, entrei em seu carro e então fomos ao convento.

Que golpe de sorte ele estar passando naquele ponto, naquele momento! Mais alguns minutos (segundos?), e o desencontro teria sido inevitável.

Don Cláudio depois me explicou que havia passado dez dias na Alemanha — para uma Jornada Mundial da Juventude, em Colônia, primeiro grande encontro presidido pelo novo papa — e apenas agora estava retornando.

Muros de Buonconvento

Contei-lhe que havia ligado antes sem sucesso, ele se desculpou mais uma vez e me disse que havia recebido o recado. Ao me avistar, logo imaginou que havia sido eu quem ligara. Ele se disse muito contente em ter conseguido chegar a tempo de me hospedar, que era uma honra poder tomar parte nessa minha empreitada. Agradeci-lhe, entre envaidecido e envergonhado com tal deferência.

* * *

A hospitalidade de Don Cláudio foi cuidadosa, impecável. Fui alojado num simpático quarto, estilo "água-furtada", com direito a cama com lençóis e toalha, um conforto extra nunca desprezível nessa jornada.

Banho tomado, desci para o jantar. Além de nós dois, jantou conosco Giuseppe, um jovem com algum tipo de deficiência mental, que Don Cláudio acabou apadrinhando, ou mesmo adotando, pelo menos psicologica e financeiramente, segundo me contou.

Extremamente falante nos primeiros momentos, Giuseppe se mostrou bastante ansioso com essa "longuíssima ausência" de Don Cláudio. Disse ter se sentido "órfão, desesperado, abandonado", o que repetiu várias vezes durante o jantar. Com grande paciência e carinho, Don Cláudio o acalmou, restaurando a tranquilidade do ambiente. Dali se seguiu uma boa conversa, sobre assuntos diversos, ainda que entremeada, aqui e ali, por estranhas digressões de Giuseppe.

Após o (bom) jantar, subi ao quarto e aproveitei para relaxar e tomar algumas notas do dia de hoje.

Curtas

- Uma pequena digressão sobre o que significam 200 quilômetros, distância aproximada até Roma: 15 minutos de avião. Duas horas de carro. Dois dias de bicicleta. Uma semana a pé.

63ª etapa: Buonconvento → Montalcino (12+4 km)

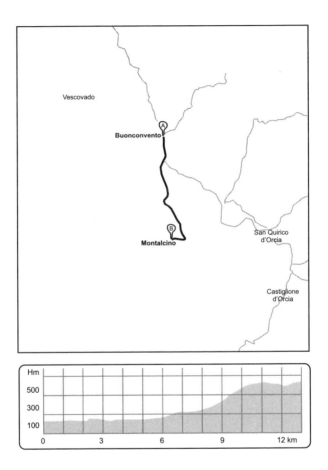

A "sede de quilômetros" dos dias de Lucca—Siena terminou. Ou talvez até haja a sede, mas não a força para ir ao poço buscar a "água". Se ontem a jornada "curta" (28 quilômetros) foi inteiramente justificada pela saída tardia de Siena, o mesmo não se aplica hoje. Às 9h30 eu já estava na rua, mas desde o primeiro momento senti que a motivação para andar não estava muito forte.

Uma pausa aqui para estudar os mapas, uma pausa ali para decidir se seguiria por San Quirico ou Montalcino, ali e acolá para anotar uma ideia, um pensamento. Acrescente à "receita" um calor intenso e eis que às 14h30 — quando parei para fazer um lanche e tomar uma cerveja — eu tinha andado apenas 12 quilômetros.

Nesse ritmo, fazer uma jornada longa estava claramente fora de cogitação, de modo que a dormida na Abadia de Sant'Antimo — indicada,

Montalcino e sua *fortezza* (GETTY IMAGES)

aliás, por Joe Patterson — era agora mais do que uma realidade.

Entretanto, o que determinou de vez a cadeia dos eventos foi um pequeno erro de percurso — perdi a saída para o monastério — aliado à "descoberta" de Montalcino, uma cidade fortificada incrustada numa colina, que me causou tanta surpresa quanto encanto.

Situada a quase 600 metros de altitude (em contraste com os 150 metros de Buonconvento), toda murada e com sua *fortezza* em destaque, Montalcino completa a sedução do visitante com o charme de suas ruas estreitas, seus muitos e simpáticos bares, restaurantes e enotecas que praticamente nos intimam a entrar.

O pensamento de ficar por ali mesmo foi imediato, e a lembrança de que amanhã é meu aniversário propiciou o argumento final para que eu procurasse um hotel e nessa cidade comemorasse pelo menos as primeiras horas de meus 34 anos.

E, como uma indulgência leva à outra, um hotel com piscina, nesse calor, se faz uma ótima pedida. Não intramuros, naturalmente, que o orçamento não dá para tanto, mas numa "colina vizinha", a apenas 1,5 quilômetro da cidade.

* * *

Check-in feito, mochila no quarto, e aqui estou eu, numa espreguiçadeira à beira da piscina, num raro momento de completo relaxamento e conforto, e quase nada — além, talvez, das unhas dos pés — denuncia que sou um peregrino rumo a Roma, com mais de 1.800 quilômetros de estrada no currículo.

A quase perfeição desse momento — não valendo apelar para a ideia de ter aqui comigo os amigos mais próximos — é interrompida apenas pela passagem, espero que temporária, de uma nuvem grande e escura. Chover agora seria realmente um anticlímax.

Como vieram, as nuvens se foram, mas a tarde de sol acabou sendo mais curta do que eu gostaria. Às 17h30, a temperatura já havia caído bastante e ficar à beira da piscina deixou de ser uma boa opção. O relaxamento teve de ser proveitosamente transferido para o quarto, com tevê, livro e um recém-comprado sudoku à minha disposição.

* * *

Relaxado e contente com a decisão tomada, deixei a fome chegar para descer até a cidade. Faz até um pouco de frio agora, e posso notar que essa amplitude térmica é uma peculiaridade do verão italiano, pelo menos nessa parte da Toscana. Hoje, a elevação da cidade até justifica isso, mas a mesma coisa — dia quente (às vezes superando os 40 graus) e noite relativamente fria (na casa dos 15-18 graus) — aconteceu em Pontrémoli e em Pietrasanta, esta no nível do mar. Não me queixo, porém. Embora preferisse mais homogeneidade no quesito temperatura — especialmente se isso significasse menos calor durante o dia —, não me importo em ter noites mais frias.

* * *

A caminhada até o centro é bastante agradável. Estando o hotel situado numa colina ainda mais elevada do que a cidade e numa parte sinuosa da estrada, o caminho inclui privilegiadas vistas de Montalcino, especialmente na última curva. Agora à noite, então, com a fortaleza e seus muros iluminados por holofotes de um lado e o vale pintado por um indescritível dégradé, do outro... Impagável... Que belo aperitivo para o jantar.

Fazendo o reconhecimento dos restaurantes, vi que a cidade está menos efervescente e movimentada do que se poderia esperar, dada a grande circulação de pessoas durante o dia.

Torre do relógio (GETTY IMAGES)

Mas pelo menos sob um aspecto é até melhor assim. Porque, apesar da pouca quantidade de pessoas circulando pelas ruas, os restaurantes estão todos, se não lotados, bem cheios. E confesso que não gostaria de ter de esperar para conseguir uma mesa.

Após alguma hesitação na escolha — queria comer um risoto, mas não vi nenhum restaurante que oferecesse o prato nos seus menus —, entrei no simpaticíssimo Les Barriques.

Nova hesitação, desta vez pelo variado cardápio. Decidi por um crostini, de entrada, pinci ao pesto (como prato principal), vinho, água e café. Um verdadeiro banquete.

Gostei de todas as etapas — muito bem servidas, aliás —, embora sem maiores superlativos a nenhuma delas.

O "tempero" mesmo que sobressaiu na refeição de hoje foi o ambiente, a disposição de espírito. De fato, estar aqui, nesta cativante cidade, às vésperas de meu aniversário — bem como às vésperas de "conquistar" Roma —, faz toda a diferença.

Entro na segunda meia jarra de vinho e já vejo meus pensamentos devanearem em direções inesperadas... E se prolongar minha estada aqui por mais um dia, me dando a chance de aproveitar verdadeiramente a piscina do hotel, bem como conhecer melhor a cidade? Sim, sim, isso soa como um belo presente de aniversário... Afinal, que ganho eu apressando a chegada a Roma? Gostaria, é verdade, de começar setembro já em solo romano, mas posso perfeitamente ajustar o cronograma de modo a conseguir isso.

* * *

Conta pedida e paga, passam das 22h30 e a cidade está mais viva do que nunca, creio que dividida entre aqueles que ainda procuram mesas para jantar e aqueles que, já satisfeitos, como é o meu caso, aproveitam a noite estrelada para mais um passeio. Mas não me estendi muito. Dei apenas uma última passada à porta da iluminada *fortezza*, que visitarei amanhã, e retornei ao hotel.

* * *

Sim, está decidido, fico aqui mais um dia.
Deste modo, posso deixar meu aniversário transcorrer sem pressa, fazer o tradicional balanço dos anos passados, assim como os tradicionais — e frequentemente "delirantes" — projetos para os tempos futuros, permitindo-me tempo para pensar, escrever ou mesmo não fazer nada.

* * *

São 4h, acho que é hora de me render ao sono, finalmente...

Pausa — Montalcino: 5 km

Trinta e quatro anos...
Para o dia de hoje, nada de grandes planejamentos. Pretendo apenas curtir a piscina, tanto quanto o sol me permitir, e, no fim da tarde, descer até Montalcino para uma visita mais detida à *fortezza*, talvez acessar a internet e, certamente, jantar mais uma vez num bom restaurante.

* * *

Horas tranquilas na piscina, tomando sol, lendo e escrevendo... Depois, um calmo banho, o sorteio da Liga dos Campeões na tevê e a descida à agradabilíssima Montalcino.
Fui direto à impressionante *fortezza* — uma construção medieval (século XIV) em seu formato atual, mas que

Fortezza de Montalcino

aproveitou parte das muralhas e torres ali preexistentes, estas ainda mais antigas — e tive o privilégio de adentrar seus grandiosos muros, além de poder aproveitar a bela vista da região que se tem de lá.

Não pude, porém, me demorar muito. Tendo chegado relativamente tarde, o prazo para visitação estava quase expirado. Fui então ao *centro histórico*, onde pude sentir um pouco mais a atmosfera da cidade.

Ali, acabei achando uma lan-house e aproveitei para acessar meus e-mails, um meio de trazer os amigos um pouco para perto nesse dia.

Juntamente com telefonemas recebidos de meus pais, alguns tios e primos, deu para matar um pouco as saudades do Brasil.

Entre esses e-mails, porém, uma péssima notícia: o Projeto Kilimanjaro morreu. Por motivos particulares, duas pessoas do grupo desistiram, e isso teve um "efeito cascata", induzindo outros dois amigos a hesitar e depois anunciar que, nesse caso, era melhor adiar o projeto. E eu que justamente ia aproveitar esse acesso à internet para dizer que estava dentro... Pena, uma grande pena.

* * *

Agora, já perto das 20h, é hora de escolher um restaurante. Como ainda é cedo, não terei dificuldades em conseguir uma mesa na calçada desta vez. Difícil mesmo será não exagerar nos pedidos. O restaurante do hotel não abriu para o almoço, e, não querendo sacrificar o sol e a piscina, tive de me virar mesmo com um minissanduíche e alguns biscoitos que ainda tinha comigo.

* * *

Apesar do cardápio bem variado, não tive dificuldades na escolha dos pratos: crostini de legumes com pecorino como entrada, depois nhoque de rúcula ao pesto e nozes, acompanhados do já tradicional Chianti.

Vamos ver se isso supera o banquete de ontem.

* * *

Crostini bom, nhoque ótimo. No cômputo geral, acho que é justo fazer o mesmo comentário de ontem: bastante bom, mas sem exclamações extras. Depois, o tradicional cafezinho e a conta.

* * *

Um curto balanço dos anos: tenho 34 e não queria ter outra idade. Gosto do meu passado, mas ainda mais do meu presente e dos meus prognósticos para o futuro.

* * *

E eis que o aniversário vai chegando ao fim...

Insônia...
A notícia do fim do Projeto Kilimanjaro não me deixou dormir. Totalmente insone e pensando em mil réplicas e tréplicas, não resisti e acabei escrevendo uma espécie de "apelo" a que o projeto se mantenha vivo.

Amigos aventureiros,

Em primeiro lugar, espero que não considerem esse e-mail como um "pedido de explicações". Afinal, somos todos adultos (ou, pelo menos, eu estou quase lá) e obviamente eu sabia dos riscos inerentes a esse tipo de projeto: família, negócios, grana ou, como resumiu Nelson na "expressão mágica", *alocação de prioridades*.

Digo que essa frase é mágica porque num certo sentido foi ela que me fez fechar com tanta convicção no projeto, após aquela troca inicial de e-mails.

Perguntado se eu estava "dentro", respondi que "tinha de ver se as datas propostas se ajustariam bem ao meu possível pós-doutorado". Foi aí então que Nelson prontamente me disse para "inverter": ajustar o pós-doutorado ao Kilimanjaro, e não o contrário, como estava antes pensando. *Eureca!*

Claro, pensei, esperar todas as variáveis do pós-doutorado serem definidas para *depois* fechar o Kilimanjaro era colocá-lo em segundíssimo plano, era quase "pedir" para não acontecer. Terminei aquelas linhas certo de que uma decisão havia sido tomada e gastei os próximos dias apenas dando "voz" a essa "obviedade".

Então eu *dizia* que sonhava em escalar o Kilimanjaro. Mas agora, com o "pretexto perfeito", podia descobrir *quanto* realmente eu desejava aquilo. E era muito, *é* muito. Eu praticamente tento construir minha vida para viver esse tipo de aventura, de experiência. Sim, eu estava diante do pretexto perfeito, da melhor companhia possível, não podia recusar.

Alocação e realocação de prioridades... expressão mágica porque óbvia, já que ela é mesmo o pano de fundo de todas as decisões do dia a dia, mas nem sempre nos damos conta disso, tão automáticas são certas decisões, tão "óbvias" são nossas "prioridades".

Mas são mesmo?

Meu pai passou vinte anos dizendo que não tinha tempo para fazer exercício regularmente; ouço outros dizerem que não têm tempo para um almoço mensal com os amigos do colégio; imagino outros que veem a infância dos filhos passar sem que percebam; e há ainda aqueles que — a despeito dos milhões que ganham — não têm tempo para viajar, para passar mais de uma semana afastados do trabalho...

Tempo... a mais valiosa das *commodities*, me disse uma vez o sábio Gustavo Queiroz, numa de nossas conversas que valeu mais do que anos de terapia.

Lembro-me como hoje do impacto que a frase me causou.

Estávamos numa roda de "gente grande", todos profissionais bem-sucedidos, discutindo marcas de relógios e de carros, se era melhor comprar uma casa na Praia do Forte ou em Interlagos...

Eu ali, quase deslocado (sim, vivemos em sociedade e às vezes sucumbimos ao péssimo hábito de comparar méritos e sucessos), falei brincando — "Vou falar com Fulano que eu não tenho cacife para estar nessa roda" —, meio que tentando escapar de "fininho".

Ao que Guto retrucou: "Deixe de besteira, Marcão, que você é o mais rico de todos nós: você tem tempo, a *commodity* mais valiosa do mundo." *Eureca...*

Claro, aquela frase não serviu apenas para "curar" o deslocamento que ali sentia. Aquela frase, de algum modo, dava todo um novo sentido a questões e dilemas que eu me colocava repetidamente. Claro, era tão óbvio, por que eu não tinha pensado nisso antes? Tempo: eis minha maior riqueza, eis minha maior *busca*!

Relembrando esse evento, agora posso entender melhor várias de minhas decisões passadas, as "trocas" que eu fazia, porque eu queria saber não quanto eu *ganharia* em tal ou qual emprego, mas quanto tempo eu teria *livre* para viajar, me mudar...

Algumas pessoas vendem seu tempo em troca de dinheiro, poder, prestígio. Eu frequentemente troquei prestígio, poder e dinheiro por tempo, por mais liberdade de movimento. De fato, na famosa disputa "tempo *vs.* carreira", sempre que precisei optei pelo primeiro...

Sim, sempre tive dificuldade de entender as pessoas que trabalham muito, o tempo todo, a ponto de não serem donas do próprio tempo. De que serve afinal ganhar um milhão por ano se sua empresa não lhe permite tirar mais de dez dias seguidos de férias?

É engraçado... tenho amigos que de fato ganham um milhão por ano, que dizem que trabalham muito, mas que têm planos de fazer "o" pé-de-meia e se aposentar aos 50...

Faz-me rir.

Eu rio porque, quando ouço "um milhão", penso que precisei de (bem, mas bem) menos do que isso nos últimos 10-15 anos de minha vida, e olhe que não fiz pouco nesses últimos anos...

Eu rio não porque não acredite que um dia eles irão parar (embora aposte alto em que não irão... seja porque o pé-de-meia sempre precisa ser mais gordo, seja porque aos 50 não mais saberão se reconhecer sem o trabalho, sem seus poderosos cargos). Eu rio porque "um milhão" soa para mim como liberdade *imediata* — e não a longo prazo —, um milhão realmente soa como a "compra" de *muito* tempo, muitos anos livre.

Deem um milhão para dez pessoas diferentes.

Uns comprarão casas, apartamentos, carros, veleiros; comprarão status e uma fotografia na *Caras*.

Dê-me um milhão, e eu comprarei tempo.

Alocação de prioridades...

Relendo tudo que escrevi, não posso senão terminar com um pedido de desculpas pela longa digressão. Se eu fosse um publicitário de talento, como Guto, certamente vocês leriam não mais do que um parágrafo com duas ou três frases de efeito, capaz de sintetizar tudo o que disse. Mas vocês sabem como são os filósofos...

O fato é que acordei de madrugada, completamente insone, e me pus a pensar nas minhas prioridades, em modos de não deixar morrer esse projeto tão sensacional. Talvez esse e-mail seja apenas isso: um misto de desabafo com uma tentativa implícita de que vocês possam ou pudessem mudar de ideia... Afinal, sonhar é preciso...

Grande abraço,

Marcos

64ª etapa: Montalcino → Abadia San Salvatore (38+1 km)

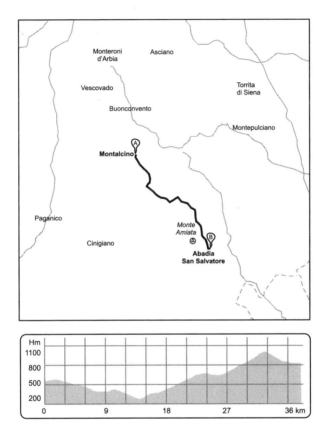

Check-out às 10h, uma breve parada para comer algo — um pedaço de pizza, afinal estamos na Itália — e logo depois estou de volta à estrada, depois de praticamente dois dias de descanso.

O ponto alto da manhã foi a passagem pela Abadia de Sant'Antimo, quando pude perceber por que Joe Patterson havia insistido tanto em que me hospedasse lá. Ela é realmente impressionante e teria sido certamente uma grande experiência passar a noite em seu interior.

A Abadia de Wisques me vem à mente... Pena. Mas não posso lamentar muito. Se perdi Sant'Antimo, ganhei Montalcino, que gostei muito de conhecer.

Depois disso, nada muito digno de nota até que, no começo da tarde, eis que encontro outro peregrino na estrada.

Não o identifiquei imediatamente como um peregrino, pois no momento em que o encontrei ele estava tirando fotos da paisagem com o que parecia ser uma câmera profissional, com tripé e tudo. Chegando mais perto, porém, a (grande) mochila ao lado do tripé era um sinal inconfundível de que ali estava outro caminhante de respeito.

Abadia de Sant'Antimo

Parei para cumprimentá-lo, nos apresentamos e, depois de uma breve troca de informações, acabamos andando juntos o resto do dia.

Alemão, de uma pequena cidade no sul do país, ele já saiu de casa caminhando, com destino a Roma.

Nunca tinha ouvido falar da Via Francígena, e assim se guiava por mapas comuns de estrada, sem contar, naturalmente, com qualquer apoio logístico das ordens religiosas ao longo do caminho. Deste modo, e para não estourar seu orçamento, trazia consigo também uma barraca — estilo "sarcófago", extraleve, pesando pouco mais de 1 quilo — onde frequentemente dormia, em campings, fazendas ou outras áreas mais abertas.

Junte a barraca às roupas, ao equipamento fotográfico e outros objetos, e eis que sua mochila pesava incríveis 16 quilos, segundo me disse. Diante disso, minha mochila parecia leve como uma pluma, com seus (agora) reduzidos 8 quilos (para efeitos de comparação, saí de Londres com a mochila pesando 12 quilos, sem contar água e mantimentos).

Conversamos bastante — ele bem mais do que eu —, e assim chegamos juntos à Abadia San Salvatore no final da tarde.

A Abadia é um dos mais antigos monastérios da Toscana e detinha na Idade Média o controle de uma vasta área, aproveitando o fato de ser um importante ponto da rota ligando o norte da Europa a Roma, a chamada Via Romea ou Via Francígena, que agora percorro.

Lá chegando, me apresentei ao responsável e expliquei a situação do alemão. Desta vez, o acolhimento não foi tão simpático, e, não sei bem se por conta desse "intruso", o monge nos cobrou a estada, a título de "contribuição voluntária (*sic*) para manutenção da abadia". Ficamos os dois num quarto amplo e confortável, com banheiro logo em frente, no corredor.

Mochilas dispostas, saímos para dar uma breve volta e comer uma pizza.

Achamos uma pizzaria simpática logo nas redondezas e ali mesmo nos sentamos.

E a constatação: como fala esse alemão! Exceção feita aos breves minutos em que estávamos diante do monge (ele não fala italiano), ele não parou de tagarelar um instante sequer. A impressão que dá é que ele pensa em voz alta e que o silêncio é a coisa mais abominável da Terra. Confesso que isso está me incomodando um pouco. Quero dizer, é claro que num primeiro momento a companhia dele foi agradável, sendo sempre bom conhecer novas pessoas, especialmente encontrar outros peregrinos, tão raros eles têm sido no caminho. Mas tudo tem um limite...

Não tendo ouvido falar antes da Via Francígena, naturalmente o percurso que ele havia traçado até Roma era significativamente diferente do meu. Entretanto, acredito que sua "sede de companhia" pode muito bem fazer com que ele decida alterar seu curso e me acompanhar durante o restante do trajeto. Além disso, percebi que ele ficou particularmente entusiasmado ao saber que eu contava com apoio logístico de várias ordens religiosas. Não o culpo, isso é realmente um diferencial nada desprezível. A questão é — e vou diretamente ao ponto — que não estou bem certo se *eu* quero sua companhia para os quilômetros que faltam daqui até Roma.

O fato é que sua presença altera muito o curso do dia, e não posso dizer que de um modo positivo. Tenho minhas expectativas para os dias finais e, sinceramente, acho que tê-lo como parceiro de caminhada simplesmente não agrega muito. Se ele realmente quiser alterar seu percurso para caminhar comigo, terei que pensar em algo para dissuadi-lo. Os metros finais até Roma, estes eu prefiro fazer sozinho.

* * *

Sim, ele está realmente pensando em alterar seu trajeto. Já de volta à Abadia, me fez várias perguntas, se eu também era do tipo "madrugador", qual meu destino amanhã etc. etc. Respondi que não, ao contrário, que gostava de acordar tarde e sem pressa (não era mentira), e que ainda não tinha decidido onde dormir amanhã etc. etc.

Vou aproveitar essa "deixa" e levantar da cama amanhã o mais tarde possível, explicitamente na intenção de que ele, impaciente em esperar, parta antes de mim. Caso contrário, não sei bem o que fazer...

65ª etapa: Abadia San Salvatore → San Lorenzo Nuovo (Camping Mario) (44 km)

Eu preciso de algumas horas de solidão por dia senão "me muero".

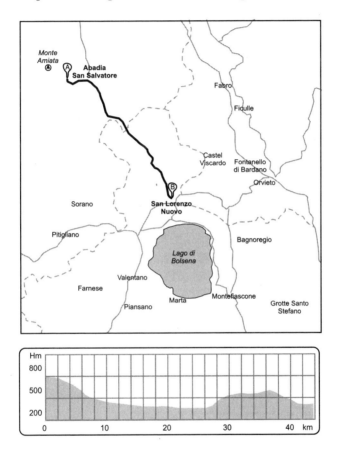

A esperança morreu.

Ele realmente acordou muito cedo e experimentei até algum alento ao ouvir a porta bater. Mas, ao abrir o olho, vi sua mochila e barraca ao pé da cama, indicando que ele fora apenas dar uma volta. E, antes mesmo que eu pudesse cogitar me arrumar rápido e partir, ele chegou de volta, sorridente como sempre, tagarela como nunca.

Conforme previsto, ele me comunicou que havia decidido alterar seu roteiro, que queria me acompanhar e seguir as indicações da Via Francígena até Roma. Nada repliquei. Desde esse momento em diante, tudo que me importava era arranjar um jeito de "me perder" dele. Claro que podia aguentar sua companhia por mais um ou dois dias, mas por que adiar o inevitável?

* * *

Saímos juntos da Abadia e fui dar uma volta pela cidade, já de mochila às costas, para explorar melhor a parte "intramuros". A visita é mais do que merecida e compreende-se imediatamente por que o lugar se tornou um popular polo turístico. Adentrar seus muros é como entrar numa máquina do tempo.

Abadia San Salvatore (CORBIS/LATINSTOCK)

Suas estreitas ruas, calçadas e casas, todas construídas em pedra, realmente nos transportam ao passado, e, tenho de dizer, não apenas pela espetacular conservação das construções, mas talvez ou sobretudo pelo fato de vermos ali a vida cotidiana transpirando, com seus moradores entrando e saindo de seus lares, regando suas plantas à janela, revelando aqui e ali um pouco de sua rotina diária.

Incidentalmente, durante o passeio, me veio a ideia para um plano alternativo de "fuga": acelerar, e muito, o passo. Com uma mochila tão pesada como a dele, é bem improvável que ele consiga acompanhar meu ritmo. O plano tem ainda a vantagem de eu já ter comentado com ele que, para compensar o fato de acordar tarde, ando num ritmo muito forte, com poucas pausas, de modo a cumprir a quilometragem prevista.

Naquele momento, porém, eu tinha dito isso meio que para induzi-lo a partir mais cedo, sugerindo que nos encontrássemos em algum ponto preestabelecido no meio do caminho. Pensei que, se pudesse "diluir" um pouco sua sonora companhia ao longo do dia, não precisaria tomar nenhuma atitude mais radical. Mas ele não entendeu, ou não quis entender, a mensagem. Afinal, o que ele queria mesmo era um companheiro — ou um ouvido?! — de caminhada.

* * *

Executei a estratégia à perfeição e o fiz desde os primeiros metros.

Saímos da cidade juntos, sempre conversando, mas fui imprimindo um ritmo crescente e pude logo perceber que ele não conseguiria me acompanhar. Eu a mais de 6,0 km/h e ele com 16 quilos às costas não era algo realmente compatível.

Não se pode dizer que ele tenha ficado muito satisfeito, mas, a seu olhar de espanto, eu logo enfatizei que realmente gostava de andar num ritmo muito forte, o que não impedia de nos encontrarmos durante o caminho, para almoçar, por exemplo. Uma cidade qualquer foi sugerida para o encontro, trocamos acenos de cabeça e segui adiante. Depois disso, acelerei ainda mais o passo e em pouco tempo já abria uma distância bem razoável. Sucesso.

Parcial, pelo menos. A verdade é que, uma vez novamente em silêncio, percebi que realmente não queria a companhia dele, mesmo em doses homeopáticas. A essa altura, o que queria mesmo era garantir que não nos encontraríamos na sequência.

Com o ritmo que impus, era certo que ele não me alcançaria em nenhum momento *durante* o dia de hoje. Mas e na cidade de destino? Ou ainda, considerando que ele acorda bem mais cedo do que eu, em algum ponto na estrada, amanhã?

Para minimizar esse "risco", cabia não apenas andar rápido, mas muito. E foi o que fiz. Assim, apesar da saída tardia da Abadia, quebrei, pela segunda vez, a barreira dos 42 quilômetros da maratona e só fui parar no Camping Mario, situado nas cercanias de San Lorenzo Nuovo e às margens do lago di Bolsena, num incrível total de 44 quilômetros andados.

Com essa distância, ainda mais andada nesse ritmo (6,1 km/h de média, a melhor até aqui), considero impossível que ele me alcance. Aliás, minha estimativa é de que ele tenha ido no máximo até Acquapendente

(15 quilômetros antes), porque após essa vila as opções de hospedagem são bem mais reduzidas.

De qualquer modo, creio que minha atitude de acelerar o passo desde o início do dia "deu o recado". Lamento se agora ele pensa mal de mim, mas há muito mais coisa em jogo. Ser simpático nessa circunstância, e com isso sacrificar a qualidade do meu percurso nessa reta final, definitivamente não é uma boa opção.

* * *

Logo à chegada no Camping Mario, um susto. Não havia leitos disponíveis, apenas espaço para barracas. Mas o problema foi logo resolvido — e pelo próprio Mario, que gentilmente me cedeu um trailer de sua propriedade para eu dormir. Alívio.

Cansado e com fome, preferi jantar antes mesmo de deixar a mochila no trailer. Optei por um menu fixo — salada, massa e bife à milanesa — e a tradicional meia jarra de vinho para relaxar. Havia despendido muita energia hoje, cabia comer bem para recuperá-la.

Jantei calmamente, só faltava agora o banho, depois cama. Tive, porém, de tomar banho frio. Para fazer o aquecedor funcionar, era preciso retirar antes uma ficha no bar, que já estava fechado. Mas nem o banho frio me tirou o humor. Eu já estava contente o bastante de ter conseguido alojamento, o importante agora era dormir.

Curtas

- Interessante comparar o tempo da "primeira maratona" com essa segunda. Se a primeira eu completei em nove horas e meia (incluídas duas horas de descanso), hoje atingi a simbólica marca quase duas horas antes (sete horas e quarenta minutos), com menos de uma hora de descanso.
- Hoje passei por algumas cidades/vilas interessantes, tendo Acquapendente sido a que mais me chamou a atenção. Não querendo, porém, diminuir o ritmo, não me demorei muito por lá.

66ª etapa: Camping Mario → Montefiascone (23 km) [→ Viterbo]

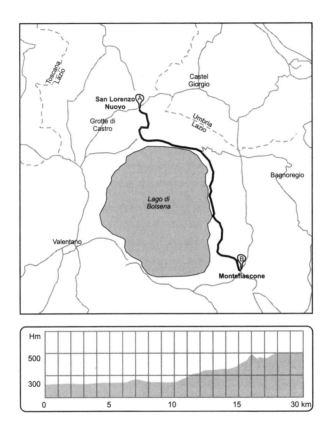

Uma noite revigorante, bem dormida, como eu precisava dela!

Tendo chegado ontem com pouca luz, só hoje pela manhã pude desfrutar da bela vista do famoso lago di Bolsena. Realmente, este é um lugar privilegiado para se montar um camping.

Mas a contemplação da bela paisagem durou pouco. Antes mesmo de terminar de arrumar a mochila, o céu escureceu incrivelmente, anunciando um belo temporal por vir.

O que é uma pena, pois justamente hoje vou margear o lago durante vários quilômetros e passar pela charmosa vila de mesmo nome...

* * *

Lago Bolsena (GETTY IMAGES)

Sim, o dia hoje foi da natureza. Uma chuva fortíssima me fez companhia durante praticamente todo o percurso, obscurecendo todo tipo de paisagem.

Confesso que normalmente encontro prazer em andar nessas condições adversas, mas não hoje. Hoje era um bom dia para ficar parado, dentro de um quarto de hotel, lendo, escrevendo, vendo tevê. Essa não era, porém, uma opção viável, tanto pelo fato de estar alojado num camping quanto por já ter feito uma pausa bem recentemente, por ocasião do meu aniversário. Por isso mesmo, nem me permiti visualizar essa possibilidade. Apenas vi o tempo se fechar, o temporal se anunciar enquanto arrumava a mochila e simplesmente parti.

É certo que não havia antecipado quão forte seria a chuva. Realmente, o que testemunhei nas imediações da vila de Bolsena foi uma barbaridade, uma tempestade tão forte como não lembro ter visto (e sentido), com trovões que pareciam verdadeiras explosões. A quantidade de água era tanta que logo se formou um córrego à beira das calçadas, com uma correnteza que chegou a me desequilibrar em alguns momentos.

Interessante foi novamente observar os olhares espantados, e mesmo perplexos, das pessoas que me observavam enquanto eu seguia caminho, impassível, debaixo do temporal. Espanto que fez até mesmo um carro de polícia parar ao meu lado para falar comigo, querendo saber o que eu fazia, aonde ia, sob tamanha chuva. Aceitaram sem problemas minhas explicações, mas certamente saíram me chamando de *pazzo* (maluco)...

Com isso, deixei de tirar fotos importantes, como da *Fortezza* de Bolsena e das Pietre Lanciate, uma formação especialíssima de rochas

Fortezza de Bolsena (GETTY IMAGES)

basálticas, em formato hexagonal, resultado de uma espécie de combinação de esfriamento de lava vulcânica com eventos tectônicos.

Acabo de me dar conta: estou a menos de 100 quilômetros de Roma, mais precisamente no quilômetro 99 da Via Cássia.

* * *

Devo dizer que "dei raça" para chegar à marca dos 20 quilômetros hoje. A verdade é que cogitei parar várias vezes, sempre que encontrei um camping ou pousada à beira da estrada.

Mas fui premiado por minha persistência.

Em primeiro lugar, porque o tempo abriu nas imediações de Montefiascone, eu diria no momento certo, me permitindo uma incrível visão panorâmica do Lago di Bolsena.

Em segundo lugar, porque, logo depois desse cenário que se abriu aos meus olhos, percebi um carro fazendo sinal e parando logo à minha frente.

Era uma mulher, em torno dos 30 anos, morena, olhos verdes, bem bonita apesar do tradicional "nariz italiano" (mas quem sou eu para falar!). Ela abriu o vidro, me perguntou se eu estava bem, se queria uma carona.

Minha primeira reação, quase instintiva, foi dizer "não", afinal não cabia macular minha trajetória com uma carona, ainda mais tão perto do final. Mas felizmente bloqueei essa reação a tempo e respondi de volta:

— Bem, depende, para onde você está indo?

— Para Viterbo, posso deixá-lo lá se quiser.

— Para falar a verdade, eu bem que gostaria, mas não sei se devo. — E contei a ela brevemente o que eu estava fazendo, para onde ia, de onde vinha, e que até então não tinha aceitado carona de ninguém... — Um café talvez? — emendei.

Ela acenou que sim, entrei no carro e subimos em direção ao centro de Montefiascone.

O trajeto colina acima revelou uma cidade ainda mais charmosa e acolhedora do que eu antevia. Coincidentemente, o café que ela, Giulia, escolheu, era perto do Monastério de San Pietro, lugar onde eu poderia me hospedar em caso de parada aqui.

Aproveitei a coincidência e perguntei se ela não queria entrar e conhecer o Monastério. Sentindo sua hesitação, disse que seria rápido, que eu só precisava de um carimbo na minha credencial e iríamos ao café.

Falamos com um monge, me identifiquei, e ele nos pediu para esperar um pouco. Minutos depois, tempo para darmos uma brevíssima espiada no local, ele voltou com o carimbo. *Tanti auguri, grazie*, e partimos logo em seguida.

Mesmo rápida, essa visita pareceu ter despertado a imaginação de Giulia. Ela parecia fascinada.

"Então você se hospeda nesses lugares, onde muitos turistas nem sonham em colocar os pés?"

Voltamos à praça e ao bar, achamos uma mesa — Café ou vinho? Vinho — e seguimos conversando sobre a Via Francígena, ela me pedindo mais e mais detalhes sobre a caminhada.

Duomo de Santa Margherita, Montefiascone
(CORBIS/LATINSTOCK)

Falei um pouco sobre mim, sobre a ideia de fazer aquela travessia, que já tinha feito antes o Caminho de Santiago, que buscava algo diferente e assim acabei descobrindo essa "nova" rota de peregrinação.

Ela "viajou" junto comigo, disse que era fotógrafa e que conhecia várias das cidades por onde passei, mas que nem podia imaginar o que significava ver tudo isso, viver tudo isso, passando a pé por cada um desses lugares.

— Puxa, isso dá um livro — ela exclamou a certa altura. — Você vai fazer um livro, não vai? Você, filósofo, toda essa experiência...

— Sim, com certeza — respondi, mas antes que pudesse falar mais alguma coisa ela se inclinou em minha direção e me beijou...

Depois disso, a conversa ainda prosseguiu, embora não mais tão centrada na caminhada. Em certo momento, parecendo adivinhar que aquelas torradas com berinjela não me sustentariam por muito tempo, perguntou:

— Está com fome? Posso preparar uma massa.

Paguei a conta e seguimos de carro até Viterbo, onde ela morava.

O trajeto até Viterbo foi rápido, em menos de meia hora chegamos.

Sem que eu precisasse pedir/perguntar, ela me estendeu uma imensa toalha branca.

— Vou cuidando da massa enquanto você toma banho.

Mas ficaria para depois o jantar, bem depois.

Quando fomos comer, já passava com folgas da meia-noite. Ela preparou um capellini com molho de tomate e manjericão, serviu duas taças de vinho, conversamos mais um pouco e finalmente fomos para a cama. Dormir.

67ª etapa: [Viterbo →] Montefiascone → Sutri (44 km)

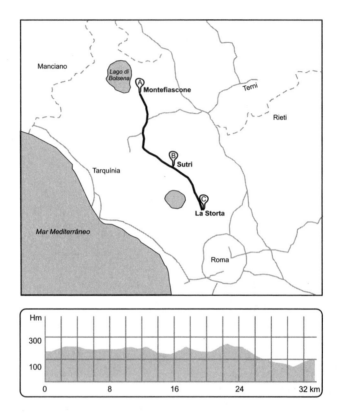

Acordei com um delicioso cheiro de café. Giulia já estava de pé e veio me resgatar. Já eram quase 8h e — ela tinha me prevenido — era segunda e ela tinha que trabalhar.

Tomamos juntos o café com a intimidade de velhos conhecidos. Depois, peguei carona de volta até Montefiascone, trocamos e-mails, meio que ficamos de nos encontrar em Roma e nos despedimos.

Ainda precisei andar um pouco até o ponto exato onde ela havia me parado, para só então retomar a caminhada. Hoje, porém, não me faltaria motivação para caminhar, disso eu tinha certeza.

* * *

Eis-me de volta a Viterbo e tenho diante de mim uma difícil decisão. Ou sigo "à direita", tendo Vetralla como primeira parada, a 12 quilômetros, ou sigo "à esquerda", na direção do Lago di Vico, tendo em Ronciglione, a 20 quilômetros, a primeira opção de pouso.

Muralhas de Viterbo

No primeiro caso, completaria uma jornada de 30 quilômetros; no segundo, de 38 quilômetros... Humm, a vontade de avançar prevaleceu sobre o cansaço. À esquerda, então.

Momento pitoresco do dia

Em determinado momento da caminhada, fui acometido pelo pesadelo de todo caminhante: uma dor de barriga imperativa. O problema é que naquele ponto do trajeto havia muito movimento, muitas casas à beira da estrada e, portanto, nenhum lugar propício para uma emergência desse tipo. Me segurei como pude, olhando todo arbusto como possível tábua de salvação.

Lago di Vico, minutos antes da chuva

Os metros se alongavam, viravam quilômetros e nada de coragem. Já com medo de que a coragem literalmente descesse até mim, finalmente avistei uma "clareira", um terreno baldio, não apenas grande o bastante como também inclinado em relação à estrada, dando-me toda a privacidade de que precisava. Um verdadeiro oásis!

* * *

Já margeando o Lago di Vico, um novo temporal. Mas este, em vez de me abater, acabou me dando ânimo para continuar, a ponto de eu não querer parar nem mesmo quando atingi Ronciglione. Já era noite e eu já havia andado 38 quilômetros, mas de algum modo me senti impelido a ir até Sutri, a 6 quilômetros dali.

Mas desta vez não foi o impulso de fazer uma nova maratona que me fez seguir adiante.

O que me impulsionou mesmo foi a "conta" que fiz ao olhar os mapas das etapas restantes. Se chegasse hoje a Sutri, restariam apenas 50 quilômetros até Roma, que poderiam ser divididos em duas convenientes etapas de 30 quilômetros e 20 quilômetros.

Sim, Roma a 50 quilômetros... Roma em dois dias... E foi assim, ainda hipnotizado por esse pensamento, que fiz o check-in num pequeno hotel em Sutri. O relógio marcava 21h.

* * *

Um pensamento me ocorreu. Depois de quase três meses na estrada, tendo quase todos os dias girado em torno da caminhada, do deslocamento de uma cidade a outra, como será a volta a uma outra rotina, de dormir na mesma cama dias e dias seguidos, com café da manhã, almoço e jantar regulares e decentes, toalha grande e felpuda, sociabilidade constante, tevê e internet à vontade, cinema e outras diversões "civilizadas"? Usar, além disso, roupas variadas, camisas de malha, jeans, tênis (!). Continuar a andar, obviamente, mas apenas em museus e parques, sem mochila ou botas... Como será?

Não sei, mas suspeito que vou gostar.

Curtas

- *A marca: os 2 mil quilômetros (!)* foram atingidos hoje, ainda antes de Ronciglione.
- Algumas observações sobre o equipamento após 2 mil quilômetros:
- Botas: vejo que uma das solas começa a ceder um pouco. Nada que ameace, creio, a chegada a Roma, mas será preciso mandar repará-la no Brasil (se valer a pena, claro).
- Meias: furos em dois dos quatro pares.
- Camisa preta longa: furo no cotovelo (desfiou).
- Camisa preta curta: mais recente, segura o "tranco"; cinza longa: idem.

- Toalhas absorventes: ok.
- Bermudas: ok.
- Mochila: ok, precisa apenas de uma megalavagem.
- Pés, unhas e joelhos: preciso de outros, novos.
- Hoje, tudo lateja de dor. Pés, coxas e tornozelos. Com os quase 150 quilômetros nos últimos quatro dias, tenho que tomar cuidado para não ganhar uma contusão antes de Roma. Mas não é hora para pessimismo.

68ª etapa: Sutri → La Storta [Km 20 Via Cássia] (31 km)

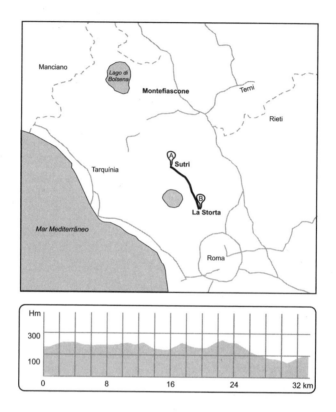

Ter chegado a Sutri ontem foi realmente incrível, especialmente se lembrarmos que eram quase 15h na "bifurcação" de Viterbo.

Considerando que cheguei a Sutri às 21h, isso significa que fiz cerca de 26 quilômetros em apenas seis horas, com pouquíssimas e breves pausas para descanso.

O avanço da quilometragem nesses últimos dias foi bem impressionante, e, com mais essa maratona feita, estou tão perto de Roma que já consigo antecipar o gosto da chegada.

Isso, claro, mexe muito com minha cabeça, minhas expectativas. Afinal, se tudo seguir como planejado, hoje avanço outros 30 quilômetros e durmo em La Storta, o que coloca Roma ao alcance dos meus passos já amanhã!

Eu deixaria assim uma jornada mais curta para a última etapa, o que me possibilitaria chegar cedo e com disposição para curtir o resto do dia, ver os amigos que lá me esperam e quem sabe até mesmo conseguir agendar uma entrevista com Monsignor Bruno Vercesi, o responsável por me dar o último, o derradeiro carimbo na minha credencial: o do Vaticano.

Piazza del Comune

Mas chega de escrever. Se me deixar devanear, posso acabar passando horas nisso. Foi muito esforço até aqui e é uma emoção única antecipar esse momento de chegada... Sei que falta pouco, mas é preciso andar para esse pouco virar nada.

* * *

Km 36 da Via Cássia

Agora que faço uma breve pausa para uma cerveja — Moretti, claro — me dou conta de que negligenciei fortemente Sutri. Segundo consta, há ali um belo anfiteatro romano que, com toda a excitação de partir, acabei não conhecendo. Mas agora minha mente não tem senão um pensamento: Roma.

* * *

A recompensa de ter ido até Sutri ontem se revela hoje em meu humor. Além do orgulho do feito, consegui um bom equilíbrio para as etapas finais.

A jornada de hoje, por exemplo, de cerca de 30 quilômetros, é bem fácil de fazer, porque posso facilmente subdividi-la em três partes razoavelmente definidas: metade antes do almoço, e os 15 quilômetros restantes divididos em duas partes, com um lanche entre elas. Assim, mesmo tendo saído após as 11h, posso estimar minha chegada para perto das 18h, um ótimo horário para encerrar o dia.

* * *

A previsão foi quase na marca: passavam poucos minutos das 18h quando cheguei ao meu destino de hoje — uma ordem religiosa chamada Suore di Santa Brígida, nos arredores de La Storta.

Trata-se de um casarão com um belo jardim, mas o maior atrativo que vi nas redondezas foi a placa "Km 20 Via Cássia". Como essas placas marcam a quilometragem tendo Roma como marco zero, isso indica que faltam apenas e exatamente 20 quilômetros para minha celebrada chegada. Estar tão próximo assim é quase surreal...

Fui muito bem recebido, com a formalidade típica de uma ordem exclusivamente feminina, e então conduzido a meu quarto, uma charmosa suíte de não fazer vergonha a nenhum hotel.

"O jantar será servido às 20h", fui informado. Agradeci e fui cumprir minha rotina diária. No banheiro, uma pequena deferência para com o peregrino: toalhas limpas e um chinelo. Simpático, para dizer o mínimo.

* * *

O jantar, devo dizer, foi de primeiríssima linha. Um delicioso tagliatelle ao sugo, como primeiro prato; depois, frango empanado com vagem e batata rosti, queijo, frutas e vinho, é claro.

À mesa, jantaram comigo um sueco-italiano e, a nota distintiva da noite, uma charmosíssima senhora de 85 anos.

Atriz no começo da carreira e depois cineasta por longos 25 anos, disse ter trabalhado com todos os mitos do cinema, de Bergman a Fellini. Tinha um filme a rodar no Brasil, com Carlos Gomes, mas por medo de avião acabou não indo. "Uma pena!", lamentou.

Falou com grande paixão de sua vida e carreira, ganhando toda nossa atenção e interesse. Era, além disso, uma senhora bem bonita, só nos deixando a imaginar quão mais bela teria sido em seus tempos de juventude... Podíamos realmente ficar por horas ouvindo suas histórias, mas hoje não seria possível. Ali, tudo tinha uma ordem e um horário, e o jantar teve de chegar ao fim.

Nos despedimos e subi. E, agora que escrevo estas notas, percebo que fui traído por minha memória, tendo esquecido seu nome... Que ela me perdoe por isso.

Curtas

- Faltando um dia para Roma, resolvi tomar minhas medidas: Cintura: 79 cm (7 a menos que na partida)
- Peso: 65 quilos (5 a menos) Altura: os mesmos 1,69 metro!
- Sem acesso à internet, e-mail para Giulia agora só mesmo em Roma.
- *Acredite: é amanhã!*

69ª etapa: La Storta → Roma, *Città* Eterna (23 km)

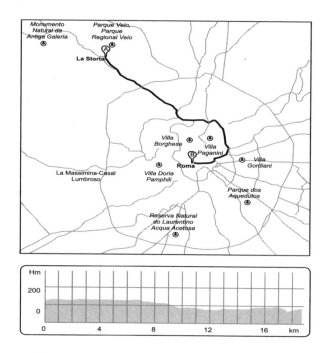

É hoje!

É hoje, é hoje — acordei repetindo para mim mesmo como uma espécie de mantra, como se precisasse repeti-lo para acreditar que, sim, era hoje que se concluiria essa epopeia. É hoje...

Tomei o café da manhã sem qualquer apetite, um pouco ansioso com todo o filme que passava na minha cabeça. Imagens dos dias passados mesclavam-se à antecipação da chegada ao Vaticano, do telefonema aos amigos, daquela sensação de "missão cumprida"...

Mas ainda não cheguei. Vinte curtos quilômetros me separam do destino final, do objetivo por tanto tempo tão cobiçado.

Hoje, aquelas dúvidas e hesitações dos primeiros dias, das primeiras semanas, parecem ainda mais distantes do que Londres, do que Canterbury.

Bem, vamos andar, que é hoje!

* * *

Avisto pela primeira vez uma placa que indica a entrada na zona metropolitana de Roma. A proximidade da Cidade Eterna é agora palpável. Aproveito o pretexto para descansar e comer um pouco, embora o faça mais por disciplina do que por fome. A ansiedade é grande, o apetite é nulo. Quinze minutos são suficientes e já estou de pé novamente.

Igrejas gêmeas de Santa Maria in Montesanto, Piazza del Popolo
(CORBIS/LATINSTOCK)

* * *

Si, sono in Roma!
Acabo de cruzar o Fiume Tevere pela primeira vez e daqui já posso mesmo avistar a cúpula da Basílica de São Pedro. A bandeirada final está próxima.

Paro no meio da ponte para tirar algumas fotos e sinto mesmo vontade de retardar meu passo. Quis tanto chegar, mas agora que estou tão perto, tenho aquela sensação de não querer deixar para trás o que durante quase três meses me definiu. Se isso fizer algum sentido...

Sim, estou em Roma, e cada praça, cada monumento agora me diz isso.

Monumento em homenagem a Vitório Emanuel II

Faço minha aproximação via Piazza del Popolo, onde estão as belas igrejas gêmeas de Santa Maria in Montesanto, seguindo então uma das principais artérias da cidade, a Via Del Corso, até chegar à Piazza Venezia e seu gigantesco monumento em homenagem a Vitório Emanuel II.

Ali, não resisto a uma esticada de pescoço à esquerda, apenas para poder avistar, ao longe, o fabuloso Coliseu...

O incrível Coliseu

Quão fantástica, indescritível, é essa sensação de adentrar — de conquistar — Roma a pé.

Sigo pelo Largo Argentina até achar o rio Tevere pela segunda vez, aí parando novamente, desta vez para contemplar o monumental Castelo Sant'Angelo. Não me demoro, porém.

Atravesso então a ponte, dobro à esquerda e entro nos metros — sim, metros! — finais. E é agora a Basílica de São Pedro que surge, imponente, diante de mim.

Diminuo o passo, saboreio o momento... E, sim, cheguei. Cheguei, completei, completei: eis-me finalmente aqui, diante das escadarias do Vaticano, no topo do meu Everest. O que era antes um sonho é agora um fato: Roma é minha!

Largo Argentina

Castelo Sant'Angelo

Roma, *ancora*

Olho o relógio e anoto mentalmente a hora exata da minha chegada: são 14h05 do dia 31 de agosto de 2005.

Entro rapidamente na Basílica, mas definitivamente não estou no humor de fazer uma visita apropriada. É só mesmo o tempo de apreciar mais uma vez quão bela é a *Pietà*, do mestre Michelangelo, e sair. É hora dos telefonemas.

Tento primeiro ligar para o Monsignor Bruno Vercesi, responsável pela recepção dos peregrinos no Vaticano, e ver se já consigo marcar uma entrevista com ele, mas sem sucesso. Não tem problema. Meu plano é passar pelo menos um mês aqui em Roma.

Ligo então para meu amigo Alex, minha prima Juli e minha amiga italiana Lighea. Apenas esta última atende. Ela se oferece para encontrar comigo, me diz que não está muito distante dali. De fato, em menos de 15 minutos ela chega em sua *scooter*, me abraça e parabeniza. E é engraçado: parece que é neste momento, através dessa voz que não é a minha, que cai finalmente a ficha. Cheguei.

Pietà, do mestre Michelangelo

* * *

Subo na garupa e ganho carona até sua casa. Juro que senti minha vida correr mais risco nesses minutos de zigue-zague no trânsito romano do que em todos os quilômetros de estrada sem acostamento que enfrentei.

Na casa de Lighea, ganhamos a companhia de seu pai, também um andarilho de respeito. Além do Caminho de Santiago, ele me conta ter feito dezenas de outras trilhas pela Itália e Europa. A Via Francígena está inclusive em seus planos, possivelmente já para o ano que vem.

Almoçamos juntos e depois ganho nova carona até a casa de Alex — no agradável bairro de Monteverde Vecchio —, meu lar pelas próximas semanas. No meu novo quarto, desfaço minha mochila uma última vez, tiro as botas e as coloco no armário. É hora de aposentá-las. Pelo menos temporariamente.

Sim, os dias seguintes à chegada foram de férias. No lugar das botas, apenas sandálias e um par de tênis. Caminhadas, agora, apenas pelas belas ruas de Roma, sem pressa, sem hora, de partir ou de chegar. Foram sobretudo dias cheios de preguiça... e romance. Giulia me encontraria ainda algumas vezes em Roma, em suas ocasionais folgas do trabalho, antes que ela própria partisse de férias. Prometemos nos encontrar novamente, no Brasil ou na Europa, mas infelizmente isso jamais aconteceu.

Em todo caso, o importante ali era principalmente deixar decantar toda aquela experiência vivida, "esvaziar" a mente, de algum modo prepará-la para o "retorno ao mundo".

O carimbo final: Vaticano

Com tudo isso, foi só no dia 7 de outubro, na véspera de minha partida de Roma, que finalmente marquei o encontro com Monsignor Vercesi, para fazer o registro oficial de meu nome no livro dos peregrinos da Via Francígena e receber em mãos meu *Testimonium Peregrinationis*, uma espécie de "atestado" que o Vaticano concede — após cuidadosa checagem de todos os carimbos recebidos na credencial — àquele que peregrina até Roma.

Esse encontro foi em muitos sentidos notável e inesquecível.

Em primeiro lugar, claro, gostei muito da simbologia de ver meu nome ali registrado junto com o de outros peregrinos que realizaram a Via Francígena.

Ali pude constatar, também, quão pouco conhecida ela ainda é.

Redescoberta em 1985 e reconhecida como "Itinerário Cultural Europeu" em 1994, apenas muito gradualmente a Via Francígena tem ganhado adeptos. De fato, desde que o livro passou a registrar seus peregrinos, em 2001, eu fui apenas o 314º nome a ser inscrito,*

---

*Na verdade, devido à minha demora em marcar a entrevista, esse número traz uma "imprecisão histórica". Fazendo jus à data em que realmente cheguei a Roma (31 agosto de 2005), eu deveria estar registrado sob o número 294.

um número irrisório, especialmente se comparado com os milhares e milhares de peregrinos que recebem anualmente sua Compostela na Catedral de Santiago.* Note ainda que "314" é o número *total* de peregrinos, número que não discrimina nem o ponto original de partida, nem o meio de peregrinação, contabilizando assim todo aquele que chega a Roma, tenha ele feito o percurso de bicicleta, a pé ou mesmo a cavalo.**

Esse número cai enormemente se ampliarmos o "filtro" e considerarmos apenas aqueles que fizeram a Via Francígena "completa" — isto é, de Canterbury até Roma — e a pé. Nesse caso, fui apenas a 14ª pessoa da "era moderna" (isto é, após sua "redescoberta") a fazê-lo. Com efeito, antes de mim, foram apenas

---

*De fato, o contraste é assustador. Nesse mesmo período (2001-2005), quase meio milhão de peregrinos foram registrados na Catedral de Santiago. Em números mais atualizados (2001-2010), se é inegável que a Via Francígena pode — e deve — se orgulhar de ter ultrapassado a marca dos 2 mil peregrinos registrados (2.158 em novembro de 2010), trata-se de um número ainda incrivelmente tímido diante do 1,2 milhão de Compostelas que foram entregues apenas nesta última década. Pode ser interessante ainda esboçar a evolução dessa progressão. Numa estatística bem informal, cheguei aos seguintes números para a Via Francígena: 2001-2004 (até 50 peregrinos/ano); 2004-2006 (150 peregrinos/ano); 2006-2008 (220 peregrinos/ano); 2008-2010 (500 peregrinos/ano). Vale notar, mais uma vez, o (gigantesco) contraste com o Caminho de Santiago: 2.500 peregrinos registrados em 1986; cerca de 5 mil em 1990; 20 mil em 1995; 55 mil em 2000; 94 mil em 2005, e recordes 272 mil em 2010 (ano santo) (fonte: <http://peregrinossantiago.es/eng/post-peregrinacion/estadisticas>). Vale notar ainda que os dados estatísticos referentes à Via Francígena são apenas aproximados, não havendo ainda uma base de dados totalmente organizada ou mesmo unificada. Nesse sentido, o desafio é grande. de um lado, nem todo peregrino que chega a Roma o faz seguindo a Via Francígena; de outro, nem todo peregrino da Via Francígena se registra na Sacristia, já que, pelo menos desde 2008, ele pode também obter seu *Testimonium* na praça Pio XII, através da Opera Romana Pellegrinaggi.

**Simbolicamente, estabelece-se que uma distância mínima deve ser percorrida para que seja caracterizada uma "peregrinação": 150 quilômetros (a pé); 400 quilômetros (bicicleta/cavalo). Embora um meio de transporte comum no passado, a peregrinação a cavalo é algo raro hoje em dia (menos de 0,5% dos peregrinos do Caminho de Santiago; sem estatísticas até o momento no caso da Via Francígena).

6 britânicos, 5 italianos, um australiano e um irlandês a percorrer esses 2 mil quilômetros desde a Inglaterra.*

Confirmei, além disso, que a Via Francígena é ainda inteiramente desconhecida dos brasileiros, tendo sido eu, portanto, o primeiro a completá-la, parcial ou integralmente. Confesso que ter sido o pioneiro nessa aventura me traz um orgulho adicional que não posso negar.**

* * *

O segundo ponto que tornou tão marcante esse, por assim dizer, momento final da Via Francígena foi o encontro propriamente dito com Monsignor Vercesi.

Como é praxe nessas ocasiões (algo similar acontece na Catedral de Santiago), ele entrevista cada peregrino que ali chega, perguntando pelas motivações de cada um e pedindo em seguida para deixarmos um pequeno depoimento por escrito.

No meu caso, ao perceber minha hesitação quando perguntado se minhas motivações eram "espirituais" — após breve pausa, respondi que sim —, ele fez questão de ler meu depoimento. Tendo escrito em português, ele me perguntou se eu podia traduzi-lo.

Já bem mais confortável com o italiano, traduzi para ele o que tinha escrito.

Ali falei das minhas motivações culturais em relação ao caminho, de como encontrei, nos longos dias de caminhada, tempo para refletir sobre diversas questões pessoais, tendo o cuidado de explicitar e enfatizar o "humanismo" das minhas assim chamadas motivações "espirituais".

---

*Em termos de registro oficial, fui o 15º, outro britânico tendo completado o caminho entre minha chegada (31 de agosto) e o registro efetivo (7 de outubro). Note que *não* estão computados nesse número aqueles que fizeram todo o trecho, mas em dois períodos distintos, como foi o caso do pioneiríssimo Brandon Wilson, que fez Aosta-Roma em 2000 (!), tendo mais tarde, em 2002, completado o trecho Suíça-Canterbury (infelizmente não consegui atualizar o número daqueles que, desde 2005, completaram todo o trajeto a pé). **Compare com os quase *10 mil* brasileiros que fizeram o Caminho de Santiago ou parte dele apenas no período 2004-2010 (fonte: <http://peregrinossantiago.es/eng/post-peregrinacion/estadisticas>). Recentemente (junho de 2011), via site da AVF, tive notícia de que um casal de brasileiros — Suely e Fernando Barbosa — fez o trecho italiano da Via Francígena (Aosta—Roma) (fonte: <http://www.francigena-international.org>).

De algum modo, isso parece tê-lo instigado, porque o que se seguiu depois disso foi um diálogo teológico tão extenso quanto interessante, ainda mais digno de nota porque travado ao longo de uma caminhada em meio aos corredores e labirintos do Vaticano, o que me permitiu a rara oportunidade de ter acesso a lugares normalmente restritos ao visitante comum.

O mais simbólico deles foi o ponto *atrás do altar* onde se situa a "pedra fundamental" da Basílica, ponto que é tido como o lugar onde São Pedro foi enterrado. Tive, assim, a preciosa chance de ver fragmentos de pedra da tumba original, assim como os ossos que são considerados seus restos mortais. Realmente um privilégio.

* * *

É muito difícil ou mesmo impossível reproduzir aqui todas as nuanças e sutilezas do que foi discutido — e até duvidoso se todos os seus detalhes poderiam interessar ao leitor —, mas um "tema" permeou toda a nossa conversa, todo o "foco" do Monsignor Vercesi.

Com todo o meu "humanismo" declarado, em que clara ou facilmente se podem reconhecer os ensinamentos cristãos — argumentou ele —, por que não dar o "passo adicional" e "receber em mim o amor de Cristo"? "Por que sem o amor de Cristo", ele completou, "não pode haver salvação para a vida eterna."

De minha parte, e obviamente sem querer confrontá-lo

> ## Um pouco de história: A tumba de São Pedro
>
> No século IV, o imperador Constantino I decidiu honrar Pedro com uma grande basílica, que deveria ser construída no local onde o mesmo fora enterrado.
>
> De acordo com a tradição cristã, Pedro foi crucificado no Circo de Nero, situado na colina do Vaticano, e seu corpo enterrado num cemitério ali perto.
>
> Um apoio crucial a essa crença foi obtido nos anos 1940, quando escavações arqueológicas descobriram um conjunto de inscrições em pedra, além de uma série de fragmentos ósseos.
>
> Uma das pedras trazia a famosa inscrição: Πετρ(ος) ενι (Petrus Eni), ou "Pedro está aqui".
>
> Mas não parou por aí.
>
> Uma análise cuidadosa dos ossos concluiu que se tratava dos restos mortais de um homem robusto, de cerca de 70 anos, que sofria de artrite reumatoide (doença comum entre pescadores naquela época) e teria vivido por volta do século I.
>
> Nesse caso, ao que parece, a ciência veio para reforçar a fé.

de uma forma mais direta, eu dizia, quase me desculpando, que a promessa de uma vida eterna não representava para mim nenhum grande atrativo. Ao contrário, saber que essa vida, terrestre, terrena, é a única que temos à disposição a valoriza ainda mais, me faz querer fazer dela o máximo possível.

E esse "máximo", na minha visão, incluía tentar levar uma vida de tolerância e respeito ao próximo, e eu tentava fazer isso — não por medo de punições ou por esperança de recompensas na suposta vida após a morte —, mas sim e sobretudo porque podia perceber que agindo assim a vida ao meu redor ficava necessariamente melhor, mais rica e feliz.

Além disso, acrescentei — meio que falhando na tentativa de não confrontá-lo diretamente —, a "promessa de salvação" não me parecia nem atraente, de um lado, nem tampouco justa, de outro, já que permite àquele que foi um crápula durante toda a vida ser salvo no "último minuto" — meramente porque se mostrou arrependido e aceitou o amor de Cristo em seu leito de morte —, sendo negada, porém, a "salvação" àquela pessoa consistentemente boa e moral embora descrente da doutrina cristã.

Ao final, rezamos juntos uma ave-maria — em italiano, como eu aprendera em Orio Litta — e nos despedimos.

* * *

Apesar de tudo, que fique claro aqui que, apesar da "frustração" de Monsignor Vercesi em me "converter" — faltava, afinal, tão pouco para eu ser um "perfeito cristão" —, o respeito mútuo entre nós apenas pareceu crescer no decorrer da conversa.

Tenho certeza de que, após nos despedirmos, Monsignor Vercesi rezou para que Deus perdoasse minhas limitações, enquanto eu, de minha parte, saí contente de ter podido trocar ideias com uma pessoa tão versada e agradável, capaz de respeitar as diferenças e manter a riqueza do diálogo mesmo num tópico tão caro e sensível às suas próprias crenças.

Ao final, não pude senão sair convicto de que nossas diferenças não são tão grandes assim. Somos, afinal, ambos defensores apaixonados do humanismo, e — à parte divergências "conceituais e terminológicas" — ambos levamos ou pretendemos levar uma vida guiada por respeito ao próximo e visando a uma maior harmonia para o mundo em que vivemos.

E Atenas?

Após minha chegada a Roma e alguns dias de necessário descanso, confesso que ainda flertei com a ideia de seguir até Atenas. Mas logo percebi que não seria o caso.

Realmente, 69 etapas, 86 dias e 2.065 quilômetros depois, me vi absolutamente exausto, embora menos física do que emocionalmente. Sem companheiros ocasionais de caminhada, me vi obrigado a conversar comigo mesmo durante dias sem fim, com escassa possibilidade de trocar ideias e experiências com outras pessoas, pelo menos de modo regular.

Dificuldades à parte, não por coincidência esse foi também o ponto mais marcante dessa viagem. De fato, nessas reflexões contínuas, vi a força de se pensar e repensar um assunto à exaustão. Pude ver questões desaparecerem mesmo sem encontrar respostas para elas, muitas vezes pelo mero fato de que, dia após dia, sempre acabava por empregar modos distintos de (re)apresentá-las.

Mas, principalmente, pude *me* observar "desaparecer", pouco a pouco, isto é, pude perceber que, numa viagem como essa, não se trata tanto da introdução de novos elementos na minha personalidade quanto do desvelamento de algo que já me pertencia e que não se podia erradicar.

Numa viagem como essa, que exige alguma coragem e muita resistência e determinação, acaba-se fatalmente indo de encontro aos elementos mais irredutíveis da própria personalidade. Há como que uma espécie de *"efeito redutor"*:* à medida que o tempo passava, eu ia deixando atrás de mim muito do que me definia, porque muito do que nos define são as expectativas que nos cercam.

Ora, inteiramente despojado de meu ambiente normal — amigos, família, rotina —, acontecia de eu me tornar estranhamente consciente do contraste entre o que era realmente meu e o que me era emprestado (imposto?) pelo outro.

---

*Para usar uma expressão do ótimo livro *La Mente del Viaggiatore*, de Eric Leed.

A verdade é que essa sequência prolongada de dias, semanas, sem qualquer contato com meu modo habitual de vida me permitia justamente colocar em discussão, em causa, a pertinência ou desejabilidade de certos aspectos daquele modo de vida. Numa palavra, à proporção que os quilômetros passavam, eu tinha a clara impressão de que uma imagem mais nítida de mim mesmo se formava.

Mas não sem um preço.

Exaurido, talvez pela primeira vez me vi incapaz de desejar, de assimilar o novo. Pela primeira vez, cheguei a uma cidade como Roma e não busquei explorar suas tradicionais riquezas culturais. Ao contrário, eu queria estar ali como o homem comum, o homem nativo. Andar por suas ruas sem o deslumbre de estar num museu a céu aberto; eleger um boteco, uma praça, uma livraria como meus portos seguros; ver tevê e conversar com as pessoas. Em suma, após ter sido desnudado nessa "epopeia", era hora de me vestir novamente.

> "Um dia, eu quero ser rico o suficiente para não precisar ter mais nada."
>
> (AMYR KLINK)

Certa vez, Manuel Bandeira escreveu:

> Detrás de minha casa
> Mora um aeroporto
> Todo dia ele me ensina
> Lições de partida

Um dia desses, resolvi parodiar:

> Detrás de minha porta
> Mora um par de botas
> Todo dia ele me convida
> A experimentar uma nova vida...

E, de quando em quando, eu aceito...

ANEXO I:
Quadro de quilometragem, por etapa

Dias	Etapas		km	Total
		INGLATERRA	**34**	
1	1ª	Canterbury → Dover →	34	
		FRANÇA	**840**	
1	1ª	→ Calais	4	38
2	2ª	Guines	14	52
3	3ª	Licques	20	72
4	4ª	Wisques	20	92
5	5ª	Amettes (Auchy-au-Bois)	31	123
6	6ª	Camblain-l'Abbé	27	150
7	7ª	Arras	19	169
8	Pausa	Arras	5	174
9	8ª	Bapaume	25	199
10	9ª	Péronne	23	222
11	10ª	Tréfcon	17	239
12	11ª	Tergnier [trem → Laon]	34	273
13	12ª	[Laon (trem) →] Tergnier → Laon	35	308
14	13ª	Corbeny	25	333
15	14ª	Reims	33	366
16	15ª	Condé-sur-Marne	34	400
17	16ª	Châlons-en-Champagne	22	422
18	17ª	Vitry-le-François	35	457
19	18ª	Saint-Dizier	33	490
20	Pausa	Saint-Dizier	1	491
21	19ª	Joinville	33	524
22	20ª	Chaumont	41	565
23	21ª	Langres	36	601

Cont.

24	Pausa	Langres	7	608
25	22ª	Les Archots	17	625
26	23ª	Champlitte	24	649
27	24ª	Mercey-sur-Saône	25	674
28	25ª	Cussey-sur-l'Ognon	35	709
29	26ª	Besançon	20	729
30	Pausa	Besançon	6	735
31	Pausa	Besançon	5	740
32	27ª	Ornans	26	766
33	28ª	La Vrine	28	794
34	29ª	Pontarlier	31	825
35	Pausa	Pontarlier	3	828
36	Pausa	Pontarlier	3	831
37	30ª	Les Fourgs	18	849
38	Pausa	Les Fourgs	22	871
39	31ª	→ Fronteira	3	874
		SUÍÇA	**233**	
39	31ª	→ Vuitebœuf [carro → Genebra]	19	893
40	Pausa	Genebra	3	896
41	Pausa	Genebra	6	902
42	Pausa	Genebra	1	903
43	32ª	—[Genebra (carro) →] Vuitebœuf → Orbe	16	919
44	33ª	Lausanne	35	954
45	34ª	Vevey	31	985
46	35ª	Aigle	28	1.013
47	36ª	Saint-Maurice	19	1.032
48	37ª	Martigny [carro → La Sage]	24	1.056
49	Pausa	La Sage	2	1.058
50	Pausa	[La Sage (carro) →] Martigny	3	1.061
51	38ª	Orsières	21	1.082
52	39ª	Grand-Saint-Bernard	25	1.107
		ITÁLIA	**958**	
53	40ª	Aosta	29	1.136
54	41ª	Chatillon	28	1.164
55	42ª	Pont-Saint-Martin	29	1.193
56	43ª	Ivrea	20	1.213
57	44ª	San Germano	35	1.248

Cont.

58	45ª	Robbio	31	1.279
59	46ª	Garlasco	33	1.312
60	47ª	Pavia	30	1.342
61	48ª	Santa Cristina	27	1.369
62	49ª	Orio Litta	17	1.386
63	50a	Fiorenzuola	48	1.434
64	51ª	Medesano	32	1.466
65	52ª	Cássio	29	1.495
66	53ª	Montelungo	26	1.521
67	54ª	Aulla	36	1.557
68	55ª	Sarzana	19	1.576
69	56ª	Massa (Pontrémoli)	30	1.606
70	Pausa	Pontrémoli	9	1.615
71	57ª	Pietrasanta	24	1.639
72	58ª	Lucca	36	1.675
73	Pausa	Lucca [trem → Pisa]	10	1.685
74	59ª	San Miniato Basso	41	1.726
75	60ª	San Gimignano	41	1.767
76	61ª	Siena	36	1.803
77	Pausa	Siena	9	1.812
78	62ª	Buonconvento	28	1.840
79	63ª	Montalcino	16	1.856
80	Pausa	Montalcino	5	1.861
81	64ª	Abbadia San Salvatore	39	1.900
82	65ª	San Lorenzo Nuovo	44	1.944
83	66ª	Montefiascone	23	1.967
84	67ª	Sutri	44	2.011
85	68ª	La Storta	31	2.042
86	69ª	Roma	23	2.065

País	km	Etapas	Dias	Média por etapa
Inglaterra	34	1	1	34,0
França	840	29	37	20,0
Suíça	233	9	14	25,9
Itália	958	30	34	31,9
Total	**2.065**	**69**	**86**	**29,9**

ANEXO II:
Outras curiosidades

Distâncias

- 2.065 quilômetros percorridos, sendo 1.870 quilômetros referentes ao percurso propriamente dito.

Quilômetros por país:
Inglaterra (34 quilômetros); França (840 quilômetros); Suíça (233 quilômetros); Itália (958 quilômetros)

Médias:
Inglaterra (1 etapa apenas); França (29 quilômetros/etapa); Suíça (26 quilômetros/etapa); Itália (32 quilômetros/etapa)

- *Maiores distâncias:* 48 quilômetros (1 vez); 44 quilômetros (2); 41 quilômetros (3)
- *Maiores sequências:* 83 quilômetros (2 dias); 118 quilômetros (3); 150 quilômetros (4); 181 quilômetros (5); 204 quilômetros (6); 221 quilômetros (7)
- *Maior período sem um dia de pausa:* 19 dias (Martigny—Massa)
- *Melhor semana:* 221 quilômetros (San Germano—Fiorenzuola)
- *Pior semana:* 75 quilômetros (Pontarlier—Genebra)

Custos

- Da saída de Londres até a chegada a Roma, foram gastos cerca de 2.800 euros ou aproximadamente 1.000 euros/mês.
- Em média, os custos poderiam ser assim distribuídos:
  Hospedagem: 16 euros/dia*
  Alimentação: 11 euros/dia**
  Outros: 5 euros/dia***

---

*Levar obviamente em conta o fato de que encontrei hospedagem gratuita em praticamente metade das 69 etapas, tendo optado, ainda, por hospedagem em albergues sempre que possível.

**Inclui gastos com restaurantes, bem como com cerveja e vinho.

***Dentre os "outros" gastos, os mais recorrentes foram: pilhas (para GPS); internet; entradas (para museus etc.); correio; farmácia. Além desses, certas compras (canivete, camisa, mapa, livros, jornais) estão também aí incluídas.

Este livro foi composto na tipologia
Excelsior Lt Std, em corpo 10/14,5, e impresso
em papel Lux cream 70 g/m², na LIS Gráfica e Editora Ltda.